U0729649

中国社会科学院创新工程学术出版资助项目

中国社会科学院马克思主义理论学科建设与理论研究系列丛书

经济危机整体论

JINGJIWEIJI ZHENGTILUN

——马克思主义经济危机理论再研究

裴小革 著

中国社会科学出版社

图书在版编目（CIP）数据

经济危机整体论：马克思主义经济危机理论再研究／裴小革著 . —北京：
中国社会科学出版社，2013.4
ISBN 978 - 7 - 5161 - 2300 - 3

Ⅰ.①经… Ⅱ.①裴… Ⅲ.①马克思主义政治经济学—经济危机—理论
研究 Ⅳ.①F039

中国版本图书馆 CIP 数据核字（2013）第 055738 号

出 版 人	赵剑英
选题策划	田 文
责任编辑	金 泓
责任校对	刘 俊
责任印制	李 建

出 版	中国社会科学出版社
社 址	北京鼓楼西大街甲 158 号（邮编100720）
网 址	http://www.csspw.cn
	中文域名:中国社科网 010 - 64070619
发 行 部	010 - 84083685
门 市 部	010 - 84029450
经 销	新华书店及其他书店

印刷装订	北京一二零一印刷厂
版 次	2013 年 4 月第 1 版
印 次	2013 年 4 月第 1 次印刷

开 本	710×1000 1/16
印 张	18
插 页	2
字 数	301 千字
定 价	55.00 元

凡购买中国社会科学出版社图书,如有质量问题请与本社联系调换
电话:010 - 64009791
版权所有 侵权必究

目　　录

前言 ……………………………………………………………………………（1）

第一篇　马克思主义经济危机整体论的体系和视角

第一章　马克思主义经济危机整体论体系和视角综论 ……………（3）
　　第一节　整体论体系和视角的形成 ……………………………（3）
　　第二节　整体论体系和视角的结构 ……………………………（5）
　　第三节　整体论体系和视角的科学性 …………………………（7）

第二章　马克思主义经济危机整体论的生产过程体系和视角 ………（13）
　　第一节　生产过程体系和视角的结构与作用 …………………（13）
　　第二节　劳动价值论 ……………………………………………（18）
　　第三节　剩余价值论 ……………………………………………（30）
　　第四节　资本积累理论 …………………………………………（45）

第三章　马克思主义经济危机整体论的流通过程体系和视角 ………（52）
　　第一节　流通过程体系和视角研究的对象和问题 ……………（52）
　　第二节　资本循环理论 …………………………………………（56）
　　第三节　资本周转理论 …………………………………………（63）
　　第四节　社会总资本再生产理论 ………………………………（76）

第四章　马克思主义经济危机整体论的总过程体系和视角 …………（94）
　　第一节　总过程体系和视角的作用和意义 ……………………（94）

第二节 利润和价格理论 ……………………………………………（101）

第三节 借贷资本和地租理论 ………………………………………（107）

第二篇 马克思主义经济危机整体论的历史作用

第五章 马克思主义经济危机整体论与社会主义运动的兴起 ……（117）
第一节 整体论使社会主义从空想变为科学 ………………………（117）

第二节 整体论科学社会主义的重要实践
——巴黎公社革命 …………………………………………（124）

第三节 整体论的传播与社会主义政党的发展 ……………………（129）

第六章 马克思主义经济危机整体论与社会主义制度的创建 ……（135）
第一节 社会主义制度在苏联的创建及其背景 ……………………（135）

第二节 苏联社会主义制度模式的主要成就和不足 ………………（140）

第三节 社会主义制度创建的影响 …………………………………（147）

第七章 马克思主义经济危机整体论推动的对资本主义制度的
冲击 …………………………………………………………（158）
第一节 工人阶级斗争的冲击 ………………………………………（158）

第二节 社会主义成就的冲击 ………………………………………（163）

第三节 国际环境变化的冲击 ………………………………………（169）

第八章 马克思主义经济危机整体论与其他理论的比较 …………（174）
第一节 马克思主义经济危机整体论的优势和作用 ………………（174）

第二节 凯恩斯主义有关经济危机的理论 …………………………（182）

第三节 新自由主义经济理论的演变和作用 ………………………（189）

第三篇 马克思主义经济危机整体论的应对危机方法

第九章 西方金融危机和债务危机的原因分析 …………………（199）
第一节 西方金融危机和债务危机的直接原因 ……………………（199）

第二节 西方金融危机和债务危机的深层原因 ……………………（207）

第十章 西方金融危机和债务危机的政策应对方法 …………… (219)

　　第一节 以金融创新服务于实体经济发展 ………………… (219)

　　第二节 以金融监管体系建设保障国家经济安全 ………… (222)

　　第三节 以宏观调控促进经济平稳较快增长 ……………… (226)

第十一章 西方金融危机和债务危机的制度应对方法 ……… (230)

　　第一节 资本主义的制度应对方法 ………………………… (230)

　　第二节 社会主义的制度应对方法 ………………………… (238)

　　第三节 中国应采取的制度应对方法 ……………………… (244)

参考文献 …………………………………………………………… (260)

后记 ………………………………………………………………… (270)

前　言

　　在由 2007 年美国次级贷款违约引发的全球性金融危机尚未走出的时候，最近欧洲和美国又发生了主权债务危机。2008 年全球性金融危机爆发后，西方经济学家及其政府，把这场危机伪装成一场金融震荡，利用巨额发债和超宽松货币发行向全世界转嫁危机，虽然使那场危机暂趋缓解，但并未触及产生危机的根源。可以说，现在的欧债危机和美债危机都是 2008 年国际金融危机没有解决的资本主义深层矛盾的再次爆发。

　　不论是 2007 年的美国次贷危机，还是 2008 年爆发的国际金融危机，以及现在的欧债危机和美债危机，其实质都是资本主义的经济危机。从操作层面来描述这些经济危机产生的技术性失误和政策性弊端是必要的，但更需要的是从生产方式的矛盾、虚拟资本和实体资本的关系、经济周期的形成机制等方面，认识这些经济危机产生的深刻根源，研究这些经济危机对中国和世界经济的影响，探索应对这些经济危机的科学方法。这就需要加强马克思主义经济危机理论的研究。

　　一种比较流行的观点按照西方经济学界的说法，把马克思主义经济危机理论称为激进的经济理论，把西方经济学的各种理论称为建设的经济理论，认为对于经济危机问题，马克思主义经济危机理论最多只是"病理学"，西方经济学的各种理论才既是"病理学"又是"治疗学"，所以我们在对西方金融危机和债务危机的研究中，只应用西方经济学或只创新发展西方经济学就可以了，马克思主义经济危机理论只讲了经济危机的危害和后果，与应对和克服经济危机问题无关，它的一套话语体系应该完全放弃不用。这种说法是不符合实际的，也是不利于全面深入研究经济危机问题的。

　　马克思主义经济危机理论是马克思和恩格斯在一百多年前创立的，它的创立具有社会历史必然性：近代资本主义的发展为马克思主义经济危机理论的产生准备了物质前提；工人阶级的成长和斗争为马克思主义经济危机理论的产生奠定了阶级基础；人类优秀的文化成果学说的发展为马克思主义经济危机理论提供了思想来源。马克思主义经济危机理论是研究经济危机产生的制度根源，指导工人阶级和其他劳动人民进行革命斗争、建立和建设社会主义并最终实现共产主义的科学。它揭示了人类社会发展的必然趋势，反映了工人阶级和其他劳动人民的意志和要求，是指导工人阶级和其他劳动人民正确地开展革命斗争、标本兼治地克服经济危机、成功地建立社会主义制度、顺利地进行社会主义建设并最终实现共产主义的思想武器。这是马克思主义经济危机理论区别于其他任何经济理论所独具的基本性质。

马克思主义经济危机理论的科学性蕴涵在其内容的丰富性之中。马克思主义经济危机理论有着多方面的理论观点，这些观点有着相对独立的价值。但这些观点并不仅仅是一棵棵孤立的"大树"，而是由多种"树木"构成的"森林"，其严密逻辑把这一个个观点缀连成不可分割的整体。以往在谈到马克思主义经济危机理论时，人们常常只看到了它揭示经济危机产生的根源，主张采取革命手段摧毁资本主义制度的一面，而忽略它为全面认识经济危机化解途径、建设社会主义经济奠定理论基础的一面。

本书试图在前人研究基础上对马克思主义经济危机理论作出再研究，探讨马克思主义经济危机理论的体系和视角、历史作用和科学方法，表明马克思主义经济危机理论除了革命性质以外，还具有重要的建设性质，是一种集革命与建设于一体的整体性经济理论，它不但直面资本主义市场经济中的问题，对克服历次经济危机起到了任何别的经济理论没有起到的标本兼治作用，而且提供了在追求人的解放和富裕的过程中，化解危机和促进发展的科学思路。正因为如此，本书把马克思主义经济危机理论称为"经济危机整体论"，一方面表示它所起作用的全面性，另一方面表示它研究内容的全面性，其布局和结构如下。

全书由三篇组成。第一篇研究马克思主义经济危机整体论的体系和视角，包括第一、二、三、四章。第一章综合研究马克思主义经济危机理论作为一个整体的体系和视角。它指出，马克思并不像有些研究者理解的那样，只在专门研究金融问题的《资本论》第三卷的某些章节才研究了经济危机。《资本论》前三卷共同构成了一个研究经济危机问题的体系和视角，这个体系和视角对生产过程、流通过程和总过程的研究，对生产、分配、交换、消费的研究，构成了一个对经济危机问题的整体论体系和视角，经济危机问题在这个整体论体系和视角中得到了充分重视和研究。

马克思主义经济危机整体论体系和视角始终结合着生产力的一定发展水平来研究资本主义生产关系的发展，来说明资本主义生产发展的各个主要阶段，考察和论述了生产力对资本主义生产关系的发展所起的决定性作用。这种整体论体系和视角研究了资本主义生产关系和生产力之间的矛盾，阐明资本主义怎样在矛盾中向前发展，资本主义生产关系怎样由促进生产力的发展，逐渐变成生产力发展的桎梏，最后产生周期爆发的经济危机，破坏生产力的发展，必将让位给同生产力性质相适应的新生产关系，即社会主义生产关系。

第二章研究马克思主义经济危机整体论的生产过程体系和视角。它指出，马克思主义经济危机整体论的生产过程体系和视角，是马克思主义经济危机整体论体系和视角的最重要组成部分，是由《资本论》第一卷建立的。这一卷虽然主要是论述资本主义生产过程的，但并没有只讲生产不讲分配、交换和消费，而是结合分配、交换和消费在一种科学的体系结构中研究生产的，所以才在对生产过程的研究中，深刻揭示了产生经济危机的根源，奠定了研究经济危机问题的最重要理论基础。

马克思主义经济危机整体论的生产过程体系和视角，承认资本主义生产过程的开化和进步方面，肯定它对发展社会生产力的巨大推动力，对节约劳动的新途径和新手段、对有助于发挥人的无限创造性的新需要和新生产部门的不懈探索。但是同时这个体系和视角也表明，这种发展的独特资本主义形式如何把"发疯的"（即本身成为目标的）技术、机器和交换价值的非人道的潜在力量大量释放了出来。

资本主义生产过程使人们属于机器，而不是使用机器把人们从机械重复劳动的重负下解放出来。它使一切社会活动从属于不断追逐个人发财致富的要求，而不是使社会生活适应于丰富的个性及其社会关系的发展。每件商品中所固有的使用价值和交换价值之间的矛盾，在资本主义机器的这种矛盾本性中充分地展开。资本主义在为联合起来的生产者的无阶级社会创造了物质和社会的前提之后若没有被推翻，这个矛盾就意味着不断引发经济危机和侵略战争，可能使生产力越来越转化为名副其实的破坏力，不仅是破坏人的财富和人的幸福的力量，而且是破坏人类生活和世界和平的力量。

　　第三章研究马克思主义经济危机整体论的流通过程体系和视角。它指出，在马克思主义经济危机整体论体系和视角中，流通过程体系和视角也占有重要地位，它是由《资本论》第二卷建立的。马克思主义经济危机整体论的流通过程体系和视角不是在不涉及《资本论》第一卷有关生产的论述的情况下研究流通的，而是要阐明资本主义生产只有经过某种流通运动才能得以实现。马克思主义经济危机整体论的流通过程体系和视角是在资本主义流通运动中阐明资本主义生产的特殊规定性，进而阐明其再生产的特殊规定性的。同建立马克思主义经济危机整体论的生产过程体系和视角的第一卷，以及建立马克思主义经济危机整体论的总过程体系和视角的第三卷相比，可以说建立马克思主义经济危机整体论的流通过程体系和视角的《资本论》第二卷有它的独立的研究对象。

　　马克思主义经济危机整体论的流通过程体系和视角，注意到了社会化大生产各部门间的有机联系，以及整个经济结构中，某些部分对其余部分的影响，并意识到了局部或部门的危机或波动对于整个经济波动的影响。马克思深刻阐明了社会在商品生产条件下再生产正常进行所要求的两大部类平衡问题。这种平衡既包括使用价值，即物质的方面，也包括价值的方面；既有相对稳定的静态的简单再生产分析，也有比较复杂的动态的扩大再生产分析。这些分析对于研究当代经济危机同样具有适用性。如果在社会再生产中，两大部类的比例不能保持适当的关系，社会生产就会因结构比例和发展速度的差异而导致失衡，从而产生大的波动和危机。

　　第四章研究马克思主义经济危机整体论的总过程体系和视角。它指出，马克思主义经济危机整体论的总过程体系和视角，是马克思主义经济危机整体论体系和视角中最接近资本主义经济运行表面的部分，也是直接研究经济危机问题最多的部分，是由《资本论》第三卷建立的。马克思主义经济危机整体论的总过程体系和视角所研究的资本主义生产总过程，不是个别资本的运动过程，也不是某一种资本运动的总过程，而是社会各种资本形式运动的总过程。所以，它与流通过程体系和视角所研究的社会总资本的运动又是不同的，流通过程体系和视角所研究的社会总资本的运动，还仅仅是产业资本即资本的一种形式的总资本的运动，而总过程体系和视角研究的是社会总资本各种形式，包括产业资本、商业资本、生息资本等各种资本形式的总运动过程。

　　一旦把马克思主义经济危机整体论总过程体系和视角，同其生产过程和流通过程体系和视角合并在一起，马克思主义经济危机整体论的基本逻辑结构就庄严宏伟地展现在我们面前。总过程体系和视角所讲的内容，就是日常呈现在我们眼前的实际现象，包括资产阶级相互间你死我活地争取利润的活动，生产过程和流通过程体系和视角则基本上是从隐伏在它们背后的本质关系去进行分析。许多从本质关系出发，暂时舍象去掉的因素，在总过程体系和视角中都要进行考虑了。

在这种由本质到现象，由简单到复杂的分析中，总过程体系和视角先研究了由剩余价值到利润的转化，由剩余价值率到利润率的转化、利润率平均化、一般利润率下降的过程，商品价值到生产价格的转化过程，然后再分别研究各种具体资本形态，看它们是怎样依照一般的资本运动规律而展开瓜分剩余价值——利润的活动。这些论述表明在这样的资本主义商品生产的各种内在矛盾的作用下，不可能具有使商品价值顺利实现的条件，经济危机的本质根源也就被彻底揭露出来了。

第二篇研究马克思主义经济危机整体论的历史作用，包括第五、六、七、八章。第五章研究马克思主义经济危机整体论推动社会主义运动兴起对遏制经济危机所发挥的重要作用。它指出，马克思主义经济危机整体论对于克服经济危机的历史作用，首先表现为使社会主义学说从空想变为科学，从而促成了社会主义运动大规模兴起，推动了工人阶级地位的提高和社会生产力发展，改变了整个世界范围内的阶级力量对比，在很多地区、很多时期和很大程度上，缓解了资本主义基本矛盾所造成的危害，从根本上抑制了经济危机。

社会主义运动一百多年的发展，不论是高潮还是低谷，大部分都源于马克思主义经济危机整体论或涉及这个理论，富于战斗精神的几代人在马克思主义经济危机整体论中发现了武器，这个武器在反对资本主义和克服经济危机的战斗中总是发挥着巨大的指导力量。19世纪70—90年代的社会主义运动，不仅规模比过去扩大了，而且由于马克思主义经济危机整体论的广泛传播和许多国家相继成立了社会主义政党，各国工人的组织性和觉悟程度都有了提高。

马克思和恩格斯在社会主义运动中，从事了巨大的理论工作和组织工作。他们除继续完成马克思主义经济危机整体论的伟大巨著《资本论》和写了其他许多重要著作之外，还竭力帮助各国建立社会主义政党，批判各种错误理论、纲领和策略。他们生前推动社会主义运动的主要成果有：马克思主义在社会主义运动中占据了统治地位，在欧美各国普遍成立社会主义政党的基础上，于19世纪80年代末建立了第二国际，在同资产阶级进行秘密斗争和合法斗争方面，各国社会主义政党和组织都取得了一定成就，也积累了很多重要经验，经济危机也在社会主义运动的兴起中得到了一定程度的根治。

第六章研究马克思主义经济危机整体论推动社会主义制度创建对遏制经济危机所发挥的重要作用。它指出，社会主义制度作为资本主义制度的对立物在世界上的诞生，是马克思主义经济危机整体论广泛传播和社会主义运动蓬勃发展推动的结果，也是世界资本主义体系矛盾发展的结果。马克思主义经济危机整体论的广泛传播和社会主义运动蓬勃发展，提高了广大人民群众的认识，壮大了社会主义的力量；资本主义的发展不断加剧了导致经济危机的资本主义基本矛盾和社会矛盾。社会主义力量的壮大和资本主义内在矛盾的激化，为社会主义制度的创建准备了必要的条件和前提。

十月革命后苏联社会主义制度创建和第一次世界大战，标志着一个新时代的开始。这个时代是社会主义制度创建和发展的历史时期。一方面，资本主义国家经过第一次世界大战，元气大伤，而且资本主义无所不包的世界体系还被冲开了一个大缺口，在地球六分之一的土地上创建了与之大不相同的社会主义制度。从此，在资本主义各种固有的矛盾之外，又新加了资本主义与社会主义的矛盾，使资本主义更加处于腹背受敌的境地。从此，世界上再也没有资本主义安稳统治的一统天下了。

另一方面，新兴的社会主义国家，虽然面临着许多初生的困难，但很快就站稳了脚跟，显现出解放和发展生产力、克服经济危机的巨大力量，以辉煌的成就，宣告了马克思主义经济危机整体论的正确性，预示了整个世界的发展和未来。影响所及，人们心向往之，效而行之，各国人民的革命斗争很自然地更加迅猛地发展起来。在第一次和第二次世界大战前后的数十年里，又有不少国家的社会主义制度创建起来，两种不同社会制度渐成并存之势。尽管创建初期的社会主义制度还不成熟，但在经济危机问题上，却已在世界范围内，产生了引人思考，也催人探索的深远影响。

第七章研究马克思主义经济危机整体论推动的对资本主义制度的冲击、对遏制经济危机所发挥的重要作用。它指出，在马克思主义经济危机整体论的推动下，人类社会在19世纪中叶以后逐步进入了无产阶级发动社会主义革命，改变资本主义的生产分配关系，建立社会主义和共产主义新社会的历史时期。随着马克思主义经济危机整体论的传播，社会主义运动的高涨，社会主义制度的创建，工人阶级力量不断壮大，资本主义面临着越来越大的冲击。正是在工人阶级与资产阶级两种政治势力、社会主义与资本主义两种思想体系和两种社会制度并存竞争和反复较量的过程中，资本主义不得不进行不同程度的调整和改良，以缓解经济危机，延缓其被社会主义制度取代的命运。

在马克思主义经济危机整体论推动工人斗争和社会主义运动兴起的冲击下，一方面，社会主义国家的出现，使资本主义面临着一个强有力的竞争对手。另一方面，社会主义在资本主义国家内部得到越来越多的人支持，经过30年代经济大危机的沉重打击，资本主义元气大伤，资本主义世界面临的形势异常严峻。战后越来越多的国家加入社会主义阵营，资本主义国家内部反资本主义的浪潮此起彼伏。资本主义国家这才面对现实，不得不对自身存在的诸多问题进行调整和改良，以适应时代发展的要求和与社会主义竞争的需要。如果没有马克思主义经济危机整体论推动工人斗争蓬勃发展，资本主义国家所有涉及改变资本主义生产分配关系的措施都不可能出现，即便采取凯恩斯的理论实行国家干预，也不会允许工人阶级参加国家和企业事务的管理，增加工人阶级福利，最多是按照马尔萨斯的办法，提高食利者阶层和政府官僚阶层的收入，以增加有效需求。那样的话，经济危机只能日益严重，而根本不可能得到缓解。

第二次世界大战结束以来，国际环境发生了很大变化，这些变化也对资本主义制度有很大的冲击。在这些变化中，有的是因为马克思主义经济危机整体论的影响扩大形成的，因而对经济危机的缓解有正面的积极作用；有的因为马克思主义经济危机整体论的影响减弱引起的，因而又对经济危机产生了加剧的负面作用。无论哪种作用，都表明马克思主义经济危机整体论是根治经济危机的重要理论，违背和放弃这一理论，都将使经济危机不断加深，给经济发展和人民生活带来灾难性后果。

第八章比较研究马克思主义经济危机整体论与其他理论在历史上各自发挥的作用。它指出，就马克思主义经济危机整体论的历史作用来说，目前经济学界流行的观点是，马克思主义经济危机整体论只是揭露危害的理论，与经济危机的治理无关，只有新古典经济学，最多再加上凯恩斯的理论，才是可以治理经济危机的理论。并且历史上每次经济危机都只是在新古典经济学和凯恩斯主义经济学等西方经济学理论起作用的条件下得到了克服。这是不符合实际的。

新古典经济学和凯恩斯主义经济学只是讲了市场交换机制和政府干预在克服经济危机中的作用，都没有论述生产分配关系中工人阶级地位提高和实体经济发展在其中可以起到的根本作用。在历史上，历次经济危机之所以能够得到缓解，在有些时期和阶段，还能使经济得以复苏和发展，根本原因并不像西方经济学界宣传的那样，只是遵循凯恩斯主义经济学等理论扩大了财政支出和加强了对经济的管制，或只是遵循新古典经济学等理论稳定了货币供给和放松了对经济的管制，而是在于马克思主义经济理论广泛传播以后，资本主义国家阶级力量对比在相当长的一段时间里发生了有利于工人阶级和实体经济发展的变化。

西方经济学的凯恩斯主义理论等只是关于克服经济危机治标方面的理论，马克思主义经济危机整体论则是主张对于经济危机标本兼治的理论。只注意经济危机体制、政策层面上的原因而忽视制度层面上的原因，是无法从根本上克服经济危机的。细节在一定条件下决定全局，只注意制度层面上的原因而不注意体制、政策层面上的原因，也会因小失大。对于经济危机只治标不治本，危机只能缓解而不能化解，要在危机中求发展在治标的同时必须治本。

第三篇研究马克思主义经济危机整体论的应对危机方法，包括第九、十、十一章。第九章运用马克思主义经济危机整体论的方法，分析产生西方金融危机和债务危机的直接原因和深层原因。它指出，马克思主义经济危机整体论是一种结合整个经济过程来研究经济危机的理论，关注了社会总资本再生产的生产、流通、分配和消费的全貌，当然包括对于西方经济学关注的流通领域金融危机和债务危机直接原因的分析。在引发目前西方金融危机和债务危机的美国次贷危机中，金融衍生工具和资产证券化等各类金融创新是各方最为关注的焦点之一。可以说，从直接原因方面来说，正是由于金融创新偏离了其规避风险的基本初衷，而被过度地用做牟取短期利润，才导致风险在不同层面上被催生、掩盖和放大，最终使美国次贷危机爆发并恶化升级，酿成了现在的西方金融危机和债务危机。

与很多其他经济理论只关注金融危机和债务危机在流通领域中的政策和技术层面问题不同，马克思主义经济危机整体论同时关注了金融危机和债务危机在生产分配领域的"政治"方面，以及作为制度基础的权力结构

（人们以对"物"即生产资料的占有为中介所形成的统治—命令—服从关系结构）。所以研究国际金融危机问题，如果不能遵循马克思主义经济危机整体论的研究方法和基本原理，就很可能走向片面和形而上学。在马克思主义经济危机整体论的基础上，可以看到西方金融危机和债务危机的深层原因：工人阶级地位下降、社会贫富分化加剧、"中产阶级"衰落、实体经济萎缩，等等。

第十章以马克思主义经济危机整体论为指导，研究西方金融危机和债务危机的政策应对方法。它指出，虽然目前西方的金融危机和债务危机从实质上看，是由资本主义基本矛盾导致的经济危机，但其产生也有其流通领域的直接原因。马克思主义经济危机整体论是主张对经济危机实行标本兼治的理论，它既主张在基本经济制度方面，用社会主义制度取代资本主义制度，铲除经济危机产生的制度根源，也主张在经济政策方面，让各种金融创新和政策工具服务于实体经济发展。所以，以马克思主义经济危机整体论为指导，面对西方的金融危机和债务危机，我们既要在生产分配领域的基本经济制度方面应对其冲击，也要在流通领域的金融创新和政策工具方面应对其冲击。

从经济政策方面应对西方的金融危机和债务危机，我们必须正确看待金融创新。一方面要看清金融创新的必要性。在现今国内、国际竞争愈发激烈的金融市场中，各金融机构为了分散和转移风险，满足客户多元化的投资需求，增强企业的竞争力，就必须不断推进金融创新。同时，我国资本市场的发展完善也有赖于衍生品市场的发展壮大。另一方面，我们要合理进行金融创新，并加强监管，防止金融创新脱离实体经济发展的基础。

西方金融危机和债务危机再次表明，市场不是万能的，受新自由主义思潮蒙蔽一味迷信市场力量，放任市场自由发展，必然会扭曲经济信号，扰乱市场秩序，最终带来难以预料的后果。在流通领域，市场机制和政府宏观调控就像一枚硬币的正反两面，是相辅相成、互相依存的关系。只有在应对西方金融危机和债务危机的过程中，以马克思主义经济危机整体论为指导，既发挥市场机制这只"看不见的手"的作用，又发挥政府宏观调控这只"看得见的手"的作用，才能化"危"为"机"，促进我国经济不断平稳较快增长。

第十一章以马克思主义经济危机整体论为指导，研究西方金融危机和债务危机的制度应对方法。它把制度应对方法分为社会主义的和资本主义的，把资本主义的制度应对方法定义为，资本主义国家用于维护资本主义制度的各种应对金融危机和债务危机的方法。这些方法中有的虽然因为有利于经济运行和发展，从而间接有利于工人阶级的利益，但都是直接服务于资产阶级利益的。这些有利于经济运行发展的方法，经过加工改造是可以被包容进社会主义的制度应对方法中去的。无论在历史上还是在当代，资本主义的制度应对方法都最多只能起一时之效，使危机经常化和把危机推向以后的更严重爆发。

社会主义的制度应对方法，是与创建和维护社会主义制度相联系的应对方法，它要求打破资本主义的制度应对方法的局限，建立与现代社会化生产方式相适应的一系列政治经济制度和意识形态，把最广大劳动者的积极性和创造性调动起来，让他们能够享受到自己的劳动成果，消除资本主义私有制对生产力发展和人民富裕的阻碍，使社会财富的各种源泉充分涌流，造福于全体人民。第一，改变资本主义单一的纯粹的生产资料私人占有制模式，推行以公有制经济为主体，多种经济成分并存和共同发展的所有制关系格局，使国有经济、合作经济、职工股份所有制经济、利害攸关者经济、私人经济等都可以有充分的发展空间。第二，在企业生产规模已扩大到相当程度的情况下，要改变资本主义整个社会生产的无协调性，强化政府对经济的宏观调控，通过征税、补贴和政府支出等措施，使各个企业生产的剩余价值都部分地由社会所有和支配。

经过三十多年的改革开放，目前中国的经济社会发展正处于一个关键的历史时期。在从温饱向小康跨越的历史过程中，既有可能进入"黄金发展期"，也有可能陷入"矛盾凸显期"。许多国家和地区的发展历程显示，面对西方金融危机和债务危机的冲击，中国现在实际上存在两种选择：一种以马克思主义经济危机整体论为指导，坚持社会主义的制度应对方法，兼收并蓄资本主义应对方法中的合理因素，引导经济社会协调发展，化"危"为"机"，顺利实现工业化和现代化；另一种是以新自由主义理论为指导，全盘接受资本主义的制度应对方法，用"激进改革"推翻社会主义制度，建立资本主义制度，致使经济社会发展脱节，社会矛盾加剧，经济社会在西方金融危机和债务危机的冲击下停滞倒退。所以，当此中国社会发展的"临界点"，必须以马克思主义经济危机整体论"科学发展观"的理念，排除有些人试图进行资本主义激进改革的干扰，坚持社会主义的制度应对方法，才能有效应对西方金融危机和债务危机，保持经济社会又好又快发展。

正如书名显示的那样，本书把马克思主义经济理论的整体作为研究经济危机问题的武器进行再研究，分析了这个理论整体性的体系和视角、这个理论在历史上起到的作用，和从这个理论可以导出的应对西方金融危机和债务危机的科学方法。通过这种再研究，笔者设想达到三个目的：第一，搞清马克思主义经济理论各个部分在研究经济危机问题中的相互联系，展现马克思主义经济危机理论作为一个整体的全貌。第二，揭示马克思主义经济危机整体论通过把社会主义从空想变为科学，推动社会主义运动兴起所产生的遏制经济危机的巨大作用。第三，以马克思主义经济危机整体论为指导，探索克服西方金融危机和债务危机的标本兼治科学方法。这是一个综合性强、高难度的目标。笔者深知，本书实际做的和想达到的目标之间肯定存在很大差距，只是希望千虑一得，引起更多的人关心和投入这项研究，把对经济危机的研究和经济危机理论的研究更加深入地进行下去，取得学术水平更高、影响更大的研究成果。

第 一 篇

马克思主义经济危机整体论的
体系和视角

第 一 章

马克思主义经济危机整体论
体系和视角综论

第一节　整体论体系和视角的形成

马克思主义经济危机理论是对资本运动规律的一种整体分析，具有研究经济危机问题的整体性体系和视角，过去很多研究者只把《资本论》第三卷的某些有关章节看作是马克思主义经济危机理论，从而得出了马克思主义经济学没有完整的经济危机理论的结论。但这种认识是很片面的，马克思对经济危机的研究，是贯穿于他的整个经济学理论体系之中的。要看到马克思主义经济危机理论的全貌，很有必要对马克思主义经济危机理论体系和视角的整体性作出再研究。

在19世纪40年代，马克思和恩格斯就已经注意到资本主义再生产的周期运动，指出资本主义生产只能在矛盾不断尖锐和比例不断被破坏的运动中进行。恩格斯在他早期的经济学著作《政治经济学批判大纲》中，批驳了当时资产阶级经济学说对经济危机可能性的否定，他说："经济学家用他那绝妙的供求理论来证明'生产绝不会过多'，但是实践却用商业危机来驳斥他，这种危机就像彗星一样有规律地反复出现。"① 马克思在《哲学的贫困》中研究了资本主义再生产的各种比例关系问题，发现资本主义经济"由于自然规律的必然性，生产一定要经过繁荣、衰退、危机、停滞、新的繁荣等等周而复始的更替"②。

随着研究的深化，马克思逐步形成了他研究经济危机整体论的体系和

---

① 《马克思恩格斯全集》第1卷，人民出版社1956年版，第614页。
② 《马克思恩格斯全集》第4卷，人民出版社1958年版，第109页。

视角。在《1844 年经济学哲学手稿》中，马克思已经表达了要对社会问题作整体分析的想法。① 在 19 世纪 40 年代后期，马克思在批判蒲鲁东形而上学的政治经济学方法时又提出，"每一个社会中的生产关系都形成一个统一整体"，单凭主观臆断的"运动、顺序和时间的逻辑"，根本无法理解这一切客观存在的"同时存在而又互相依存的社会机体"②。1857 年下半年，马克思尝试建立自己的经济学理论体系，开始撰写《政治经济学批判（1857—1858 年草稿）》。他从社会生产关系中生产和交换、分配、消费的辩证关系研究入手，对包括经济危机在内的很多问题作出了自己的探索。

在马克思之前，许多经济学家已对生产、分配、交换、消费等范畴作过研究。但是，他们的研究往往缺乏整体视角，只从想象的孤立个人出发，或者把这些范畴并列起来，使社会经济运动过程变成一个无时间秩序的非历史的过程；或者把这些范畴割裂开来，使社会经济运动过程成为各环节互不关联的孤立过程。马克思是把从事经济活动的个人客观地看作在社会中进行生产的个人，以整体视角探讨生产和交换、分配、消费关系的。他认为，人类的物质生产都是"一定社会性质的生产"，"总是指在一定社会发展阶段上的生产"③。这就改变了经济学思想史上以孤立的个人为研究出发点的传统视角。

马克思进而认为，在一定的社会生产关系中，生产和分配、交换、消费构成一个整体的各个环节、一个统一体内部的差别。生产既支配着与其他要素相对而言的生产自身，也支配着其他要素。一定的生产决定一定的消费、分配、交换和这些不同要素相互间的一定关系。当然，生产就其单方面形式来说也决定于其他要素。不同要素之间存在着相互作用，每个有机整体都是这样。④

在《政治经济学批判（1857—1858 年草稿）》以后，马克思写了《政治经济学批判》、《1861—1863 年经济学手稿》、《1863—1865 年经济学手稿》，并在这些手稿的基础上，出版了《资本论》第一卷德文第一、二版和法文版，写作了关于《资本论》第二卷的许多手稿等等，使马克思主义

---

① 《马克思恩格斯全集》第 42 卷，人民出版社 1979 年版，第 45 页。
② 《马克思恩格斯全集》第 4 卷，人民出版社 1958 年版，第 144—145 页。
③ 《马克思恩格斯全集》第 46 卷（上册），人民出版社 1979 年版，第 18、22 页。
④ 同上书，人民出版社 1979 年版，第 36、37 页。

经济危机理论体系和视角的整体性不断完善。马克思逝世后，恩格斯依据马克思遗稿编辑出版了《资本论》第二、三卷。最终形成了马克思主义经济危机整体论体系和视角的结构。

第二节　整体论体系和视角的结构

马克思和恩格斯对《资本论》的整体论体系和视角的结构极其珍视。1866 年 2 月 20 日，当马克思基本上写成《资本论》手稿的时候，他在写给恩格斯的信中说："我亲爱的，你明白，在像我这样的著作中细节上的缺点是难免的。但是结构、整个的内部联系是德国科学的辉煌成就，这是单个的德国人完全可以承认的，因为这决不是他的功绩，而是全民族的功绩。"①

1867 年 8 月 23 日，《资本论》第一卷问世前夕，恩格斯在致马克思的信中说："我祝贺你，只是由于你把错综复杂的经济问题放在应有的地位和正确的联系之中，因此完满地使这些问题变得简单和相当清楚。我还祝贺你，实际上出色地叙述了劳动和资本的关系，这个问题在这里第一次得到充分而又互相联系的叙述。"②《资本论》及其整体论体系和视角的结构，是马克思留给世界工人阶级和人民群众的一项宝贵遗产，它为全面理解经济危机的内在机理和化解途径，提供了最重要的理论基础。

马克思并不像有些研究者理解的那样，和西方经济学一样只在专门研究金融问题的《资本论》第三卷的某些章节研究了经济危机，他的《资本论》前三卷共同构成了一个研究经济危机问题的体系和视角，这个体系和视角对生产过程、流通过程和总过程的研究、对生产、分配、交换、消费的研究构成了一个对经济危机问题的整体论体系和视角，经济危机问题在这个整体论体系和视角中得到了充分重视和研究。

要研究经济危机，首先必须研究生产过程，而资本主义生产过程就整体而言，包含着流通过程以及分配和消费的总过程。与资本主义生产过程的这个特点相适应，在资本主义经济中，人们除了在直接生产过程发生一

---

① 《马克思恩格斯全集》第 31 卷，人民出版社 1972 年版，第 185 页。
② 同上书，第 329 页。

定的关系以外，在流通过程中又发生特定的联系。经济危机问题的研究要涉及所有这些关系。因此，为了透彻地研究经济危机，必须说明资本主义社会生产过程和流通过程中的全部生产关系。

如何说明呢？马克思运用了从抽象到具体的方法。他说："分析经济形式，既不能用显微镜，也不能用化学试剂，二者都必须用抽象力来代替。"① 大家知道，生产过程在资本主义经济运动中具有决定作用，生产过程中的关系——产业资本家和产业工人的关系——也是最基本的经济关系。运用抽象法，要求逐步由抽象到具体、由简单到复杂地阐明经济危机所涉及的各种关系。《资本论》第一卷正是首先抓住整个资本运动的决定性环节，而把次要的因素舍象掉，即首先分析资本的直接生产过程，考察产业工人和产业资本家之间的关系。

在揭露了资本主义生产过程的实质——剩余价值的生产和占有以后，在第二卷中才把资本的流通过程加进来，考察资本主义生产企业之间，即产业资本家之间的关系。马克思说："在第一卷，我们研究的，是资本主义生产过程本身当作直接的生产过程所呈现的各种现象。在那里，一切由它外部的事情引起的次要的影响，都还是存而不论的。但这个直接的生产过程，未曾完结资本的生产过程。在现实世界内，它必须由流通过程来补足。流通过程便是第二卷研究的对象。"② 值得提出的是，第二卷并不是只谈流通，不谈生产，事实上，马克思在第二卷中是把资本主义的生产过程和流通过程统一起来考察的，马克思说："第二卷，尤其是第二卷第三篇（在那里，我们是把流通过程，视为社会再生产过程的媒介来考察），指出了资本主义生产过程，就全体考察，是生产过程与流通过程的统一。"③

但是，第二卷只限于对这个统一作广泛的考察，关于资本运动的各个具体形态还是存而不论的。所以，第二卷虽然已经在对资本主义生产过程的分析上上升了一步，但仍然未能完全反映资本主义生产关系的全貌。因此，《资本论》又以第三卷来补足。"在这个第三卷，我们所要做的，不能是对于这个统一之广泛的考察了。我们宁可说要在这一卷发现并且说明，

---

① ［德］马克思：《资本论》第1卷，人民出版社1976年版，第8页。
② ［德］马克思：《资本论》第3卷，人民出版社1953年版，第5页。
③ 同上。

资本的运动过程当作一个全体来看所产生的各种具体形态。诸资本在它们的现实运动中，便是在这各种具体形态上对立着的。对于它们，资本在直接生产过程中的形式以及它在流通过程中的形式，都只表现为特别的要素。所以，我们在这个第三卷所要说明的各种资本形态，对于资本在社会表面上，在不同诸资本相互的行动中，在竞争中，在生产代理人通常的意识中所借以出现的形态，是一步一步地更加接近了。"①

可见，第三卷和第二卷一样，也是把资本主义的生产过程和流通过程统一起来考察。差别在于，第二卷仅限于"对这个统一之广泛考察"，而第三卷上升了一步，论证由这个"统一"产生的资本的各种具体形态，可见《资本论》第二、三卷是由抽象上升到具体的两层阶梯。《资本论》三卷的体系，是马克思根据资本主义生产过程是生产过程与流通过程的统一和资本主义生产关系的逻辑联系，运用抽象法，由抽象到具体，由简单到复杂地论述资本主义生产关系而建立起来的体系和视角。这个体系和视角之所以可以科学地研究经济危机问题，是因为它们是客观现实的反映。马克思说："由抽象上升为具体的这种方法，仅仅是思维掌握具体而把它当作一个精神上的具体来再生产的方法。"②《资本论》三卷所构成的马克思主义经济危机整体论体系和视角的结构，正是思维掌握资本主义生产过程的全貌而把它当作一个精神上的具体来再生产的典范。

第三节　整体论体系和视角的科学性

《资本论》三卷体系标志着马克思主义经济危机整体论体系和视角创立过程的完成。马克思和恩格斯从无产阶级的立场、观点和方法出发，以《资本论》三卷体系和视角彻底改造了过去的经济危机理论，使它发生了本质的变化。马克思和恩格斯对经济危机理论的变革主要表现在用辩证唯物论和历史唯物论科学地确立了经济危机理论的对象和方法。他们的经济危机研究从一开始就不同于以往一切经济学家。经济学是在资产阶级古典学派手中开始成为一门独立的科学的。但古典学派由

---

① ［德］马克思：《资本论》第3卷，人民出版社1953年版，第5—6页。
② ［德］马克思：《政治经济学批判导言》，《政治经济学批判》，人民出版社1955年版，第163页。

于受资产阶级的立场、观点和方法的局限，没有能够科学地确定经济学的对象和方法。

《资本论》三卷的马克思主义经济危机整体论体系和视角，是马克思运用辩证唯物主义和历史唯物主义来研究经济危机问题的典范。马克思从一切社会关系中抽象出生产关系来，并把它作为决定其余一切关系的基本的原始的关系，《资本论》研究了资本主义经济关系的全貌，它包括生产、交换、分配和消费诸经济关系的总和。但在这各种经济关系中，生产关系占据主导地位。各种经济关系之间存在着辩证统一的关系。马克思主义经济危机整体论体系和视角根据生产力和生产关系、经济基础和上层建筑相互作用的基本原理，相应地研究了同资本主义生产关系相互作用的生产力和上层建筑。

马克思主义经济危机整体论体系和视角始终结合着生产力的一定发展水平来研究资本主义生产关系的发展，来说明资本主义生产发展的各个主要阶段，考察和论述了生产力对资本主义生产关系的发展所起的决定作用。这种整体论体系和视角研究了资本主义生产关系和生产力之间的矛盾，阐明资本主义怎样在矛盾中向前发展，资本主义生产关系怎样由促进生产力的发展，逐渐变成生产力发展的桎梏，最后产生周期爆发的经济危机，破坏生产力的发展，必将让位给同生产力性质相适应的新的生产关系，即社会主义生产关系。

马克思主义经济危机整体论体系和视角，相应地研究了上层建筑对资本主义生产发展的作用。《资本论》随时随地探讨了适合于这种生产关系的上层建筑，使之既有骨骼，又有血肉。如列宁所指出，马克思把整个资本主义社会形态作为活生生的东西刻画出来，"将它的生活习惯，将它的生产关系所固有的阶级对抗的具体社会表现，将维护资产阶级统治的资产阶级政治上层建筑，将资产阶级的自由平等之类的思想，将资产阶级的家庭关系都和盘托出"①。

正如前面提到的，马克思主义经济危机整体论体系和视角与其他经济危机理论的不同之处，首先就是它从一开始就把它的研究方法，确定为唯物主义的辩证方法。我们知道，资产阶级古典经济学者，曾就资本主义社会的经济危机现象进行分析，但由于他们不能正确说明造成经济

---

① 《列宁全集》第 1 卷，人民出版社 1955 年版，第 121 页。

危机的各种经济关系，又加上他们作为资产阶级的代言人，也不容许他们正确说明这种关系，所以，在研究经济危机的时候，虽然他们之中有些人能对生产、分配、交换和消费的内在联系有所触碰，但总是自觉不自觉地加以回避。马克思主义经济危机整体论体系和视角之所以能揭开这种内在关系，就是因为唯物主义辩证方法要求全面把握社会的本质的关系的结果。

马克思主义经济危机整体论体系和视角创建者，在 19 世纪 40 年代大体确立了他们的唯物主义世界观和辩证方法论。马克思和恩格斯在《共产党宣言》中已经很明显地展示了这种方法。而马克思在《政治经济学批判》一书序言中，也表白他在 1850 年用批判的精神来重新开始透彻地研究新的经济学史料的时候，不仅已经完全摆脱了资产阶级经济学者那一套形而上学的观点方法，并已经用新的辩证观点方法来批判前者，开始着手建立自己科学的经济学体系和视角。

马克思主义经济危机整体论的体系和视角，与资产阶级经济学者以三位一体公式（资本—利润，劳动—工资，土地—地租）为基础而建立的三分法（生产、分配、交换）结构，形成了鲜明的对比。马克思主义经济危机整体论体系和视角，揭示了资本这个范畴所体现的人与人之间的生产关系，指出资本主义社会的资本家不过是资本的人格化。资产阶级尽管把他们的利益强调为社会的利益，而实际上，他们与劳动者之间的利益是对立的。资本这个范畴里面，包含着不断导致周期性经济危机的基本矛盾。揭示资本这个范畴中体现的生产关系和基本矛盾，就会把资本主义那种见不得人的剥削实质揭露出来，因此资产阶级的代言人经济学家，自始就不敢正视这个现实，到了工人阶级对资产阶级斗争的威胁增大了，他们就更有必要用尽办法来把这个现实掩盖起来。

上述的三位一体公式，把资本—利润，劳动—工资，土地—地租三者等同看待，把资本（不是任何物，而是一定的、社会的、属于一定的社会历史形态的生产关系）、土地（无机的自然自身）、劳动（不过是一个抽象，在它自身是不存在的，一般是指人的生产活动）这三个没有任何共同点的因素，在那个公式上平起平坐地并列着，以示它们的收入：利润、工资、地租，都处在公平合理的平等地位，以掩盖资本主义生产关系的实质和基本矛盾。所以马克思说，"这个三位一体的公式，把社会生产过程的一切秘密都包括在内了"。"在这个公式内，利润，资本主义生产方式所特有的表示特征的剩余价值形式，就幸运地被排除掉了。"①

马克思把他的经济学著作称为《资本论》，第一卷讲资本的生产过程，第二卷讲资本的流通过程，第三卷讲资本主义生产总过程，这样，就可以用一种在分析资本主义生产关系的基础上，科学地把资本主义社会的经济的本质及其不断导致经济危机的基本矛盾都揭示出来了。这种经济危机整体论体系和视角，不仅揭露了隐藏在三位一体公式里的秘密，而且推翻了建立在这个公式上面的三分法结构。

在西方经济学的三分法结构中，究竟是生产什么、流通什么、分配什么呢？这些都被西方经济学家用"资源"一词一带而过，从没有作劳动产品和非劳动产品的区分。他们总是回避劳动过程中的生产关系，用把劳动等同于物的方法来研究生产、流通、分配、消费中的关系，而不肯触到它们的资本主义的生产关系和基本矛盾。事实上，三位一体公式既然目的是要把资本主义的生产关系和基本矛盾隐蔽起来，建立在它上面的三分法结构，就已经注定了无法揭示经济危机的制度根源。

有人可能会问，《资本论》三卷也分别是讲生产、流通与分配，那不也是采取三分法结构吗？但《资本论》三卷结构与西方经济学结构在形式上虽然有些相似，但内容和方法却很不相同。由于《资本论》是在对生产关系研究的基础上去研究其他关系，可以说明作为劳动产品财富的价值和剩余价值的生产、流通和分配。正是由于《资本论》三卷构成的马克思主义经济危机整体论体系和视角，揭示了资本生产关系的实质和矛盾，就不但说明了资本主义经济发展的动力和源泉，而且说明了在资本主义社会，谁生产作为劳动产品财富的价值和剩余价值，谁分配作为劳动产品财富的价值和剩余价值，以及作为劳动产品财富的价值和剩余价值的交换和消费过程。

由于在马克思主义经济危机整体论体系和视角下，劳动者所得的工资这个分配形式不会像西方经济学三位一体公式那样，与资本家、地主所得的利润、地租并列起来，而是可以从根本上说明，资本家、地主阶级的利润和地租都是劳动者在直接生产过程中用剩余劳动——剩余价值生产出来的，只不过工人阶级在分配中只得到了作为基本生活费的工资，这样，资本主义生产关系的生产社会化和生产资料的资本主义私人占有之间的基本

---

① 〔德〕马克思：《资本论》第3卷，人民出版社1966年版，第955页。

矛盾被揭示了出来，也就可以在此基础上科学分析经济危机问题。

马克思主义经济危机整体论体系和视角采取的由本质到现象的论证方法，与西方经济学家惯于在三分法与三位一体公式下用现象掩盖本质的手法完全不同。《资本论》第三卷所讲的资本主义生产总过程，是把第一卷、第二卷分别讲到的资本的生产过程与流通过程的统一作为基础来进行的。也就是说，在资本主义生产总过程出现的各种经济关系、范畴和形式，都分别是由资本生产过程与流通过程讲到的那些抽象的本质的关系、范畴与形式的具体化和转化的结果。

在这里，我们开始接触到我们在实际经验生活中比较熟悉的东西。剩余价值利润化，剩余价值率利润率化，不同利润率由于竞争而趋于平衡，商品价值转化为生产价格。分配利润的各种具体资本形态出现了，商人、企业主、银行家、地主登场了。这个现实世界，离开它的本质关系多一层曲折，因此，在认识上也就多一层屏障。资产阶级及其代言人，不仅习惯于这个现实世界，并乐于用这个世界反映在我们观念上的颠倒错乱现象，来模糊、掩盖它的剥削关系。

正如马克思所说："利润形式上的剩余价值，不是与投在劳动上的、它由以发生的资本部分相关，而是与总资本相关。利润率的规定有它本身的各种规律；这各种规律，会在剩余价值率不变时，让利润率发生变化，甚至引起利润率的变化。这一切都会愈益蒙蔽剩余价值的真正性质，并从而隐蔽资本的现实机构。利润到平均利润的转化，价值到生产价格，到起调节作用的平均市场价格的转化，还更加是这样。"①

所以，马克思主义经济危机整体论的体系和视角，为科学研究经济危机不能不采取由本质到现象的抽象分析方法，先在《资本论》第一、二卷，特别是在第一卷中，暂时舍象掉一切足以引起错觉的外部次要的影响，从本质上把资本主义的生产关系揭露出来，然后再一步一步接近上面所讲到的一些转化了的现象形态，这样，后者的千变万化，都万变不离其宗地逃不脱前者的制约。资产阶级经济学者根本不懂也不愿意弄懂这种科学处理的深刻含义，说什么第三卷与第一卷、第二卷之间存在着矛盾。但如果说这是矛盾的话，那只能是现象形态与本质关系间的矛盾在理论上的反映。现象形态会直接地、自发地当作流行思维形态再生产出来，而本质

---

① ［德］马克思：《资本论》第 3 卷，人民出版社 1966 年版，第 973 页。

关系则要科学来发现。

总之，马克思主义经济危机整体论体系和视角，是在批判资产阶级经济学者那一套三分法结构和三位一体公式中建立起来的，与西方经济学的体系形成了鲜明对比和原则性区别。不过，这里只能讲一个梗概，而它全部深刻的科学含义，是要在对有关经济危机问题的各种实际分析中，才能充分显示出来的。

第 二 章

马克思主义经济危机整体论的
生产过程体系和视角

第一节　生产过程体系和视角的结构与作用

马克思主义经济危机整体论的生产过程体系和视角，是马克思主义经济危机整体论体系和视角的最重要组成部分，是由《资本论》第一卷建立的。这一卷虽然主要是论述资本主义生产过程的，但并没有只讲生产不讲分配、交换和消费，而是结合分配、交换和消费在一种科学的体系结构中研究生产的，所以才在对生产过程的研究中，深刻揭示了产生经济危机的根源，奠定了研究经济危机问题的最重要理论基础。

导致经济危机的资本主义生产过程，是一种与流通过程相结合的生产，研究这种生产过程必须结合分配、交换和消费，所以《资本论》第一卷第一篇就是"商品和货币"。商品和货币不论从历史上还是从逻辑上说都先于资本主义生产。后者只有在劳动产品转化为商品达到相当发展程度以后，才能产生和发展起来。商品流通是资本的出发点。商品生产与发展了的商品流通即商业，是资本产生的历史前提。世界商业与世界市场是在16世纪开始资本的近代生活史的。但是在逻辑上资本却包括商品和货币，没有它们资本是不可想象的。商品是资产阶级社会经济细胞的形式，不分析这个细胞和商品世界如何分化为商品和货币，就不可能了解资本是这个社会的基本阶级关系的表现形式。

一些西方经济学家把经济学教程分为三部分：（1）生产，（2）流通，（3）分配。在第一部分只讲一般生产，即不以社会形态为转移的物质资料的生产。然后转到流通和分配。乍看会以为这是唯一正确的做法。甚至可以说这是由事物本性决定的。生产是任何社会存在的基础，所以应该从研究这个基础开始。但是，正因为物质数据的生产是任何社会存在的基础，所以它本身即一般生产是抽象的。马克思关于这一点在1857—1858年经济学手稿《导言》中说："生产一般是一个抽象，但是只要后者真正把共同点提出来，定下来，免得我们重复它就是一个合理的抽象。"①

问题是，西方经济学家不限于"把共同之点固定下来"。他们把一般生产同资本主义生产混为一谈，因此后者（在西方经济学家的描绘中）就失去了自己的特殊性即历史制约性。这无非是为了论证资本主义生产的永恒性。马克思指出，忘记了这种特点，就是"想证明现存社会关系之永存与和谐的现代经济学家们的全部智慧所在。例如他们说，如果没有一种生产工具，哪怕这种工具不过是手，任何生产都不可能，如果没有积累下来的过去劳动，哪怕这种劳动不过是由于反复操作而积聚与集中在野蛮人手中的熟练，任何生产也都不可能"②。

马克思在给《资本论》第一卷加上"资本的生产过程"这个标题以后着重指出，他不是研究一般生产过程，而是研究资本生产过程，后者既是劳动过程，也是价值增值过程。固然，西方经济学家在流通部分考察商品流通、商业、信贷，即只有在商品资本主义体系中才发生的那些东西。但是，第一，就是在这里他们只把注意力集中到技术因素上，即集中到商业的、信贷的和其他一切的业务上。这样研究问题，流通就同生产没有什么原则上的区别，而成为生产的一种变种了。第二，因此同样的，流通也就不受生产制约，不由生产方式决定。西方经济学在研究分配——国民收入在各居民集团间的分配上，也存在这种局限。在这里还有很多人竟把分配现象解释为自然现象，而不是解释为仍受一定生产方式制约的社会历史现象。他们认为工资的源泉是劳动本身，是自然技术过程；利润的源泉是资本（他们把资本理解为生产资料），地租的源泉是土地。即便并非所有西方经济学家都这样把分配现象庸俗化（如我们所知道的，西方经济学古典学派的这种庸俗化相对较小），但他们大都（包括古典学派在内），也仍然使分配脱离了生产方式。一些当代的西方经济学家走得更远，他不仅使流通脱离生产，而且把流通放到首位，实际上认为流通重于生产，把研究局

---

① ［德］马克思：《政治经济学批判导言》，《政治经济学批判》，人民出版社1961年版，第135页。

② 同上。

限在对已有资源的配置上，只从流通的视角研究经济危机。他们认为通晓流通就等于通晓经济过程，就等于通晓全部市场经济。

与他们不同，马克思在研究显现于流通领域的包括经济危机在内的各种问题的时候，从来没有忘记生产过程，《资本论》第一卷首先建立的就是马克思主义经济危机整体论的生产过程体系和视角。《资本论》第一卷的结构严格合乎逻辑，它从资本主义财富的最基本形式——商品及其内部矛盾——使用价值和交换价值之间的矛盾开始研究。由于商品是由私人劳动生产的，而私人劳动的社会性再不能被社会自动地、立即地和直接地承认，商品只有同必然的结果货币，即普遍交换手段一起存在。但是对由货币流通伴随着的商品流通的分析，导致需要阐明货币的内在潜力和矛盾，体现在货币中的交换价值可能变成一种自主的经济力量，货币可能表现为流通过程的起点和终点，而不仅仅是中介；货币被付出可能只是为了追求更多货币即资本。

在资本主义以前的社会，资本出现在生产领域之外、很少进入生产领域。它像寄生虫一样主要在政治和社会等其他领域榨取社会剩余产品，基本不会产生经济危机。马克思主义经济危机整体论的生产过程体系和视角，看到了资本主义生产方式和资本主义以前的生产方式的基本差别，就是在资本主义制度下，资本不仅占有剩余价值，而且生产剩余价值。由于马克思认为这对于全面研究资本主义社会的一切方面（包括经济危机）具有根本意义，他用一整卷详细分析生产过程来开始《资本论》。

《资本论》第一卷的马克思主义经济危机整体论的生产过程体系和视角指出，资本主义的生产过程同时是价值的生产过程、剩余价值的生产过程、资本的生产过程，而且是基本的对抗性社会关系的生产和不断再生产的过程。这个关系就是雇佣劳动和资本之间的关系，无产阶级被迫出卖自己的劳动力给资本家，资本家则被迫积累资本，从而最大限度地从工人那里榨取剩余价值。《资本论》第一卷的马克思主义经济危机整体论的生产过程体系和视角，以马克思的基本发现即对剩余价值"秘密"的解释为中心，说明在资本主义社会存在着一种特殊商品，即劳动力，它的使用价值对资本家来说，就是它能够生产出比自己的交换价值更大的新价值。因此，《资本论》第一卷分析的"生产过程"就是剩余价值的生产过程。

为了详细考察剩余价值的生产，《资本论》第一卷的马克思主义经济危机整体论的生产过程体系和视角把资本划分为不变资本和可变资本。不变资本是资本家阶级借以获得和维持对财产的垄断权以及取得物质生产数据的那部分财富。它使得工人阶级根本不可能独立谋生，是剩余价值生产的必要前提，但是它本身并不生产剩余价值。只有活劳动者的劳动力才生产新的价值，包括剩余价值。正因为如此，资本家用以购买工人的劳动力的那部分资本叫做可变资本，只有这部分资本真正生产剩余价值。

在《资本论》第一卷的马克思主义经济危机整体论的生产过程体系和视角中，还可以看到绝对剩余价值和相对剩余价值生产之间的差别。绝对剩余价值是通过延长工作日、使之超出工人生产其工资等价物所需时数的办法生产出来的。相对剩余价值则是通过提高日用品工业部门的劳动生产率的办法生产出来的，这个办法使得工人能够缩短工作日中用以再生产他的工资等价物的时间，从而无须延长工作日而增加剩余价值。虽然绝对剩余价值的生产在资本主义生产方式的最初几个世纪（在英国，粗略地说是在16世纪至19世纪的上半叶之间）居支配地位，但是当产业革命和劳资之间阶级斗争一充分展开，相对剩余价值的生产就开始占支配地位。

《资本论》第一卷第四篇《相对剩余价值的生产》的中心部分，是对工厂手工业和现代工厂的细致的分析（第十二章和十三两章）。这里剩余价值的生产呈现出另一个重要的方面。在工厂手工业阶段，剩余价值增加是由越来越先进的分工形式所产生的劳动生产率增长的成果，但是生产技术基本上没有变。劳动按照工厂手工业生产的最终产品的工序而加以划分。但是除了这种划分以外，在劳动过程中没有发生任何变化。因此，在工厂手工业阶段资本家主要关心的事情，是资本对劳动的不断直接控制，以期在一定的技术水准下达到剩余劳动的最大消耗。工厂手工业企业里，工人失去了决定自己劳动节奏的自由，从这一视角可以看到，劳动也就变成了不自由的、强制的劳动。在这种工厂手工业企业里充满了不同程度上失去了个人自由的工人。

随着产业革命和现代工厂的出现，这种在生产过程中劳动从属于资本的过程，就不仅植根于等级制的劳动组织形式，而且越来越多地植根于生产过程本身的性质。随着生产实行机械化，生产过程开始以机器为中心重新组织，活劳动的劳动节奏和劳动内容从属于机器本身的机械需要。劳动的异化不再只是劳动产品的异化，而且是劳动本身的形式和内容的异化。

现代机器的爆炸性潜力被马克思主义经济危机整体论的生产过程体系和视角同时在三个方面作了阐述。机器是资本在生产过程中使劳动从属于资本的主要武器，也是增加相对剩余价值生产、无情地加速资本积累过程的主要武器。在资本主义生产过程中，节省劳动的机器同时变成了生产和再生产工业"劳动后备军"，使工资总是在劳动力商品的价值上下波动，并且使资本家在正常情况下总能获得剩余价值的武器。所以，马克思主义经济危机整体论的生产过程体系和视角合乎逻辑地把资本家和劳动之间的阶级斗争的发展，并入到它对剩余价值生产的分析中，因为从这种视角和体系可以看到阶级斗争起源于哪种生产过程。

从活劳动那里榨取剩余价值，意味着资本家要尽可能延长工作日，以便增加工人的劳动量而不增加工资，使资本占有提高劳动生产率的一切好处。相反，反对资本主义剥削的斗争，对工人们来说意味着争取缩减工作日而不缩减工资，争取减少工作量，争取提高实际工资。这种反对资本主义剥削的阶级斗争怎样会转化为资本主义的经济危机，是在《资本论》第一卷的第七篇即最后一篇作了简要论述，这是马克思主义经济危机整体论的生产过程体系和视角所揭示的整个资本主义生产过程的残酷结果。资本生产剩余价值，剩余价值又在很大程度上转化为追加资本，追加资本又生产追加剩余价值。如此进行下去，不断给人类带来社会矛盾和经济危机。

《资本论》第一卷的末尾又回到了开始的地方：资本主义财富。但是这时可以不再把它理解为只是基本成分的总和——"一个庞大的商品堆积"，虽然它仍然是这堆积成山的商品，这时也可以把它看成是生产价值，向活劳动榨取剩余价值的复杂过程的结果，看成是不断使生产数据、生产组织、劳动过程和生产者本人革命化的运动。"资本是带来剩余价值的价值"这个公式，这时可以被理解为资本组织自我增值（Vevwertuag）的过程，通过劳动过程和增值过程的统一，不断寻求自己的价值增值的过程。这样，就可以更充分地理解为什么对资本主义经济危机的分析首先必须弄清楚在生产过程中发生的一切。

马克思主义经济危机整体论的生产过程体系和视角，承认资本主义生产过程的开化和进步方面，肯定它对发展社会生产力的巨大推动力，对节约劳动的新途径和新手段、对有助于发挥人的无限创造性的新需要和新生产部门的不懈探索。但是同时这个体系和视角也表明，这种发展的独特资本主义形式如何把"发疯的"（即本身成为目标的）技术、机器和交换价值的非人道的潜在力量大量释放了出来。资本主义生产过程使人们属于机器，而不是使用机器把人们从机械重复劳动的重担下解放出来。它使一切社会活动从属于不断追逐个人发财致富的要求，而不是使社会生活适应于丰富的个性及其社会关系的发展。每件商品中所固有的使用价值和交换价值之间的矛盾，在资本主义机器的这种矛盾本性中充分地展开。资本主义在为联合起来的生产者的无阶级社会创造了物质和社会的前提之后若没有被推翻，这个矛盾就意味着不断引发经济危机和侵略战争，可能使生产力越来越转化为名副其实的破坏力，不仅是破坏人的财富和人的幸福的力量，而且是破坏人类生活和世界和平的力量。

第二节 劳动价值论

马克思主义经济危机理论和马克思主义其他经济理论一样，都是建立在马克思的科学劳动价值论的基础之上的。正因为如此，《资本论》在第一卷马克思主义经济危机整体论的生产过程体系和视角中，首先就阐述了有关劳动价值论的一系列基本范畴，以后又不断应用和扩展这些基本范畴深入地论述了经济危机的有关问题。

一 价值理论的由来和类型

为了说明为什么生产过程体系和视角要阐述劳动价值论的有关范畴，以及劳动价值论对于分析经济危机问题的独特作用，需要和其他类型的价值理论作一个比较。价值理论是在市场经济中产生的有关对财富如何认识的一种基础理论，由于市场经济是在西方产生和成长起来的，所以价值理论在西方也就有了较多的发展。我们看到，除了马克思主义经济危机整体论的生产过程体系和视角所阐述的劳动价值论以外，西方事实上还存在几种其他的价值理论，下面分别对它们的由来和内容作些评析。

（一）货币价值论

货币价值论是西方重商主义者提出的一种价值理论。在资本主义发展初期，西方国家曾主要依靠集军人和商人于一身的"商人"们的对外扩张，到殖民地去贱买贵卖，掠夺当地资源进行原始资本积累。而且很多商人确实是通过贱买贵卖、巧取豪夺取得了大量收入。所以那时的重商主义价值理论认为，财富和一切收入都是从流通领域来的，商人是最大的财富创造者，也应该是收入最多的人。

重商主义盛行于西欧封建制度崩溃后，至市场经济全面兴起之间的转型时期，即大约在 16、17 世纪的两百年间。这时期，由于商业资本的发展，以及西欧各国实际采用了重商主义的政策和措施，产生了从理论上阐述这些经济政策的要求，于是，西方逐渐形成一种重商主义的货币价值论。其最基本的观点是：货币就是金银，金银就是财富的象征，所以货币等于价值。它大体可用下述公式表示：

因为　货币 = 金银

金银 = 财富

所以　货币 = 价值

但是事实上，在市场经济条件下，人们之所以把货币看作是唯一的价值，只是因为它是作为一般等价物的特殊商品，可以和所有其他商品相交换。如果离开了交换关系，它可以和一切其他物品相交换的神奇性就会消失。只有在它能代表其他物品对人的价值时，它才成为财富的象征。离开了商品交换关系，离开了货币作为商品对人的有用性，离开了货币可以换到的那些对人有用的物品，货币就什么也不是。将价值等同于货币，实际上就是将价值等同于没有使用价值的交换价值，但是，如果人们不重视使用价值的生产，交换价值将会失去存在基础，整个社会财富价值的增加也就会失去基础。

历史上这方面的一个例子是，英国重商主义者约翰·罗（John Law）从货币就是价值的概念出发，曾于 18 世纪初向法国政府建议发行不能兑现的银行券来增加国内财富价值。法国政府采纳了这个建议，1716 年任命他为财政大臣，并允许他开办了一家银行。罗氏银行无限制地发行纸币，同时回收金属货币。不久这个银行便收归国王所有。封建王朝准备用纸币来清偿债权人的债务。但是，滥发纸币的结果，导致了通货膨胀。人们纷纷要求兑换纸币，银行不得不宣告破产。约翰·罗被解职，并逃出法国。从那以后，各国都对货币只代表交换价值有了一定认识，很少为了增加财富价值而滥发货币了。①

---

① 郑先炳教授对于历史上和现代各种货币理论观点作过系统概述和分析，从他的概述和分析可以看出，除了早期重商主义的货币金属论将货币作为唯一的财富以外，其他各种货币名目论、货币数量论、货币中性论、货币需求论、货币供给论和货币均衡论等，都已不再把货币作为唯一的有价值的财富了，而且，它们也都正确地认识到纸币所代表的价值和它本身的价值是两回事，离开了用它可以得到的其他商品，它本身甚至连普通有价值的商品财富都不能算，因为它除了充当价值符号以外，几乎没有其他使用价值（参见郑先炳《西方货币理论》，西南财经大学出版社 2001 年版）。

（二）使用价值价值论

使用价值价值论，首先表现为物质数量价值论。它是由法国的一些重农主义经济学家在法国经济向原始资本主义转型过程中系统阐述的。重农主义是18世纪中叶出现在法国的一种经济思想，代表人物是法国经济学家魁奈和杜尔哥等人。这种理论一方面纠正了重商主义理论把价值归结为贵金属的片面性，另一方面又带有把价值归结为自然物质的片面性。

在重农学派的物质数量使用价值价值论不再流行以后，自19世纪70年代至今的资本主义经济转型过程中，又盛行了一种边际效用使用价值价值论。一部分西方经济学家把使用价值主观化，引入稀缺性来决定这种主观的使用价值，想由此消除市场交换价值与使用价值的区别，以主观的使用价值来说明财富的价值。这就是所谓的边际效用价值论，或我们也可以把它称为边际效用使用价值价值论。当时，奥地利的门格尔、法国的瓦尔拉斯和英国的杰文斯几乎同时出版了专著来阐述这种理论，这被称为西方经济学的"边际主义革命"。

这两种价值理论的主要缺点是：（1）无法说明人类商品财富增长的真正动力和根源，物质数量使用价值价值论将其归结为自然的恩赐，边际效用使用价值价值论将其归结为人的主观偏好和物的自然稀缺性。（2）这两种价值理论都没有表明商品财富的社会规定性。没有表明在市场经济条件下，商品只有通过交换才能具有价值、才能实现价值的事实，抹杀了商品财富与非商品财富的区别。将市场经济中人们不是为自己生产的商品，硬说成是离开交换关系也能具有交换价值的东西。

（三）古典经济学的劳动价值论

产业革命以后，土地并没有增加，社会财富却不断增长，使很多经济学家想到，工商业固然不创造和增加物质，农业产品又何尝不也只是自然物质的变化形式，财富实际上是人们用劳动适应人的需要改造自然得到的，因此提出了劳动价值论。由英国经济学家亚当·斯密集这些经济学家之大成，写了一部世界公认的标志经济学正式诞生的书，名为《国民财富的性质与原因的研究》或简称《国富论》，系统地阐述了劳动价值论，用劳动说明了人类财富的主要来源。他指出："一国国民每年的劳动，本来就是供给他们每年消费的一切生活必需品和便利品的源泉。……劳动是第一性价格，是最初购买一切货物的代价。世间一切财富，原来都是用劳动购买而不是用金银购买的。"①

　　但是，虽然亚当·斯密，特别是李嘉图比较彻底地论述了劳动价值论，承认劳动者在生产中创造财富的作用，但是在他们的理论里，按照自然规律（他们把市场经济运作看成是自然规律），劳动者也就是工人，只能得到维持最低基本生活费用的工资。这是自然的，是不可改变的，而且也是对生产、经济发展有利的。例如，按照李嘉图的理论，工资、利润和地租都是按照市场供求关系决定的。工资一旦增加，人口就会增加把工资压下来，所以工人只能得到维持最低水平的生存工资；利润一旦增长，资本就会增多把利润压下来，所以利润在长期中有下降的趋势；只有地租增加无法增加土地，所以地租总会增加。为了发展经济，只要想办法通过自由贸易，让国外的粮食进口把国内粮价和地租压下来让利润增加就可以了，工资的低下对经济发展无害而且有利。

　　在李嘉图的时代，工业革命已经取得了一定成绩，但地主阶级、资产阶级和无产阶级在分配方面的矛盾已成为无法回避的问题。当时地主阶级和资产阶级同为统治阶级，矛盾比较尖锐。工人阶级刚刚产生，处于社会地位极低的被压迫状态。所以，李嘉图经济发展理论的主题，是代表工业资本家与地主阶级在分配问题上进行抗辩。由于当时工人阶级劳动者主要是依附于资本家的，李嘉图的价值理论毫无顾忌地肯定了劳动在创造价值中的决定作用。

　　（四）生产要素价值论

　　现在很多人以为生产要素价值论，是一种最现代的价值理论，其实这种理论产生的时间很早，是由法国经济学家扎伊尔在1802年发表的著作《政治经济学概论》中系统提出的，处于法国原始资本主义尚未向现代资本主义转型的时代，比李嘉图的《政治经济学及赋税原理》早15年，比马克思的《资本论》早半个多世纪，但内在逻辑十分混乱。它首先也是一种使用价值价值论，割断商品赖以存在的交换关系，认为商品的生产就是效用的创造，供给可以自动创造需求，商品的价值无须交换来实现或有使用价值的东西就一定有交换价值。

　　生产要素价值论的思路是这样的：价值是个人对商品使用价值的主观

----

　　① ［英］亚当·斯密《国民财富的性质与原因的研究》，郭大力、王亚南译，商务印书馆1972年版，第1、26页。

评价即效用，而效用的创造不仅有劳动，还有资本和土地。它们都创造价值，从而创造收入。劳动创造的收入是工资，资本创造的收入是利息，土地创造的收入是地租，这三种收入相当于三个生产要素在创造效用时各自所耗费的代价，从而构成价值的生产费用，所以价值的大小就是由效用的生产费用即工资、利息和地租决定的，这些费用是由供求决定的。

现代西方主流经济学的生产要素价值论，继承发展了扎伊尔这种将劳动等同于物质生产要素的理论，将劳动与资本和土地，近年来又将企业家才能、人力资本、技术、知识等收纳进来，等同起来，把它们统称为"生产要素"。这些理论和扎伊尔的理论一样，虽然没有说劳动是物，但也没说劳动和物有什么区别，事实上把劳动等同于物。这种理论试图证明，在完全竞争的市场条件下，各种要素的报酬是按其对产出的贡献分配的。

生产要素价值论的主要问题是：

（1）它无法解决价值的加总和比较问题。因为不同要素之间有质的区别，没有统一的单位，人、土地、资本、企业家才能、人力资本、知识、技术等代表的财富谁大谁小，无法比较无法加总。如果像边际效用论那样，把这些使用价值的大小归结为人的主观评价，但不同的人会有不同的评价，仍然解决不了财富的比较和加总问题。所以它没有办法形成前后一贯的主张，最后实际上只好走向了供求价值论。

（2）它掩盖了不同要素在价值生产中的不同作用。它只表明了价值的生产既需要人的劳动，也需要各种物质生产要素和人的各种素质的事实；但没有表明在价值的生产中劳动是主动的因素，物是被动的因素；人有权参加收入分配，物本身不参加收入分配；人的各种素质要在劳动中才能发挥作用的事实。事实上将劳动等同于物，将工资等同于物质生产成本。

（3）它把人之间的生产分配关系说成了要素之间的生产分配关系。由于把劳动等同于物，它把人和人之间的生产分配关系，说成了是物和物之间或物和人的各种素质之间的生产分配关系；把人的素质和人对物的所有权，说成了人对生产的贡献，虚构和夸大了这些要素所有者的贡献。实际上，拥有各种素质的所有者的劳动，拥有物质要素的所有者运用物质生产要素所操的心，才是他们对生产、对社会的实际贡献。

（五）供求价值论

供求价值理论，就是当代西方经济学的主流价值理论，它由马歇尔、瓦尔拉斯等人创立于与马克思同时代的 19 世纪后期。这种理论不区分劳动产品和非劳动产品，但吸收了生产要素价值论和使用价值价值论的某些因素，把价值等同于供求决定的价格，只承认有价格存在，不承认有不同于价格的价值存在。他们认为，就市场经济中商品价值的生产来说，成本是供给后面的原动力，而效用是需求后面的原动力，二者通过供求的波动，共同决定了财富的价格即交换价值。生产成本和边际效用是供求规律的两个构成部分，它们的作用可以和剪刀的双刃相比拟。研究商品价值即价格是受效用支配，还是受生产成本支配的议论等于研究剪刀以上刃裁纸或下刃裁纸的议论。①

马歇尔等人的价值理论，实际上相当于马克思经济危机整体论体系和视角中没有劳动价值论的商品财富交换价值或价格理论。它为研究价格在市场经济中配置资源的作用，以及供求对价格波动的影响，提供了一个方便的理论框架和研究起点。他们的理论实际上承认商品具有二重性，因为他们承认效用的作用实际上就是承认商品使用价值的存在，他们承认价格或交换价值的存在实际上就是承认物之间的社会关系的存在。只不过他们不承认这种交换价值是人的劳动创造的，而把它说成是将人和物混为一谈的生产成本"供给"的。这种将财富笼统说成是"供给"产生的说法，虽然可以适用于土地这样的非劳动产品商品，对于商品财富绝大部分的劳动产品商品而言，显然没有揭示其产生的根源。

二　马克思劳动价值理论的基本范畴和主要功能

马克思的劳动价值论是与马歇尔等人的供求价值论产生于同一时代的理论。马克思主义经济危机整体论的生产过程体系和视角从分析商品开始，论证了马克思的劳动价值论。马克思实际上作了商品财富和非商品财富的区分、劳动产品商品财富和非劳动产品商品财富的区分，主要对劳动产品商品财富的价值进行了研究，但非劳动产品商品和非商品财富在他的经济危机整体论体系和视角里也有它们的位置，只不过马克思没有来得及对它们进行展开研究。

马克思的劳动价值论，除了承认商品财富具有使用价值、其价格或交换价值在市场上通常由供求关系决定以外，还承认作为劳动产品的商品财富具有使用价值和价值二重性。这种商品的交换价值是价值的形式，价

---

① [英] 马歇尔：《经济学原理》下卷，陈良璧译，商务印书馆 1965 年版，第 40 页。

值则是交换价值的本质和内容，是由生产它所花费的社会必要劳动时间决定的。其中交换价值一词，是一个马克思主义经济危机整体论和西方经济学都能接受的概念。

在马克思主义经济危机整体论的生产过程体系和视角里，价值必须表现为交换价值，但交换价值并不等于价值，价值是抽象人类劳动的凝结。马歇尔等人的价值理论承认价值离不开交换价值，但只把价值定义为交换价值即均衡价格或平均价格，所以交换价值在这种理论里有地位，但价值一词在西方主流理论里没有独立的地位。例如，马歇尔说："一个东西的价值，也就是它的交换价值，在任何地点和时间用另一物来表现的，就是在那时那地能够得到的、并能与第一样东西交换的第二样东西的数量。"①马克思的劳动价值论里有马歇尔等人价值理论里的交换价值概念，但马歇尔等人的价值理论里却没有马克思劳动价值论里的价值概念，所以马克思的劳动价值论是比马歇尔等人的价值理论更高级、更有解释力的经济学理论。

劳动价值论是马克思主义包括经济危机理论在内的全部经济理论的基石。马克思主义经济危机整体论的生产过程体系和视角从分析商品开始，提出了价值、劳动二重性、社会必要劳动时间、简单劳动、复杂劳动等一系列基本范畴，并在这些范畴的基础上创立一整套经济学理论。为了深入研究有关经济危机的各种问题，很需要理解和掌握马克思劳动价值论的基本范畴和主要功能，并在此基础上不断创新发展马克思主义经济危机整体论。

（一）价值

要理解马克思的劳动价值论，首先就必须理解马克思定义的价值。价值的定义有很多，比如有效用价值论，认为有用就是有价值；有供求价值论，认为供求关系决定的价格就是价值；有生产费用价值论，认为生产产品用的所有成本加到一起，就是这个产品的价值；哲学上还有把某种信仰叫做价值；在日常生活中人们又常把商品的平均价格，看作是它们的价值。

这些价值定义对不对、与它们有关的理论能不能成立，不能以其中一种定义、一种理论是不是与某一别种定义、别种理论一样来判断。而要以

---

① ［英］马歇尔：《经济学原理》上卷，朱志泰译，商务印书馆1964年版，第81页。

这种定义是不是能反映某种客观事实，以及这种理论对于解释客观现象是不是有用为标准来判断。只要一种定义、一种理论能反映和解释独特的实事，它就能成立，用不着和别的定义、别的理论一样。其实，同一个词在不同的语境下是可以有不同的含义的。

现在最流行的是，有人把价值定义为供求决定的价格，然后说马克思主义经济危机整体论的生产过程体系和视角的价值不等于他们定义的价格价值，所以就是不能成立的。这种对劳动价值论的否定是无效的，因为马克思讲的价值本来就不是他们讲的价格。用定义去堵别人的嘴是没用的。

马克思主义经济危机整体论的生产过程体系和视角把价值定义为社会关系的一种表现，一般抽象劳动的凝结。这样的一种定义是不是有道理呢？其实是很有道理的。在马克思主义经济危机整体论的生产过程体系和视角里，效用有它的位置，那就是使用价值。但是马克思分析的是商品社会、是市场经济。市场经济下是不是有使用价值就一定有价值？这恐怕不一定。

在商品社会里，人们生产的大部分产品并不是为自己用的，而是要卖出去，要对别人有用、对社会有用，才具有价值。商品生产时存在分工，分工就存在交换。人们生产一件东西不是为了自己消费也不是为了自己有用，而是要为别人有用。如果一种东西生产出来了要对别人有用，那就是一种社会关系，要能卖得出去。存在交换的情况下才有交换价值。

为什么要把它定义为抽象人类劳动的凝结？从马克思主义经济危机整体论的生产过程体系和视角的分析中可以看出，人们对生产的贡献真正为他自己切身的花费就是劳动的花费。人们在市场中的交换，本质上是一种劳动的交换。交换关系里确实也有物，但是物的贡献、物的交换和人的贡献已经不是一码事情了。马克思为什么提出劳动价值论？就是为了把物的作用撇开，纯粹地考虑人和人之间的关系。

比如一个拥有一百亩土地的地主，他对生产的贡献是什么呢？他对生产的贡献就是出让这一百亩土地，让别人去耕种所操的心。土地和自然可以长庄稼，这是它的边际生产力，是对社会的贡献。但这个贡献并不是地主的贡献，而是自然和土地的贡献。如果在生产中还要利用某些资本，那么不从事经营管理的资本所有者对生产的贡献，就是把资本这种物出让出来让别人去使用所操的心。机器厂房在生产中发挥的作用，并不是他本人的贡献。

有人说企业家才能也是一个很重要的生产要素，也有贡献。如果一个人很有企业家才能，但是他并不去从事任何经营管理，那么他对财富的生产还是不可能有任何贡献。所以，地主所操的心、资本所有者所操的心、企业家的经营管理活动，才是和劳动者的劳动可比的、他们对生产的实际贡献，也就是生产中他们本人实际花费的。

所以，马克思主义经济危机整体论的生产过程体系和视角把价值抽象为用劳动来说明，说它体现人和人之间的关系是很有道理的。按照他的说法，商品交换实际上就是劳动的交换，价值的实质就是通过商品体现的人与人之间的关系。尽管价值只能附着于商品之中，也就是必须附着在使用价值中，价值的载体是使用价值，但是不能把价值理解为物，理解为使用价值。价值仅仅是一般劳动，是一种社会关系。

（二）劳动二重性

马克思劳动价值论的一个基本观点就是抽象劳动创造商品的价值，具体劳动创造使用价值，不创造价值。劳动二重性的学说，是理解马克思包括经济危机理论在内的整体政治经济学的枢纽，也是他的理论和别的理论的最大区别。什么是具体劳动？就是指人的劳动有与物相似的一面，人可以干活，但牛也可以耕地，驴也可以拉磨，机器也可以打钻，自然也可以发力。什么是抽象劳动？就是指人的劳动有与物不同的一面，人所独具的，只有人和人才能相比的那一面，它才创造马克思所说的价值。

马克思劳动价值论的这种思想，在马克思的一段话里表达得很清楚："李嘉图，像所有值得提到的经济学家一样，像亚当·斯密一样（虽然斯密有一次出于幽默把牛称为生产者），强调指出劳动是人的、而且是社会规定的人的活动，是价值的唯一源泉。李嘉图和其他经济学家不同的地方，恰恰在于他前后一贯地把商品的价值看作仅仅是社会规定的劳动的'体现'。所有这些经济学家都多少懂得（李嘉图更懂得）应该把物的交换价值看作仅仅是人的生产活动的表现，人的生产活动的特殊的社会形式，看作一种和物及其作为物在生产消费或非生产消费中的使用完全不同的东西。在他们看来，价值实际上不过是以物表现出来的、人的生产活动即人的各种活动的相互关系。"[1] 承认人的劳动有与物不同的一面，是马克

---

[1] ［德］马克思：《剩余价值理论》第 3 册上，人民出版社 1975 年版，第 198 页。

思主义经济危机整体论的生产过程体系和视角的一大特点。

（三）社会必要劳动时间

马克思劳动价值论的另一个基本观点是，商品的价值是由社会必要劳动时间决定的。什么是社会必要劳动时间？它是指"在现有的社会正常的生产条件下，在社会平均的劳动熟练程度和劳动强度下制造某种使用价值所需要的劳动时间"①。也就是说，谁的劳动对社会的贡献比较大，它创造的价值就比较大。现在有人把马克思的劳动价值论说成是体力劳动价值论，似乎这种理论说谁累或哪里人多，就可以创造更大的价值，这是对马克思劳动价值论的歪曲。现在发展中国家都是劳动过剩，那样说当然是荒谬的。

有人认为，由于社会必要劳动时间无法测量，由马克思劳动价值论可以推论出的按劳分配没有可操作性，因此，马克思劳动价值论是没用的。这是混淆了基础理论和具体分配形式的说法。事实上，劳动价值论及按照这种理论可以推论出的按劳分配，是一种可以用于分析如何分配才最有利于生产力发展的理论框架和分析工具，而不是一种具体的可操作的分配形式。现实中存在的各种可操作的分配形式，如按供求分配、按资分配、按土地分配、按等级分配、按企业分配、按学历分配、按资历分配、按岗位分配、按地区分配、按行业分配、按职业分配、按劳动时间分配、按劳动成果分配、按需分配等等，都只有在尽可能注入更多的用劳动价值论可以推论出的那种按劳分配的因素，或尽可能向那种按劳分配方向调整的情况下，才能更有利于生产力的发展。同时，收入分配不仅涉及经济问题，而且涉及政治、社会和伦理等各方面的问题，需要结合许多理论来研究，马克思并没有认为根据他的理论可以在全社会实行"不折不扣"的按劳分配。②

（四）简单劳动和复杂劳动

马克思对简单劳动和复杂劳动的区分，也需要充分注意到。马克思指出，简单劳动是在一定的社会条件下，不需要经过任何专门训练的、一般劳动者都能胜任的劳动。复杂劳动则是经过专门培养和训练、具有一定技术专长的劳动。一个复杂劳动的产品，在价值上可以与若干个简单劳动的

---

① ［德］马克思：《资本论》第 1 卷，人民出版社 1975 年版，第 52 页。
② 参阅［德］马克思《哥达纲领批判》，人民出版社 1965 版，第 10—15 页。

产品相等。各种复杂劳动折合成若干倍的简单劳动，是商品在交换中通过商品生产者背后的社会过程自发地形成的。

但是，现在一种流行说法认为，主要从事复杂劳动的科技人员和管理人员创造的价值不能用他们的劳动来说明，只能用他们拥有的人力资本来说明。按照这种说法，科技人员和管理人员都不算劳动者，实际上没干什么事，只是凭着有知识的资格，才做成了他们的事业，得到了较高的收入，是一群只凭资格吃饭的不劳而获者。这种说法是不符合实际的。

事实上，作为人力资本的知识，只有在劳动中才能取得，取得了知识有能力做复杂劳动的人，也只有在从事复杂劳动的过程中才能发挥创造价值的作用。只有人力资本却不去从事复杂劳动的人，是不可能创造任何价值的。现在一些发达国家，人们的劳动时间减少了，但创造的价值却反比发展中国家增加了，这不是因为发达国家的人用人力资本代替了劳动的结果，而是这些国家拥有人力资本的劳动者用复杂劳动代替了简单劳动的结果。人力资本的增多使简单劳动贬值了，但却使复杂劳动增值了。人力资本根本不可能使"劳动"创造价值的作用消失，相反，它却使复杂劳动创造价值的作用比以前更大了。

（五）马克思劳动价值论的主要功能

劳动价值论的一大功能，就是指出了价值的本质是商品交换表象的背后隐藏着的人与人之间的关系。现在有些学者提出的要素创造价值论，是混淆了使用价值和价值的概念，是要素创造使用价值论。有些学者提出物化劳动也创造价值的论点，是混淆了具体劳动和抽象劳动与价值创造的关系。这些论点都是把劳动力等同于一般生产要素，把劳动力拟物化，而且把生产要素参与财富创造的过程等同于创造价值的过程，也就抹杀了劳动者不同于物的特殊作用。

和上述这些理论不同，马克思劳动价值理论透过物的关系，揭示了人和人的关系，他认为劳动者具有物所不具备的适应人类需求改造自然的能力。除了偶然的巧合，物不会自动按照人的愿望为人类提供财富。从这个意义上讲，财富是劳动者创造的，不劳动者对财富的创造没有贡献。现在有些学者一谈劳动价值论，只敢讲价值，不敢讲财富，似乎劳动价值论只能解释一个虚无缥缈的价值，不能解释财富的来源。其实，不论马克思还是古典经济学家，提出劳动价值论的一个重要目的都是为了要说明财富的来源。

　　当然，马克思确实批判过拉萨尔说劳动是财富的唯一源泉观点，而且他引用过配第的话：劳动是财富之父，土地是财富之母。但是，他这样做的目的，是要说明财富的生产离不开物，而不是要和有些经济学家一样，认为在生产过程中人的作用和物的作用是一样的。他提出劳动价值论要说明的问题是，虽然人和物在生产过程中都是必不可少的，但他们的作用是不同的。物不论多么重要，它在生产过程中是一个被动的因素，人们不能指望总是靠巧合从它那里得到新财富。人是一个主动的因素，他可以适应人类的需要去改造自然，使物具有对于人来说的新价值，这才是人类财富增多的主要来源。例如，马克思指出："劳动是非原料，非劳动工具，非原产品……劳动不是作为对象，而是作为活动存在；不是作为价值本身，而是作为价值的活的源泉存在。……劳动作为主体，作为活动是财富的一般可能性。"[1]

　　举个例子，比如，现在这里有土地也有种子，但是它们并不一定能长出庄稼来，能长出来可能也是很少的一点，根本不够人用的，可是你要是把那些种子播种到土地里去，就可以长出一片庄稼来。再比如说，一片棉花，你要是不去采摘这些棉花，那它们也没什么用，就烂在地里了。可是你要是把它们采摘回来，它们就可以有很多用处，你把它们纺成线，它们就可以捆东西用；你把它们织成布，它们就可以包东西用；你把它们做成衣服，它们就可以穿；你把它们设计成时装，那它们除了可以穿以外，又有了观赏的价值，它们的价值随着劳动投入的增多越来越大。

　　我们可以想一想，从原始社会到现在，自然环境到底发生了多少变化？研究环境问题的专家讲，其实从原始社会到现在自然环境也没有什么变化，而且还有些恶化。可是，我们再看一看，从原始社会到现在，人类文明又有多少进步、财富又有多少增加呀。难道这些文明的进步、财富的增加都是因为有了自然的恩赐吗？显然不是呀。这是人们去做事情，积累知识改造自然才得到的呀！这就是一个事实。这个事实是很多经济学家都承认的，例如，马歇尔说："那些最不容易出产财富的地区现在是最富庶的。北美洲的国家比南美富，南美的国家远比那些靠近赤道的国家富，这里居住着南欧移民。两大陆由北到南人力资源的分层化，基本上影响了现代的贸易方向；但这种影响是自身作用，而不是最终原因。因为从长远的

---

　　[1] 《马克思恩格斯全集》第46卷上册，人民出版社1979年版，第252—253页。

观点看，国家财富是由人口的特性，并非由自然的恩赐所支配。"①

如果有一个理论，它可以解释和说明事实，那么这个理论就有用；如果有一个理论，它不能解释也不能说明事实，那么这个理论就没用。马克思劳动价值论恰恰就是可以解释和说明这些事实，所以它是有用的、科学的。马克斯·韦伯指出："今天，作为'职业'的科学，不是派发神圣价值和神启的通灵者或先知送来的神赐之物，而是通过专业化学科的操作，服务于有关自我和事实间关系的知识思考。"② 马克思劳动价值论就具有这样的科学特征，它反映的事实、讲的道理别的理论没有反映、没有讲。正是利用这一理论，马克思才突出了劳动和劳动者的作用，揭示了不断导致经济危机的资本主义基本矛盾，说明了资本主义生产关系有对生产力发展不利的方面，有局限性的方面。

按照这种理论，在只存在市场交换一种协调机制的情况下，随着资本积累的不断进行，创造财富的劳动者得不到他的劳动成果，总是处在一种被压迫、被剥削、被奴役的地位，社会不会是一片和谐和均衡，只能是两极分化，财富越来越集中于少数食利者之手，必然要不断产生经济危机，最终是要崩溃的。

第三节　剩余价值论

广义地讲，整个《资本论》讲的都是关于剩余价值的理论，剩余价值的生产、流通和分配。狭义地讲，主要是阐明剩余价值概念的那几篇、那几章，它的内容是包括《资本论》的第一卷第二篇到第五篇，也就是第四章到第十六章，一共四篇十二章。从篇幅上来看，相当于《资本论》第一卷的一半。这些内容与《资本论》的第一篇"商品和货币"共同构成了《资本论》的基础，也是马克思主义经济危机整体论的基础。本节为说明马克思主义经济危机整体论的生产过程体系和视角，在这里主要研究狭义剩余价值论所指的这几篇的内容。在这几篇中，马克思采取先研究货币再研究资本的方法，确立了剩余价值的概念，论述了剩余价值论的主要理

---

① 转引自［瑞典］奥林《地区间贸易和国际贸易》，王继祖等译，商务印书馆1986年版，第98页。

② ［德］马克斯·韦伯：《学术与政治》，冯克利译，生活·读书·新知三联书店1998年版，第45页。

论，通篇揭示的都是导致资本主义经济危机的内在矛盾和本质规律。

一　剩余价值理论的产生和基本观点

马克思主义经济危机整体论的生产过程体系和视角，用剩余价值论科学地揭示了资本生产过程出现的利润，是来源于劳动者生产的剩余价值的事实。对于这个事实，在工人阶级力量还不够强大时，本来资产阶级经济学家也是承认的。正如列宁所说，"马克思主义同'宗派主义'毫无相似之处，它绝不是离开世界文明发展大道而产生的一种故步自封、僵化不变的学说"①，利润的来源虽然是由马克思主义经济危机整体论的生产过程体系和视角的剩余价值论科学揭示的，但是在马克思之前已经有许多经济学家在剩余价值的现象形态上，如利润、利息、地租等形态上，对它作过研究，承认它来自劳动者的剩余劳动。

当然，当代西方经济学家是不愿提古典政治经济学的专著中实际上有剩余价值论的。但马克思主义经济危机整体论的生产过程体系和视角创始人却从不讳言自己的剩余价值论，是对前人已有成果继承和发展的产物。恩格斯说："资本主义制度下的人类生产剩余价值已经有几百年了，他们渐渐想到剩余价值起源的问题。"② 马克思说："在资产阶级经济学中，剩余价值的存在本来是不言而喻的。"③ 还说："古典经济学把利息归结为利润的一部分，把地租归结为超过平均利润的余额，使这二者在剩余价值中合在一起；此外，把流通过程当作单纯的形态变化来说明；最后，在直接生产过程中把商品的价值和剩余价值归结为劳动；这样，它就把上面那些虚伪的假象和错觉，把财富的不同社会要素互相间的这种独立化和硬化，把这种物的人格化和生产关系的物化，把日常生活中的这个宗教揭穿了。这是古典政治经济学的伟大功绩。"④

实际情况正是如此，在工人阶级还没有作为独立的力量登上政治斗争舞台以前，对于资本家在产品形式上收回的劳动量或价值量，比在工资形式上支出的劳动量或价值量要大这个事实，西方资产阶级经济学家本来是承认的。在政治经济学史上，最先考察剩余价值的应该算重商主义者。他

---

① ［苏］列宁：《列宁全集》第 23 卷，人民出版社 1990 年版，第 41 页。
② 《马克思恩格斯全集》第 24 卷，人民出版社 1975 年版，第 13 页。
③ 同上书，第 366 页。
④ 《马克思恩格斯全集》第 25 卷，人民出版社 1975 年版，第 938—939 页。

们从流通领域寻求财富和剩余价值的起源，从事物的表面现象观察问题，因而在剩余价值来源问题上未能作出有价值的科学贡献。以后的西方古典政治经济学，由于把考察对象由流通领域转到生产领域，由描述经济活动的表面现象转到探求经济现象的内部联系，因而对剩余价值的起源、实质及其运动规律都提出了一些有价值的科学见解。

威廉·配第最早从地租形态上考察了剩余价值的来源，认为地租是农产品价值扣除了工资和生产资料（即种子）的价值以后的余额。不过他把地租和剩余价值混为一谈了。重农学派提出"纯产品"学说，明确认为"剩余价值不能从流通中产生出来"①，这就为分析剩余价值的生产奠定了基础。但他仍限于在地租形态上认识剩余价值的存在，而不知道利润也是剩余价值的一种形态，更不知道剩余价值的纯粹形式、一般形式。

斯密批判了重农主义的片面认识，把剩余价值的研究扩大到社会生产的各个方面，认为一切生产部门（包括农业、工业）的劳动都是利润的源泉，而地租和利润又来源于工人的剩余劳动。从这个意义上讲，"斯密认识到了剩余价值的真正起源"②。但是，他把剩余价值和剩余价值的现象形式即利润混在一起了，而且在他的利润理论中还包含着不少错误和庸俗成分。李嘉图比斯密又前进了一步，始终一贯地把利润看成是工人耗费劳动的结果，并认为工资不过是工人劳动创造的价值的一部分，另一部分则为资本家所占有。但是李嘉图和斯密一样，仍然没有把剩余价值和剩余价值的特殊形式利润、地租、利息等区别开来。

也就是说，在马克思主义经济危机整体论的生产过程体系和视角的剩余价值理论产生以前，亚当·斯密、李嘉图等古典经济学家虽然承认利润来源于劳动者的剩余劳动，肯定了劳动在经济发展中的主体作用，但出于其资产阶级的立场和资本稀缺的现实，他们在对经济发展的论证中，却借助天赋人权的说法片面论证了资本家独占利润进行资本积累对于经济发展的重要性，对于工人及其获取工资积累人力财富发挥创新劳动对经济发展的正面作用，或者论述很少，或者几乎没有作出论证。认为工人创造剩余价值、无权占有剩余价值是合理的、永恒不变的自然现象，是对生产力发展最有利的。

---

① 《马克思恩格斯全集》第34卷，人民出版社1975年版，第41页。
② 《马克思恩格斯全集》第26卷（I），人民出版社1974年版，第58页。

与马克思主义经济危机整体论的生产过程体系和视角的剩余价值理论同时代产生的杰文斯、门格尔、瓦尔拉斯、马歇尔和克拉克等新古典经济学家的利润理论，不再主要研究经济发展问题，拒不承认利润来源于劳动者剩余劳动的事实，在对经济资源静态最佳配置的供求分析中，将劳动等同于物质生产要素，将工资等同于需要尽力压低的物质生产成本，只从需求者的主观评价方面说明静态资源最佳配置的状态，不从供给者的劳动贡献奖励方面说明动态资源最优发展状态，明确地将利润归因于资本的自然果实。

在马克思主义经济危机整体论的生产过程体系和视角的剩余价值理论广泛传播，资本主义无法再按原始资本主义状态停滞不前以后，西方经济学界终于重新感到了研究经济发展问题的必要，从 20 世纪 30 年代起陆续出现了一些隐讳地承认利润来源于劳动者的剩余劳动的理论。例如，索罗等人的新古典增长理论用将劳动拟物化的方法，将经济发展的原因归于资本、劳动和技术进步，他们虽然把劳动的作用等同于在劳动者身上耗费的生活数据价值的作用，但还是把 80% 以上的随利润增加而来的增长原因归结为显然是人的劳动带来的技术进步，只不过他们没敢对技术进步的原因作出解释。

罗默等人的新增长理论，在新古典增长理论的基础上，用人力资本和知识等显然与人的劳动密切相关的人的素质因素，对技术进步的来源作出了解释，并指出"干中学"是人力资本和技术进步的来源之一，已经接近指出技术进步和随利润增加而来的经济增长都是人的劳动带来的，只是没敢捅破这层窗户纸，把劳动带来技术进步和随利润增加而来的经济增长这个事实讲出来。

另一些不只是从技术层面研究发展问题的西方经济学家，也比较隐讳地承认了利润来源于劳动者的剩余劳动的事实。例如，路易斯的二元经济发展理论指出，在发展中国家，农业部门的劳动生产率大大低于工业部门，把一部分劳动生产率很低的农业劳动力转移到劳动生产率较高的工业部门中去，减少了社会上的剩余劳动力，让劳动力摆脱闲置和低效利用状态，整个社会的经济资源的利用状态就都会因此而得到改善，利润和生产力就会增加。

舒尔茨的人力资本理论把投在劳动力身上的费用称为人力资本，把人们通常称之为消费的大部分内容都归结为人力资本投资，称它有五种形式：保健支出、厂商进行的在职培训、正规教育、成人教育、适应就业形势或变化所引起的移民。承认对于利润的取得和经济发展来说，人力资本投资的作用要大于物质资本投资。不过，舒尔茨像罗默等人一样，回避了劳动在人力资本取得和发挥中的作用问题，也没敢把利润来源于剩余劳动的事实讲出来。

熊彼特的创新理论虽然把广大劳动者在经济活动中的作用等同于物，但并没有把企业家等同于物，认为企业家是可以组织和运用各种生产要素的具有创新精神的人。明确地将经济发展与企业家的创新视为同一物，将创新定义为企业家对生产要素执行新组合的经营创新，称利润的产生和经济的发展都是企业家个人经营创新活动的结果。这种论证和将利润说成资本的自然果实相比，确实反映了较多的事实，但它把利润归结为企业家一个阶层创新的结果，抹杀社会其他阶层对利润产生的贡献，显然是不符合实际的。

与上述理论相比，马克思主义经济危机整体论生产过程体系和视角的剩余价值论，明显更具包容性地和更彻底地阐明了当代资本主义生产中的利润来源。在剩余价值论看来，人本身的发展是财富的主要积累，是真正的积累和发展。① 在资本主义制度下，这个真正的财富被追逐利润所掩盖。② 它称资本家投在劳动力身上的资本为可变资本，认为劳动力是人的身体即活的人体中存在的、每当人生产某种使用价值时就运用的体力和智力的总和。劳动力是剩余价值生产的首要因素，是推动技术进步的活的因素和最终原因，因而，可变资本的投入是形成利润的剩余价值生产的基础和起点。

可变资本包括对劳动力体力和智力的投资，即健康投资和教育投资。健康投资包括人的饮食营养投资、健身防疫投资和医疗卫生投资，它保证可变资本的物质承担者劳动力是"活的人体"，有健康的体魄，这样他们才能在社会经济活动中正常发挥作用。劳动力的体力及其健康状况是可变

---

① 例如，马克思指出："真正的财富就是所有个人发达的生产力。"（《马克思恩格斯全集》第46卷下册，人民出版社1979年版，第222页）又说："人本身是他自己的物质生产的基础也是他进行的其他各种生产的基础。因此，所有对人的这个生产主体发生影响的情况，都会在或大或小的程度上改变人的各种职能和活动，从而也会改变人作为物质财富、商品的创造者所执行的各种职能和活动。"（［德］马克思：《剩余价值理论》第1册，人民出版社1975年版，第300页）

② 《马克思恩格斯全集》第26卷（Ⅲ），人民出版社1975年版，第325页。

资本发挥其价值创造和价值增值能力的基础。尤其是对于那些高智力高复杂度的科学劳动者，更需要具有强壮健康的体魄，否则，"劳动力就只能在萎缩的状态下维持和发挥"①。

教育投资是对提高劳动者素质所作的投资。剩余价值论十分重视国民教育的普及，认为教育至少包括智育、体育和技术教育，②并指出"未来教育对所有已满一定年龄的儿童来说，就是生产劳动同智育和体育相结合，它不仅是提高社会生产的一种方法，而且是造就全面发展的人的唯一方法"③。所以，教育投资是可变资本投资的最为重要的内容。提高劳动者的受教育水平，将直接转化为可变资本的价值创造能力和技术进步能力，"比社会平均劳动较高级较复杂的劳动，是这样一种劳动力的表现，这种劳动力比普通劳动力需要较高的教育费用，它的生产要花费较多的劳动时间，因此它具有较高的价值。既然这种劳动力的价值较高，它也就表现为较高级的劳动，也就在同样长的时间内物化为较多的价值"④。

马克思主义经济危机整体论生产过程体系和视角的剩余价值论表明，技术进步、知识、剩余劳动力、人力资本、企业家创新等等，最终都要在广大劳动者的劳动中才能发挥出推动经济发展的实际作用。由于西方经济学的各种利润理论将广大劳动者的劳动等同于物质生产要素，撇开了人的特性和历史，它们在研究利润来源中的局限性是比较大的，在研究当代资本主义生产的利润来源方面，马克思主义经济危机整体论生产过程体系和视角的剩余价值理论，为我们提供了一个比西方经济学各理论广阔得多的理论框架。正如马克思所说："劳动不是一切财富的源泉。自然界和劳动一样也是使用价值（而物质财富本来就是由使用价值构成的！）的源泉，劳动本身不过是一种自然力的表现，即人的劳动力的表现。"⑤"劳动是财富之父，土地是财富之母"，人和自然界都是人类财富的源泉。

马克思主义经济危机整体论生产过程体系和视角的剩余价值论，像西方经济学各种利润理论一样，承认人的劳动有与自然界相同的一面，也可以表现为"一种自然力"，但是，和西方经济学各种利润理论不同的地方

---

① 《马克思恩格斯全集》第23卷，人民出版社1975年版，第196页。
② 《马克思恩格斯全集》第16卷，人民出版社1964年版，第218页。
③ 《马克思恩格斯全集》第23卷，人民出版社1975年版，第530页。
④ 同上书，第223页。
⑤ 《马克思恩格斯选集》第3卷，人民出版社1972年版，第5页。

是，马克思主义经济危机整体论生产过程体系和视角的剩余价值理论同时还认为人的劳动有与物不同的一面，马克思指出："我们把劳动或劳动能力，理解为人的身体即活的人体中存在的、每当人生产某种使用价值时就运用的体力和智力的总和。"① 又说："劳动是非原料，非劳动工具，非原产品……劳动不是作为对象，而是作为活动存在；不是作为价值本身，而是作为价值的活的源泉存在。……劳动作为主体，作为活动是财富的一般可能性。"②

可见，马克思主义经济危机整体论生产过程体系和视角的剩余价值论和西方经济学各种利润理论不同的地方，并不在于认为财富有多少源泉，而是在于后者认为劳动只是和物的力一样的一种体力，剩余价值论则认为劳动是指与物的力既有共性又有区别的具体劳动和抽象劳动的统一、体力劳动和脑力劳动的统一，承认劳动者具有物所不具备的主动适应人类需要改造自然，创造人类财富，扩大利润来源的主体力量。利润赖以存在的人类财富的增加不能只靠自然的恩赐，更重要的是要靠人们不断增加改造自然的能力，用人类特有的劳动改造自然。

马克思主义经济危机整体论生产过程体系和视角的剩余价值论这个观点，是符合当代资本主义国家剩余价值生产和利润来源现实和发展趋势的。从目前世界银行划分的四种财富③来看，人造资产、人力资源和社会资本三种都是人用劳动改造自然形成的，自然资源中也将有越来越大的部分受到人类劳动的改造。在当今世界，一个地区的经济发展水平同其自然资源的丰富并没有显著的相关性。有些自然资源丰富的地区却是经济上落后的地区，而有些经济发达地区却原本自然资源贫乏，存在着人们通常所说的"富饶的贫困"和"贫乏的富裕"。各国财富的差异，更主要的是由劳动者素质和劳动的解放、保护状况的差异决定的。

西方经济学家不是不知道当代资本主义生产中的利润来源于劳动者的剩余价值和剩余劳动的事实，只是出于为少数资本家独占剩余价值做辩护的需要，故意回避了这个事实。马克思主义经济危机整体论生产过程体系和视角的剩余价值论则站在最广大劳动人民发展先进生产力、先进文化的

---

① ［德］马克思：《资本论》第 1 卷，人民出版社 1972 年版，第 190 页。
② 《马克思恩格斯全集》第 46 卷上册，人民出版社 1979 年版，第 252—253 页。
③ 参阅世界银行环境局 J. 迪克逊等《扩展衡量财富的手段——环境可持续发展的指标》，张坤民、何雪炀、张菁译，中国环境科学出版社 1998 年版，第 1 页。

立场上，揭示了这个事实。它是一个对于研究当代资本主义利润来源和经济危机问题，远比西方经济学各种理论全面、彻底的科学理论。

二　剩余价值理论的三个主要理论

剩余价值理论的发现和创立，是马克思主义经济危机整体论生产过程体系和视角对人类经济社会发展的一个伟大科学贡献，它通过对资本主义生产资料所有制和各种产权的实证研究，深刻揭示出了工人阶级在生产过程中的实际作用和主体地位，进而科学论证了资本主义经济危机的根源和规律，并成为工人阶级维护最广大劳动人民群众根本利益、实现自身和全人类解放的强大思想理论武器。这里把马克思主义经济危机整体论生产过程体系和视角的剩余价值论再细分为三种理论，分别作些探讨。

（一）生产过程二重性理论

马克思主义经济危机整体论生产过程体系和视角认为，人类社会的生产过程具有二重属性。它首先研究了劳动过程，这就是当代西方经济学的研究对象。马克思主义经济危机整体论生产过程体系和视角承认，在这种生产使用价值或称效用的过程中，需要有劳动、劳动对象和劳动数据三要素，即西方经济学所说的劳动、土地和资本三要素。可见，西方经济学的研究内容，是可以作为对研究使用价值，即物质财富生产的意义上，经过马克思主义的改造后，被包容进马克思主义经济危机整体论生产过程体系和视角的。

但是，马克思主义经济危机整体论生产过程体系和视角认为，这种纯粹对于劳动过程的研究，涉及的只是生产过程的简单的、一般的、抽象的（把各个时期中所特有的具体条件抛开）各要素。所以它是"人和自然之间的物质变换的一般条件，是人类生活的永恒的自然条件，因此，它不以人类生活的任何形式为转移，倒不如说，它是人类生活的一切社会形式所共有的。因此，我们不必来叙述一个劳动者与其他劳动者的关系"①。

本来，人类并不是孤立地从事生产的，为了生产必须在他们之间结成一定的社会的联系，这就是生产关系，也就是他们在它下面从事生产的社会形态，它适应着社会生产力——从而，劳动的生产力——的发展程度，而各有不同。因此，劳动过程在各种社会形态之下，也具有各不相同的、

_____

① ［德］马克思：《资本论》第1卷，人民出版社1975年版，第208—209页。

特殊的、具体的要素。但是，这里首先来考察的劳动过程，只是已经把具体要素抛开后的、一切社会形态都共有的一般形态。所以，这里考察的只是人与自然的关系，而不是人与人的关系。因此，"一边是人及其劳动，另一边是自然及其物质，这就够了。根据小麦的味道，我们尝不出它是谁种的，同样，根据劳动过程，我们看不出它是在什么条件下进行的：是在奴隶监工的残酷的鞭子下，还是在资本家的严酷的目光下；是在辛辛纳图斯耕种自己的几亩土地的情况下，还是在野蛮人用石头击杀野兽的情况下"①。

因而，要想了解资本家管理下所实行的劳动过程，也就是要想明了剩余价值怎样被生产出来，那么，就要进一步来阐明在资本家管理下为资本家服务的劳动过程的特殊性。"一切生产阶段所共同的、被思维当作一般规定而确定下来的规定，是存在的，但是所谓一切生产的一般条件，不过是这些抽象要素，用这些要素不可能理解任何一个现实的历史的生产阶段。"② 所以，马克思主义经济危机整体论生产过程体系和视角认为，经济学不能仅仅研究存在三要素相互关系的劳动过程，还要研究为资本家服务的劳动过程的特殊性，即价值增值过程。

资本主义劳动过程的特殊性在于，它不仅是使用价值的生产，而且是价值和剩余价值的生产。在小业主组成的市场经济中，在劳动过程中，一方面，生产资料转移了自身的价值；另一方面，活的劳动创造了新价值，两者结合在一起形成了产品的总价值。但是，在存在资本与劳动相交换的资本主义劳动过程，同时还是一个价值增值过程。

价值增值的关键在于，存在劳动力这样一种特殊商品。劳动力的价值和劳动力的使用即劳动在劳动过程中创造的价值是两个不同的量。资本家购买劳动力时，正是看中了这个价值差额。劳动力的卖者和任何别的商品卖者一样，实现劳动力的交换价值而让渡了劳动力的使用价值。但是，具有决定意义的，是这个商品独特的使用价值，它是价值的源泉，并且是大于它自身价值的源泉。比如，资本家支付了劳动力的日价值，因此，劳动力一天的使用，即一天的劳动就归他所有。劳动力维持一天假定只费半个工作日，而劳动者却能劳动一整天，劳动力使用一天所创造的价值比劳动

---

① ［德］马克思：《资本论》第 1 卷，人民出版社 1975 年版，第 209 页。
② ［德］马克思：《政治经济学批判》，人民出版社 1976 年版，第 198 页。

力自身一天的价值大一倍。这个超过劳动力价值的部分就是价值的增值部分，也就是被资本家白白占有的剩余价值。所以，价值增值过程不外是超过一定点而延长了的价值形成过程。如果资本所支付的劳动力价值恰好为新的等价物所补偿，那就是单纯的价值形成过程。如果价值形成过程超过这一点，那就成为价值增值过程。

马克思主义经济危机整体论生产过程体系和视角在分析商品时，指出商品是由使用价值和价值这两个对立物的统一构成的。以后又指出，生产商品的劳动也既是生产使用价值的具体有用劳动，同时又是生产价值的抽象的人类劳动。这里，马克思指出，包含在商品及生产商品劳动中的这种对立，又在这里把自己表现为商品生产过程不同方面的差别。也就是说，就简单商品的生产过程来说，它是劳动过程（使用价值的形成过程）和价值形成过程的统一。就资本主义商品的生产过程（商品生产的资本主义形式）来说，它是劳动过程（使用价值的形成过程）和价值增值过程的统一。资本主义生产过程，只有从这个对立物的统一上，才能得到合理的理解。

恩格斯对马克思的上述分析评论道："这种剩余价值是从什么地方来的？这个问题必须解决，而且要排除任何欺骗，排除任何暴力的任何干涉用纯粹经济学的方法去解决，于是问题就是：即使假定相等的价值不断地和相等的价值交换，又怎样才能不断地使卖出贵于买进呢？这个问题的解决是马克思著作的划时代的功绩。它使社会主义者早先像资产阶级经济学者一样在深沉的黑暗中摸索的经济领域，得到了明亮的阳光的照耀。科学的社会主义就是从此开始，以此为中心发展起来的。"[1]

（二）绝对剩余价值理论

马克思对于商品中所含的劳动的二重性曾说：这是"首先由我批判地证明了的。这一点是理解政治经济学的枢纽"[2]。在创建绝对剩余价值理论的过程中，不变资本和可变资本的区别，也是最先由马克思提出的。不变资本和可变资本这两个术语都是由马克思创造的，这之前，在经济学中还未曾见过，它们在马克思主义经济危机整体论生产过程体系和视角的剩余价值论中，是起重要作用的基本概念。

---

① 《马克思恩格斯选集》第 3 卷，人民出版社 1972 年版，第 243 页。
② ［德］马克思：《资本论》第 1 卷，人民出版社 1975 年版，第 55 页。

马克思指出，商品的价值实体，是生产该商品所必需的人类劳动，在这里面，不含有使用价值的一个原子。因此，倘若一定的劳动对象或劳动数据全然是自然物，不要为它们的生产支出任何人类劳动（劳动资料大体都是人类劳动的产品，但劳动对象中除我们特称之为原料者外，都是自然物），在劳动过程上，无论它们有怎样的用处，它们也和日光、空气之于农作物有重大作用而没有任何价值一样，根本就没有任何价值，因而也不能以任何价值转移到产品中去。

但是，在资本家所投下的资本中，"变为劳动力的那部分资本，在生产过程中改变自己的价值。它再生产自身的等价物和一个超过这个等价物而形成的余额，剩余价值。这个剩余价值本身是可以变化的，是可大可小的。这部分资本从不变量不断变为可变量。因此，我把它称为可变资本部分，或简称为可变资本"①。这样，"资本的这两个组成部分，从劳动过程的角度看是作为客观因素和主观因素，作为生产资料和劳动力相区别的；从价值增值过程的角度看，则是作为不变资本和可变资本相区别的"②。

马克思主义经济危机整体论生产过程体系和视角的剩余价值论利用对不变资本和可变资本的区分，在假定劳动力的价值或必要劳动时间不变的条件下，讨论了剩余价值生产的增加过程，建立了它的绝对剩余价值理论。正如，马克思所说："资本起初是在历史上既有的技术条件下使劳动服从自己的。因此，它并没有直接改变生产方式。"③ 在那种情况下，只是靠延长劳动时间剥削剩余价值。从而，资本从在它自身的基础上形成之日起，就横暴地靠延长劳动时间进行绝对剩余价值的生产，以致引起工人反抗，促使国家通过立法强制缩短劳动时间。于是不能任意延长劳动时间的资本家，受着剥削最大量剩余劳动的冲动的驱使，才会向抵抗最少的方面进行新的打算，想办法攫取相对剩余价值。

这里特别值得提到的是，马克思主义经济危机整体论生产过程体系和视角绝对剩余价值理论中的"二律背反"学说。西方主流经济学家不考虑人与人之间的生产关系，在研究工作日长度时，把雇员说成像为自己种田的农夫一样的孤立个人，可以用对闲暇和收入的替代来决定自己的工作日

① ［德］马克思：《资本论》第 1 卷，人民出版社 1975 年版，第 235—236 页。
② 同上书，第 236 页。
③ 同上书，第 344 页。

长度。与他们不同，马克思主义经济危机整体论生产过程体系和视角绝对剩余价值理论中的"二律背反"学说，是以它对人与人之间的现实生产关系的研究为基础的。马克思认为，工作日的长度在一定的劳动力生理的和社会道德的界限之内，是一个可变的量。在这个限度内，资本家力求延长工作日的界限；反之，劳动者则要求标准长度的工作日。这两个要求在商品交换上表现为同等权利。"于是这里出现了二律背反。权利同权利相对抗，而这两种权利都同样是商品交换规律所承认的。在平等的权利之间，力量就起决定作用。所以，在资本主义生产的历史上，工作日的正常化过程表现为规定工作日界限的斗争。这是全体资本家即资本家阶级，和全体工人即工人阶级之间的斗争。"①

绝对剩余价值理论中的"二律背反"学说，可说是马克思主义经济危机整体论生产过程体系和视角绝对剩余价值理论最精彩的叙述之一。这种详细而鲜明的研究证明：大工业下的劳动者整个阶级力量的增大，是限制工作日长度，改善劳动者生活状况，争取他们的解放的先决条件。标准工作日的获得，可使占人口最大多数的劳动者阶级的健康和体力得以恢复，保障他们能够增进知识，相互交际和从事社会的政治的活动。

资本家为延长工作日，破坏对工作日的限制，发明了所谓换班制度。英国的工厂劳动者，反对这种制度，为争取标准工作日而进行斗争，他们在15世纪中叶争到了十小时法案，在当时，"英国的工厂工人，不仅是英国工人阶级的先进战士，并且是整个现代工人阶级的先进战士。最先向资本的理论挑战的也正是他们的理论家"②。在获得这种胜利以前，对于劳动者来说，所谓自由出卖劳动的时间，实在是被强迫出卖劳动的时间。只有劳动者的斗争才能使劳动者自己取得一种国家法律，以阻止由于同资本缔结契约，而在去死和去做奴隶的状态下，出卖自己及其家人。无论在理论上或实践上，这些都是国际工人阶级斗争的最初的成果。

马克思主义经济危机整体论生产过程体系和视角绝对剩余价值理论充分肯定了工人阶级斗争的进步意义。马克思在有关资本主义生产过程的一篇手稿中指出，不顾工人利益的资本主义生产，"是一种没有预先决定和预先被决定的需要界限所束缚的生产"，存在着"生产与生产者相对立，

---

① ［德］马克思：《资本论》第1卷，人民出版社1975年版，第262页。
② 同上书，第332页。

生产对生产者漠不关心。实际的生产者表现为单纯的生产手段，物质财富表现为目的本身"①。这些对立是人本身的劳动的异化过程，生产力的发展必然会因这种异化所造成的广大生产者的贫穷和受奴役而受制约，消除这种制约主要依靠工人阶级的力量，"工人在这里所以从一开始就站得比资本家高，是因为资本家的根就扎在这个异化过程中，并且他在这个过程中找到了自己的绝对满足，但是工人作为这个过程的牺牲品却从一开始就处于反抗的关系中，并且感到它是奴役过程"②。现代世界各国经济发展和经济危机的历史进程，充分证明了马克思主义经济危机整体论生产过程体系和视角绝对剩余价值理论这些论述的正确性。

（三）相对剩余价值理论

与延长劳动日生产的剩余价值即前述的绝对剩余价值相对应，马克思把"通过缩短必要劳动时间、相应地改变工作日的两个组成部分的量的比例而生产的剩余价值，叫做相对剩余价值"。③ 他指出，相对增大剩余价值时，归工人所得的价值减少，从而归资本家所得的剩余价值增大，所以"工人和资本家的生活状况之间的鸿沟越来越深"。④ 为全面了解马克思主义经济危机整体论生产过程体系和视角这一观点的客观依据，读者还可以阅读马克思的《工资、价格和利润》一书的第十二节"利润、工资与价格间的一般对比关系"及以下数节。

需要指出的是，马克思这里论证的，是劳资之间政治经济力量差距悬殊，只能依靠市场交换一种机制协调人们之间的生产分配关系的情况。西方经济学在人人平等不存在财产差距的假设下，推论出了这种单一机制经济的生产和分配一切和谐、利益均衡的结论；马克思在劳资之间并不平等和财产存在巨大差距的假设下，推论出了这种单一机制经济必然导致两极分化的结论。世界各资本主义国家的历史和现实证明，马克思的理论前提和结论才是符合实际的，因为在这些国家的早期自由放任、单一交换机制经济，都在工人运动和经济危机的冲击下崩溃了。它们的现代市场经济体制都已经引进了劳资之间的集体协商和政府干预机制。单凭市场交换一种协调机制，是不可能使经济走向所谓"一般均衡"的。

---

① 《马克思恩格斯全集》第49卷，人民出版社1982年版，第98页。
② 同上书，第49页。
③ ［德］马克思：《资本论》第1卷，人民出版社1975年版，第350页。
④ 同上书，第571页。

　　马克思主义经济危机整体论生产过程体系和视角的相对剩余价值理论，也是从作为使用价值生产过程的劳动过程的考察开始的。它用了相当大的篇幅，论证了使用机器对生产力发展的巨大推动作用。但是，它没有像西方经济学那样，停留在仅对人和物的关系的论述中，而是在研究使用价值生产的基础上，进而研究了人与人之间的生产和分配关系，即研究了大机器的使用价值生产过程如何同时又是相对剩余价值的生产过程，以及这种过程对生产力发展的影响。

　　马克思指出，机器的生产效率是由"机器所费的劳动和它所节省的劳动之间的差额"① 来测量的。只要"机器加到产品上的价值部分，小于工人用自己的工具加到劳动对象上的价值"②，那么，机器的生产效率大体上就可由使用机器时比使用工具时究竟能节约多少人类劳动力来计算。只要上述的差额存在，机器的生产效率就远比工具大。使用机器会减少生产一定量的产品所需要的劳动量。换句话说，"如果只把机器看作使产品便宜的手段，那么使用机器的界限就在于：生产机器所费的劳动要少于使用机器所代替的劳动"③。

　　但是，因为资本只支付所使用的劳动力的价值，而不是支付所使用的劳动的全部等价。工人把他的劳动力卖给资本家，譬如一日 12 小时中，只得到相当 6 小时劳动的工资，剩下 6 小时的劳动，作为无偿劳动而无代价地送给资本家。所以，从资本家的立场来说，生产一定产品所需要的费用，不是根据生产该产品所必要的劳动量来计算，而是根据付给这种劳动的工资额来计算。因此，对于资本家来说，机器使用的界限是：机器的价值和机器所代替的劳动力的价值之间的差额。

　　假设剩余价值率（必要劳动时间与剩余劳动时间之比）是 100%，那么，相当于劳动力价值（即资本家作为工资付给工人的价值）的劳动量（或劳动时间），实际上就是工人所提供的劳动量（或劳动时间）的一半。新发明的机器，尽管生产它所费的劳动，比较因使用它而节约的劳动显然为小，但是，往往在很久时间内，资本家却不使用它，其原因确实就在这里。

---

① ［德］马克思：《资本论》第 1 卷，人民出版社 1975 年版，第 428 页。
② 同上。
③ 同上书，第 430 页。

由于劳动日划分为必要劳动和剩余劳动的比例，因国家的不同而不同，所以就会发生：例如美国现在使用的机器，在日本却不使用；而且在同一国家里，因时期不同而不同；在同一时期又因产业部门不同而不同。因而，某一时期不用的机器以后又使用起来，某一产业部门不用的机器，又在另一产业部门使用了。并且为了研究的方便，这里假定工资与劳动力的价值相等，但工人的实际工资往往是低于他的劳动力价值，或高于他的劳动力价值的。因而，对于资本家来说，用不用机器的现实界限，实际是要比较"机器的价格和它所要代替的劳动力的价格之间的差额（这是实际上支付给工人的实际工资——引者注）"①。

所以，"即使生产机器所必需的劳动量和机器所代替的劳动总量之间的差额保持不变"②，对于资本家来说，机器使用的界限仍然能够有显著的变化，"因此，现在英国发明的机器只能在北美使用，正像 16 世纪和 17 世纪德国发明的机器只能在荷兰使用，18 世纪法国的某些发明只能在英国使用一样"③。马克思就英国举出许多实例并说"恰恰是英国这个机器国家，比任何地方都更无耻地为了卑鄙的目的而浪费人力"④。这里从那许多实例中摘录一条。"美国人发明了碎石机。英国人不采用这种机器，因为从事这种劳动的'不幸者'（《wretch》是英国政治经济学用来称呼农业工人的术语）的劳动只有很少一部分是有酬的，所以对于资本家说来，机器反而会使生产变贵。"⑤

马克思用大量事实表明，"因为机器本身减轻劳动，而它的资本主义应用提高劳动强度；因为机器本身是人对自然力的胜利，而它的资本主义应用使人受自然力奴役；因为机器本身增加生产者的财富，而它的资本主义应用使生产者变成需要救济的贫民"⑥。所以，只有废除机器的资本主义应用，才能改变工人的命运，促进生产力的发展。现在有些学者以西方经济学将人和物相等同的生产费用价值论为依据，仍然认为节约机器的费用和节约工人的工资的意义是一样的，为了增加企业家的利润应该尽力压低

---

① ［德］马克思：《资本论》第 1 卷，人民出版社 1975 年版，第 431 页。
② 同上。
③ 同上。
④ 同上书，第 432 页。
⑤ 同上。
⑥ 同上书，第 483 页。

工人的工资，是逆历史潮流的，也是不利于克服经济危机的。

第四节　资本积累理论

马克思主义经济危机整体论生产过程体系和视角是以"资本生产过程"为分析对象，这个过程中的矛盾是经济危机产生的根源。这里所谓资本生产过程，具有二重的意义。第一，指资本如何创造剩余价值，换言之，就是资本生产剩余价值的生产过程，这个过程导致经济危机的原因已在《资本论》第一卷第三篇到第五篇对剩余价值论的研究中揭露出来了。第二，生产出来的剩余价值又如何转化为资本，换言之，就是指剩余价值生产资本自身的生产过程，"它的进程"就是资本的积累过程。这个过程导致经济危机的原因则要通过《资本论》第七篇的资本积累理论研究。资本积累理论与经济危机关系特别紧密的部分可以分为以下三个方面。

一　资本主义的占有规律

马克思主义经济危机整体论生产过程体系和视角的资本积累理论指出，剩余价值原来是资本家取之于劳动者的无偿劳动的价值，这个价值一旦作为资本积累起来，再投入于生产上，就带来了更多的剩余价值回到资本家的手里。这样的过程，经过长年累月的反复后，最初的资本就累积增大，生产规模就以螺旋式地扩大规模发展起来。

从这个积累起来的资本构成来观察，就可以判明除去资本家最初垫支的自己的资本外，所剩下的一切巨大的追加资本部分，都是榨取别人劳动所生产的剩余价值的积聚。即使在简单再生产的场合，经过若干年后，资本的价值会变为剩余价值所转化的东西。

从逻辑和历史上来观察这种资本积累的过程，一切资本的运动在外视上好像是出发于等价交换的原则，事实上却转化为其相反的东西，即转化为以不等价而占有的价值之积聚。资本出于积累的关系，不仅走上扩大再生产的发展过程，而且其中还包含着矛盾的扩大再生产，因此也就必然地把它本身引进危机的过程。即基于资本积累的劳动生产力的发展，使资本的有机构成高度化，从而发生了相对的人口过剩，即产生了产业后备军。其结果，使构成社会的人，一方是财富和资本的积累，另一方是贫困和奴役的积累，这个矛盾达到了一定的限度时，就会爆发经济危机，现存的社会秩序变为生产力发展的桎梏。

在这个资本积累过程中，就发生了商品生产所有权规律向资本主义占有规律的转变。原来所谓所有权，是根据自己的劳动而来的。即就简单的独立生产者的社会来说，在交换上互相对立的是权利相等的商品所有者，除让渡自己的商品外，就没有取得别人商品的手段；除使用自己的劳动外，就不能生产自己的商品。可是，商品生产到了一定的发展阶段而成为资本主义生产时，商品交换的规律和从它派生出来的所有权，虽然没有发生怎样的变化，但对于社会财富的占有方法却起了变化。

当作劳动力的购买者的资本家，和其他商品的购买完全一样，他对于劳动力付给等价，而占有它的使用价值。劳动力的使用价值是劳动，劳动不仅在产品上再生产了劳动力的价值，而且还附加上剩余价值。劳动，以及劳动的传导体、劳动对象即生产资料，既然都为资本家所有，则其产品在法律上就当然为资本家所有。从而产品内所包含的剩余价值，也当然被资本家所占有。"现在，所有权对于资本家来说，表现为占有别人无酬劳动或产品的权利，而对于工人来说，则表现为不能占有自己的产品。所有权与劳动的分离，成了似乎是以它们的同一性为出发点的规律的必然结果。"①

在简单商品生产社会，只有用自己的劳动产品的所有权，以等价交换来取得别人的商品，占有别人的无酬劳动是不存在的。可是，当劳动力成为商品而自由出卖时，情况就不同了。在资本主义社会，虽然根据同样的等价交换的规律和它派生出来的所有权，但它却使用别人的无酬劳动而越来越多地占有别人的无酬劳动。因此，"商品生产按自己本身内在规律越是发展成为资本主义生产，商品生产的所有权规律也就越是转变为资本主义的占有规律"②。

二 资本主义积累的一般规律

资本主义积累的一般规律，是马克思主义经济危机整体论生产过程体系和视角资本积累理论揭示的另一个重要规律，它继资本主义占有规律以后，进一步表明了资本主义制度下产生经济危机的必然性。

---

① ［德］马克思：《资本论》第 1 卷，人民出版社 1975 年版，第 640 页。

② 同上书，第 644 页。

　　马克思主义经济危机整体论生产过程体系和视角资本积累理论指出，从资本的量的价值方面来看，它分割为不变资本和可变资本。这个分割的比例称为资本的价值构成。其次，从资本的质的物质方面来看，它分割为生产资料和在运转上必要的劳动力。这个分割的比例称为资本的技术构成。这两者构成的比率固然不必相同，但两者之间存在着密切的相互关系。为要表现这种关系，资本的价值构成，在它由资本的技术构成所决定，而又反映那种技术构成的变化的限度内称为资本的有机构成，或简称资本的构成。

　　在资本积累的过程中，假定资本的构成不变，可变资本可以和资本增大的同一比例增大，从而对劳动者的需要增加。假如这种需要超过了劳动力的供给，工资就会增加，劳动者的生活情况可以改善。但是，工资增加过了一定的限度，以致剩余价值减少，就会使利润的刺激减弱，使积累也减少。如果积累减少，也就减低了对于劳动力的需要，供求的不平衡消失，工资就会下降到劳动力的价值以下。有人把资本的量看成固定的东西，把劳动人口看成极富有伸缩性的。事实上却是相反，劳动人口不管工资的变动如何，只是慢慢地变化，可是资本则随着剩余价值的多寡而急速变动。所以，通常的情况并不像他们说的那样，工资的提高落到生活费用价格水平的提高是因为人口的增加，而是资本积累的停滞才使工资下降到平均水平。

　　到现在为止，只就资本的技术构成不变的场合，考察了资本积累的进行。但随着资本积累的进行，劳动生产力发展了，其结果，劳动者每人所使用的机器和原料的分量也增大了。随同劳动生产率的增大而发生的这种变化，称之为资本技术构成提高。资本的技术构成提高了，资本的价值构成也会提高，虽然它不一定要和前者同一比例。这就是说，劳动生产率的提高，会或多或少地在资本价值中不变资本部分比可变资本部分相对增大的上面，或反过来说，在可变资本比之不变资本的相对减少的上面反映出来。

　　资本积累的原来意义，是指剩余价值的一部分转化为资本，但把各个的积累作为全体来看，它是指社会的总资本，或社会财富绝对额的增大。资本主义社会一经达到一定的发展阶段，和这种意义上的积累一并出现了资本集中的现象。所谓集中，是把已经形成的多数的资本集结起来，变成少数的大资本。集中不表明社会财富的绝对增加，不过是变更社会上已经存在的资本的分配而已。竞争、信用、吞并和合并同为资本集中的四大杠杆。

首先，许多个别资本的集中过程表现为各个资本之间的竞争战，竞争战是通过商品价格的低廉化来进行的。在其他情况不变的限度内，商品的低廉化是取决于劳动的生产率，劳动的生产率又取决于生产规模。所以，大资本总是打倒小资本。竞争的激烈展开是和相对抗的诸资本的数目成正比例，和它的大小成反比例。竞争总是以多数小资本的没落来作结束，他们的资本一部分归于消灭。

其次，资本的互相吸引，由于信用制度的形成而得到一个全新的力量。信用制度，最初是当作积累的卑躬屈节的助手，借着不可见的线，把那些以大量或小量分散在社会表面的货币，牵引到资本家手中。但马上它就变成了竞争战上一个可怕的新武器，转变为资本集中上的巨大的社会机构。

集中还使用吞并和合并的方法来进行。这里所谓吞并，是指用暴力的手段使某些资本对于其他资本成为优势的吸引中心，由此击破其他资本的个别的凝结，然后把各个分散的诸断片吸引过来。所谓合并，是通过股份公司的设立，将多数的社会资本和平地融合起来。

就一定的产业部门来说，在那里投下的一切资本结合为一个资本时，就达到了集中的极限；就一个社会的全体来说，社会总资本合并在单一的资本家手中，或单一的资本家公司的手中就达到了它的极限。

在资本的积累过程中，剩余价值逐渐积蓄到了一定的数额时，才开始作资本的追加，这样，就由简单再生产的循环形式的运动而逐渐变为螺旋形式的运动。因此，这种进行的速度是十分缓慢的。与此相反，集中过程，是将现存的社会资本的主要部分单纯变更它的分配，而吸引到少数资本家手中，所以，它的速度之快非积累所能比拟。集中通过股份公司而急速地发展，因此，矿山、海运、铁路和其他需要巨额资本去经营的大企业，就利用了股份公司的制度，于转瞬之间完成了那些事业。由集中于一夜之间所集结起来的资本，和由积累而逐渐积蓄起来的资本，都同样不仅再生产自己，而且是在不断扩大的规模上再生产自己。所以，集中成为积累社会资本的新的有力的杠杆。

不管是由集中或由积累所形成的资本的增大，都会促进劳动社会生产力的发展，从而使资本的技术构成提高，同时或多或少地以牺牲可变资本来相对地增大不变资本。新的技术和新的发明，需要赶快重新追加资本去采用，但是，旧的资本经过了一定年代之后，也达到了全部更新的时期。这时旧资本就要脱弃它的旧壳，在一个新的技术姿态上更生出来，以便用较少的劳动去运转大量的机器和原料。"所以一方面，在积累进行中形成的追加资本所吸引的劳动者，占它的量相对而言，是愈来愈少；另一方面，周期地以新的构成再生产出来的旧资本，也益加要把它以前使用的劳动者驱逐出去。"①

资本的积累，原来虽然只表现为资本量的扩大，但它会在劳动生产力的发展上引起技术构成不断的质的变化，以致减少可变资本对不变资本的比率。这种资本有机构成的提高，不仅与积累的进行或社会财富的增大，采取一致的步骤，而且由于资本积累伴随着集中，追加资本技术上的革命伴随着原资本技术上的革命，在实际上，它是更迅速地向前发展的。

因此，随着积累的进行，可变资本对不变资本的比率，最初是一对一，以后就依次成为一对二，一对三，一对四，一对五而提高起来。结果，转化为生产资料的不变资本在总资本中所占的比率，就由最初约二分之一而渐次递增为三分之二，四分之三，五分之四，六分之五。与此相反，转化为劳动力的可变资本的比率，从最初约二分之一而依次递减为三分之一，四分之一，五分之一，六分之一。

很清楚，对劳动的需求，不是取决于总资本量的大小，而是取决于总资本量中可变资本的大小。可是，随着积累的进行，总资本额虽增加，但可变资本的比率却累进地减少。不错，总资本增加了，可变资本部分的绝对额多少也会增加，从而被吸收在资本中的劳动力也会增加，但其增加的比率是不断减少的。

因此，为了吸收一定数量的追加劳动者，或者为了维持在旧资本中已在执行着职能的若干劳动者的就业，就必须由资本的积累部分加速地积累总资本。不仅如此，这种累进的积累和集中的本身，还会加速资本有机构成的提高，使可变资本对不变资本的比率加速地减少。所以，"资本主义的积累会比例于它的力量和它的范围，不断产生出一个相对的、超过资本平均价值增值所需要的、从而过剩的或过多的劳动人口"②。

---

① ［德］马克思：《资本论》第1卷，人民出版社1975年版，第701页。
② 同上书，第793页。

这种劳动人口的过剩，固然是资本积累的必然产物，但是，它会反过来成为推动资本积累的有力杠杆，甚至成为资本主义生产方式的存在条件。这个过剩人口隶属于资本，成为资本在必要时可以利用的产业后备军。此外，造成相对人口过剩的还有许多原因。譬如说，假设可变资本的总额是一定的，要使每个劳动者提供的劳动比以前更多，因此提高了个人的工资，那么用这个可变资本去雇用劳动者的数目就减少了，结果就发生了更多失业。其次，机械化的结果，使劳动简单化，从而使资本家能够利用不熟练的工人，以驱逐熟练工人，利用女工以驱逐男工，利用少年或童工以驱逐成年工人，这些都会从生产过程上，急速地或缓慢地赶出大量的产业后备军。

因此，资本主义积累的绝对的、一般的规律是："社会的财富即执行职能的资本越大，它的增长的规模和能力越大，从而无产阶级的绝对数量和他们的劳动生产力越大，产业后备军也就越大。"① 这个规律在资本主义生产过程中总会以这样那样的形式、或轻或重地发生作用，是产生资本主义基本矛盾和不断爆发经济危机的重要原因。

三 资本主义积累的历史趋势

马克思主义经济危机整体论生产过程体系和视角所分析的资本生产过程和积累规律，在《资本论》第一卷第二十四章第七节用"资本主义积累的历史趋势"为题，以简洁形式作了总结，指出了资本主义生产过程和积累导致经济危机的内在原因和历史过渡性，预示了资本主义制度因其本身的矛盾和问题必然被社会主义制度所取代。

马克思主义经济危机整体论生产过程体系和视角的资本积累理论指出，资本的原始积累，换言之，即资本在历史上的产生过程，是意味着独立农民和手工业者的剥夺，即是说，以自己的劳动为基础的私有制的解体。

生产资料分散于各个人，个人作为独立生产者而从事于小规模生产，这种情况下的生产方式，限制了协作和分工的进行，使社会生产力不能自由发展。可是，这种生产方式达到了一定的发展阶段时，它就要展开其自身所包藏的内在矛盾，从而制造出破坏自身的物质手段，这个社会的胎内

---

① ［德］马克思：《资本论》第 1 卷，人民出版社 1975 年版，第 707 页。

就开始有了新社会发育起来的各种力和热情的冲动。这些东西感觉到受着生产方式的束缚，接着它被破坏了。这种破坏，就是资本史的前奏曲，它把分散于个人的零碎的生产资料集聚于资本家手中，剥夺了农民的土地、生活资料和劳动手段。从而，以自己的劳动为基础的个人私有制，被以榨取别人劳动为基础的资本主义的私有制所驱逐。这是黑格尔辩证法所说的"第一个否定"。

然而，随着资本主义生产的发展，由于它自身的内在规律的作用，资本的积累和集中会加速地进行。通过竞争，资本家打倒其他的资本家，社会资本愈益集中于少数的资本家手中。在与这种垄断社会利益的大资本家人数减少的同时，榨取与贫困的程度也累进地增加，而为资本主义机构所训练、所统一、所组织的工人阶级的反抗也一并增长。资本的垄断，现在成了在它之下开花的生产方式的桎梏。生产资料的集中和劳动的社会化，就不能与它们的资本主义的外壳相调和。因此，这个外壳就要被打破，资本主义的所有制就要被社会的所有制来代替。这是黑格尔辩证法所说的"否定的否定"。

这就是马克思主义经济危机整体论生产过程体系和视角所揭示的资本主义基本矛盾自始至终的辩证运动。马克思在《资本论》的《第二版跋》中说：辩证法引起资产阶级及其代言人的恼怒和恐怖，"因为辩证法在对现存事物的肯定的理解中同时包含对现存事物的否定理解，即对现存事物的必然灭亡的理解"①。马克思主义经济危机整体论生产过程体系和视角对资本主义基本矛盾运动规律的揭示，表明了资本主义经济制度对于克服经济危机的局限性，也表明了社会主义经济制度产生和发展的必然性和合理性。这种体系和视角不仅指出了经济危机的原因和危害，也为如何克服经济危机指出了正确的方法和方向，只不过对于后者，资产阶级及其代言人总是不愿和不敢提及而已。

---

① ［德］马克思：《资本论》第 1 卷，人民出版社 1975 年版，第 24 页。

第 三 章
马克思主义经济危机整体论的
流通过程体系和视角

第一节 流通过程体系和视角研究的对象和问题

在马克思主义经济危机整体论体系和视角中，流通过程体系和视角也占有重要地位，它是由《资本论》第二卷建立的。《资本论》第一卷从流通过程入手，接着又抽去了流通过程，考察了资本主义生产过程作为直接生产过程时呈现的各种现象。但是，这个直接的生产过程并没有包含资本全部的运作过程。资本的全部运作过程是生产过程和流通过程的统一。《资本论》第二卷研究资本的流通过程，它是马克思主义经济危机整体论的重要组成部分。如果没有对资本流通过程的分析，就不可能对经济危机有一个全面的总括的了解。《资本论》第二卷资本的流通过程，既是第一卷资本的生产过程的继续和补充，又是第三卷资本主义生产总过程的引言。

在流通过程中，资本本来是采取流通形态的，由于《资本论》对生产过程的分析，对流通过程只是在必要的限度内才加以考察，现在在这种"补充"对阐述经济危机问题就是很有必要的。资本主义生产的直接的成果，即便是包含着剩余价值的商品，仍然是商品。这样，论述又返回到了它的出发点——商品，并且，与此同时也返回到流通领域。可是，马克思主义经济危机整体论的流通过程体系和视角，考察的已经不是简单商品流通，而是资本的流通过程。

显然，马克思主义经济危机整体论的流通过程体系和视角并不是论述 W－G－W 那种简单商品流通，而是把资本运动中的 G－W……W－G 当作资本的流通过程来加以论述的，从而说明了在第一卷中尚未加以说明的新的形式规定。实际上，马克思在《资本论》第二卷的开头就指明了马克思主义经济危机整体论的流通过程体系和视角所要研究的对象。他说："在第一卷中，我们只是在为理解第二阶段即资本的生产过程所必要的范围内，对第一阶段和第三阶段进行过研究。因此，资本在不同阶段所具有的不同形式，它在反复循环中时而采取时而抛弃的不同形式，在那里没有加以考虑。现在它们就成为我们研究的直接对象了。"① 于是我们在这里得出了如下看法，在把"第一阶段"和"第三阶段"看作"真正流通过程"②的同时，也就把资本的流通过程理解为包括直接生产过程和"真正流通过程"在内的资本的运动过程了。

不用说，在资本的流通过程的场合，由于 W′－G′、G－W 的过程已经不单单是商品同货币的交换过程，由于资本的价值是作为运动体存在，这个运动体是通过商品和货币的形式不断改变它的形态，所以它并不像单纯的商品流通那样，是用消费来终结其过程的。经过反复的形式变化而使价值增值这一点，是资本的特征。这样一来，资本的流通过程就不仅仅是 W′－G′、G－W 的过程这样一个问题了。它必须说明包括生产过程在内的运动着的产业资本的循环。这样，在这种资本循环过程中所产生的新的形式规定及其职能，就成了马克思主义经济危机整体论的流通过程体系和视角所要研究的问题。

可见，马克思主义经济危机整体论的流通过程体系和视角不是在不涉及《资本论》第一卷有关生产的论述的情况下研究流通的，而是要阐明资本主义生产只有经过某种流通运动才能得以实现。马克思主义经济危机整体论的流通过程体系和视角是在资本主义流通运动中阐明资本主义生产的特殊规定性，进而阐明其再生产的特殊规定性的。同建立马克思主义经济危机整体论的生产过程体系和视角的第一卷，以及建立马克思主义经济危机整体论的总过程体系和视角的第三卷相比，可以说建立马克思主义经济危机整体论的流通过程体系和视角的《资本论》第二卷有它的独立的研究对象。

马克思主义经济危机整体论的流通过程体系和视角首先在《资本论》第二卷第一篇《资本形态变化及其循环》中，通过对货币资本的循环

---

① ［德］马克思：《资本论》第 2 卷，人民出版社 1975 年版，第 32 页。
② 同上书，第 389 页。

（G－W……P……W′－G′）、生产资本的循环（P……W′－G′，G－W……P）以及商品资本的循环（W′－G′，G－W……P……W′）这三个公式的分析和综述，阐明了资本流通以及伴随资本流通所产生的"流通时间"和"流通费用"的特殊性质。可以说，马克思主义经济危机整体论的流通过程体系和视角，结合作为价值的运动体加以把握的资本的循环运动，论述了可以导致经济危机的资本形式变化的各种属性。

可是，如果把不断反复的这种循环同一次循环结合起来去看，那么，它只是不断反复循环中的一个环节，是资本周转的一个周期。接着，马克思主义经济危机整体论的流通过程体系和视角在《资本论》第二卷第二篇《资本周转》中，论述了资本周转对生产过程的影响，阐明了它对价值增值所发生的制约关系。可以说，这个问题在经济危机研究中，是一个基本的课题。

资本主义生产是在包括了生产在内的流通运动中进行的。资本不仅受固定资本和流动资本的周转形式、周转时间的差别的决定，而且还受规定总循环时间的生产时间和流通时间的长短不同的决定。马克思主义经济危机整体论的流通过程体系和视角作为特征加以阐明的是：固定资本和流动资本的区别是由生产资本的价值转移形式的差别引起的，同时，还在《资本论》第二卷第二篇《可变资本的周转》一章中，概括地论述了作为流通时间和生产时间的总和的特定的时间的经过，作为周转时间，形成了对资本的价值增值的制约条件。这一点，对于生产一般来说，是资本主义形态具有的特殊的制约方式。

《资本论》第二卷第三篇标题是《社会总资本的再生产和流通》，马克思主义经济危机整体论的流通过程体系和视角在这一篇中把包含着生产过程在内的流通着的社会资本产品，划分为生产资料生产部门和消费资料生产部门两个部类，并用简单的数字和公式阐明了资本主义社会的再生产是怎样通过两个部类之间的商品流通来实现的。在马克思主义经济危机整体论的生产过程体系和视角的资本积累理论中，已经阐明了构成再生产基本条件的劳动力再生产问题，这一篇则要进一步说明同流通相结合的再生产以及扩大再生产的条件问题。马克思本人把第三篇的研究对象和问题概括如下：

但是在第一篇和第二篇，我们考察的，始终只是单个资本，只是社会资本中一个独立部分的运动。但是，各个单个资本的循环是互相交错的，是互为前提、互为条件的，而且正是在这种交错中形成社会总资本的运动。在简单商品流通中，二个商品的总形态变化表现为商品世界形态变化系列的一个环节，同样，单个资本的形态变化现在则表现为社会资本形态变化系列的一个环节，虽然简单商品流通决没有必要包括资本的流通，——因为它可以在非资本主义生产的基础上进行，——但如上所述，社会总资本的循环却包括那种不属于单个资本循环范围内的商品流通，即包括那些不形成资本的商品的流通。现在，我们就要考察作为社会总资本的组成部分的各个单个资本的流通过程（这个过程的总体就是再生产过程的形式），也就是考察这个社会总资本的流通过程。①

因此，正如马克思所说的，这里的主题是要阐明经过流通过程的社会总资本再生产的结构，通过对简单再生产和扩大再生产的探讨，来阐明资本主义生产的基本条件是在资本各种流通的整体中实现的。这样，我们虽然可以说马克思主义经济危机整体论的流通过程体系和视角把生产过程从采取资本形态的产业资本运动中产生出来的特有的各种规定，作为资本循环、周转和社会总资本的流通来加以说明，但是对生产来说、它并非仅仅起着单纯的补充说明的作用。通过马克思主义经济危机整体论的流通过程体系和视角对产业资本运动的阐明，马克思主义经济危机整体论的生产过程体系和视角的内容本身不仅更加确切了，而且可以看到作为一个价值运动主体加以把握的资本概念。这种资本概念是马克思以前的任何经济学家所没有阐明的，只有这样理解的资本概念，才能更深刻地研究经济危机根源和治理方法。

马克思主义经济危机整体论的流通过程体系和视角研究的资本流通过程，不仅包括物（商品）的运动，而是主要研究价值的运动，不是研究物，而是研究资本主义生产关系。其目的是分析剩余价值的实现问题。剩余价值虽然产出于生产过程，却要在流通过程中实现，没有流通，资本家就无法购买生产的要素：生产资料和劳动力，货币就不能变成资本，生产过程就无从开始，剩余价值既无法创造，也不能实现，资本家的资本也无

---

① ［德］马克思：《资本论》第 2 卷，人民出版社 1975 年版，第 392 页。

从得到补偿和替换；再生产过程既不能开始，也无法扩大。

如果从微观经济和宏观经济来分，马克思主义经济危机整体论的流通过程体系和视角可以分为两大组成部分：第一部分是《资本论》第二卷第一篇和第二篇，是研究个别资本的再生产和流通；第二部分是《资本论》第二卷第三篇，是研究社会总资本的再生产和流通。马克思说："运动的一般形式 P…P 是再生产的形式。"① 商品资本的循环"包含着再生产"②。所以，《资本论》第二卷第一、二、三篇都包含着再生产，都是再生产理论。

马克思主义经济危机整体论的流通过程体系和视角，注意到了社会化大生产各部门间的有机联系，以及整个经济结构中，某些部分对其余部分的影响，并意识到了局部或部门的危机或波动对于整个经济波动的影响。马克思深刻阐明了社会在商品生产条件下再生产正常进行所要求的两大部类平衡问题。这种平衡既包括使用价值，即物质的方面，也包括价值的方面；既有相对稳定的静态的简单再生产分析，也有比较复杂的动态的扩大再生产分析。这些分析对于研究当代经济危机同样具有适用性。如果在社会再生产中，两大部类的比例不能保持适当的关系，社会生产就会因结构比例和发展速度的差异而导致失衡，从而产生大的波动和危机。

第二节 资本循环理论

如前所述，马克思主义经济危机整体论的流通过程体系和视角所研究的资本的流通过程，是对马克思主义经济危机整体论的生产过程体系和视角研究内容的继续和展开，它不是单纯的流通过程，而是资本的整个运动过程，包括生产过程在内的总流通过程。

马克思主义经济危机整体论的流通过程体系和视角的资本循环理论，揭示资本流通过程中最抽象、最简单的关系——单个产业资本循环及其危机隐患。马克思主义经济危机整体论的流通过程体系和视角的资本周转理论，揭示由单个资本循环的周期反复而形成的单个资本周转及其危机隐患。马克思主义经济危机整体论的流通过程体系和视角的社会总资本再生

---

① ［德］马克思：《资本论》第 2 卷，人民出版社 1975 年版，第 107 页。
② 同上书，第 108 页。

产理论，揭示由许多单个资本周转的彼此交错而形成的社会总资本的再生产和流通及其危机隐患。

单个资本是指单个资本家经营企业所投入的资本。单个资本必须不断地从流通过程进入生产过程，再从生产过程进入流通过程，才能增值自己的价值。这种从出发点复归到出发点的运动，就是资本循环。马克思主义经济危机整体论的流通过程体系和视角的资本循环理论，阐述了资本循环的三个阶段、三种形式和三种循环的统一，说明了产业资本各种形态的并存性和运动的连续性对于经济运行发展的必要性，同时也表明了这些方面可以导致经济危机的原因。

一　资本循环的三个阶段及其经济危机隐患

马克思主义经济危机整体论的流通过程体系和视角的资本循环理论指出，单个资本的循环过程，必须经过三个阶段。

（一）购买阶段：$G - W < {A \atop Pm}$

在购买阶段，资本家必须把手中的货币转化为商品。用公式来表示，即 G－W。这里，G 代表货币，W 代表商品。G－W 本身是一般商品流通的行为。使这个行为同时成为资本循环的购买阶段的，首先不是商品流通的形式，而是用货币买来的商品的特殊使用性质。这一方面是劳动力，另一方面是生产资料，即生产过程中人的要素和物的要素。如果用 A 代表劳动力，用 Pm 代表生产资料，那么，G－W 就分为 G－A 和 G－Pm，从而可以表示为 $G - W < {A \atop Pm}$。

在购买阶段，由于用货币购买的是劳动力和生产资料，资本家掌握了创造价值和剩余价值的能力。因此，货币成了资本家以货币形式预付的货币资本。劳动力和生产资料成了资本家以实物形式掌握的生产资本。货币资本既然存在于货币形式上，就只能执行货币的职能。这种货币职能之所以会同时成为资本职能，是因为执行货币职能的阶段和资本循环的其他阶段有一种内在的联系，因为用货币购买劳动力和生产资料，给剩余价值的生产准备了前提条件。

（二）生产阶段：$W < {A \atop Pm} \cdots\cdots P \cdots\cdots W'$

通过购买阶段，货币资本转化为生产资本，资本价值取得了一种实物形式。这种形式的资本价值不能继续流通，而必须进入生产阶段。生产阶段是资本循环中具有决定意义的阶段。在这个阶段，生产资本执行自己的职能：劳动者支出劳动力，生产资料被消耗，结果生产出一定量的商品。这个新的商品，与原来买进的商品相比，不仅物质上不同，而且价值量上也不同，它已经包含了剩余价值，因而，已经变成了商品形式的资本即商品资本。其公式为：$W < \genfrac{}{}{0pt}{}{A}{Pm} \cdots\cdots P \cdots\cdots W'$。这里，P 代表处于生产领域的生产资本，P 后的虚线代表生产过程，W′代表商品资本，其价值等于生产资本的价值加剩余价值。

劳动力和生产资料是任何社会的生产都必需的人的要素和物的要素。它们本身并不是生产资本。使它们作为生产要素的作用同时成为生产资本职能的，是二者的特殊结合方式。在资本主义社会，工人和生产资料是分离的，只有通过资本家对劳动力的购买，劳动力和生产资料才能结合起来。

（三）售卖阶段：W′ – G′

生产阶段的结果，是生产出新的商品，它不仅是具有特殊使用价值的有用物品，同时是包含了剩余价值的商品。如果用 W′代表包含着剩余价值的商品，用 G′代表包含着剩余价值的货币，用 g 代表 G 中以货币形式存在的剩余价值，那么资本循环的售卖阶段的公式为 W′ – G′，或 W′（W + w）– G′（G + g）。

售卖阶段是一般的商品流通行为。使它同时成为一种资本职能的，是由生产过程的性质所决定的。在售卖阶段以前，新生产出来的商品就已经包含了剩余价值。在它上面体现了资本家对工人的剥削关系。

售卖阶段是商品的致命飞跃。这个飞跃要是不成功，摔坏的不是商品，但一定是商品生产者。事情很明白，商品卖不出去或不能全部卖掉，商品资本转化为货币资本的过程不能顺利完成，资本循环就会中断或受到阻碍，生产就会被迫停止或难以正常进行。为了把商品全部卖出去，实现它的价值和剩余价值，资本家必须经常注视市场需要的变化，使自己的产品符合一定的社会需要。售卖阶段的结果是货币资本。它不再是单纯的货币，而是一个已经自行增值的价值。

也就是说，在马克思主义经济危机整体论的流通过程体系和视角的资本循环理论看来，资本在它的流通领域所采取的形式是货币资本和商品资本，在生产领域所采取的形式是生产资本。因此，它们并不是三种不同类型的独立的资本，而是包括工业、农业、交通运输业等在内的产业资本的运动过程中所采取的不同的职能形式。

在市场经济条件下，单个企业要通过购买的形式完成从货币到生产资料和劳动力的转化。在单个企业的货币资本转化为生产资本时，劳动力和生产资料在质上必须互相适应，在量上必须保持一定的比例。这是由生产的技术条件所要求的，而与生产的社会形式没有直接关系。由于资本主义社会形式的作用，这种质和量的比例关系都有可能无法形成。在资本主义基本矛盾的作用下，资本家因担心工人能力提高后会去自己创业或跳槽到别的企业，在引进了先进设备的同时，常常不愿意加强对工人的培训，那么这些先进的设备就不能发挥应有的作用。同样，这种矛盾还会造成市场不均衡，劳动力与生产资料的数量不合比例，或者各种生产资料的数量不合比例，也会造成经济危机的隐患。譬如，建起了工厂，安排了职工，但是缺电，缺原料，工厂还是不能开工。

在生产阶段，被消耗掉的生产资料的价值转移到新产品中，同时劳动者创造了新的价值，其中一部分将用于补偿预付的工资，另一部分将形成企业的纯收入。在资本主义基本矛盾的作用下，由于工人在为别人工作的时候丧失了过多的对自己劳动成果的支配权，一方面劳动成为痛苦和应付，束缚了生产力的发展；另一方面会因工人得不到自己的劳动成果造成供需失衡，增加了经济危机的隐患。

在市场经济条件下，企业生产的一切商品，包括生产资料和消费资料，都必须通过市场售卖出去，把商品资本转化为货币资本。如果商品卖不出去或不能全部卖掉，商品资本就不能顺利地转化为货币资本，通过生产过程增值了的价值就不能实现。在资本主义基本矛盾的作用下，由于贫富两极分化严重，会首先造成消费资料生产过剩，然后造成生产消费资料的生产资料及其他各种生产资料生产过剩，经济危机就会因各企业生产出的商品销售不出去而爆发。

马克思主义经济危机整体论的流通过程体系和视角的资本循环理论讲的购买、生产、售卖三个阶段，大致相当于我们日常所说的供、产、销三个环节。只有按照马克思主义经济危机整体论的流通过程体系和视角的资本循环理论阐明资本循环规律，克服供、产、销相互脱节的现象，才能缓解和避免经济危机。

二 资本循环的三种形式及其经济危机隐患

马克思主义经济危机整体论的流通过程体系和视角的资本循环理论指出，资本在循环中采取三种职能形式——货币资本、生产资本和商品资本。其中每一种职能形式通过循环的三个阶段，都返回到自己原来的职能形式。这样，资本循环就有三种不同的形式——货币资本的循环、生产资本的循环和商品资本的循环。

（一）货币资本的循环

马克思主义经济危机整体论的流通过程体系和视角的资本循环理论在讲资本循环的三个阶段时，考察的便是货币资本的循环。在这种循环中，流通过程在完成购买阶段的职能之后，为生产过程所中断。这时，在市场上购买的劳动力和生产资料，作为生产资本的物质组成部分和价值组成部分在生产过程中被消费掉，产生了在物质上和价值上都发生了变化的新商品。中断的流通过程——购买阶段，必须以售卖阶段来补充。因此，流通过程表现为：（1）购买阶段；（2）售卖阶段。其公式为：$G - W \cdots P \cdots W' - G$。结果是，一方面货币流回到它的起点，另一方面流回的货币多于预付的货币。

货币资本的循环具有如下特征：

第一，循环的两端是货币形式的资本，而货币又是价值的独立的存在形式。所以，这种循环最明白地表明资本主义生产就是剩余价值的生产。在这种循环中"从价值生出剩余价值，不仅表现为过程的开始和终结，而且直截了当地表现在金光闪闪的货币形式上"①。

第二，生产阶段处在两个流通阶段之间，成为流通过程的媒介和中间环节。所以，这种循环产生了一种假象：仿佛价值和剩余价值是在流通过程中产生的，似乎货币能生出更多的货币，生产过剩和经济危机似乎都是仅在流通中产生的现象，与生产过程无关。

（二）生产资本的循环

生产资本的循环，是从生产资本开始，中经商品资本和货币资本，再返回到生产资本。其公式为：$P \cdots W' - G' - W \cdots P$。

货币资本在其一次的循环中，只表示一次的资本生产过程，并不表示

---

① ［德］马克思：《资本论》第 2 卷，人民出版社 1975 年版，第 69 页。

资本的再生产。与此不同，生产资本在一次循环中就表示资本的再生产。在这里，生产资本在完成资本生产过程的职能之后，又以流通为媒介，恢复到它原来的形式。因此，资本生产过程的重新开始，已经包含在这种循环公式本身中。

如果剩余价值全部用于资本家的个人消费，生产资本循环的性质就是简单再生产。如果剩余价值部分地或全部地转化为资本，生产资本循环的性质就是扩大再生产。

生产资本循环具有如下特征：

第一，在生产资本的循环中，流通不过是转瞬即逝的过程，它揭穿了剩余价值是在流通中产生的假象，消除了货币自行增值的错觉，从而暴露了剩余价值的真正来源。

第二，生产资本循环的形态，是从生产资本出发又回到生产资本。这就造成了一种新的假象，似乎资本主义生产不是为了追求剩余价值，而是为生产而生产；或者说，是为了尽可能多地进行生产。

（三）商品资本的循环

商品资本的循环，是从商品资本开始，中经货币资本和生产资本，再返回到商品资本。其公式为：$W' - G' - W$，$\cdots\cdots P \cdots\cdots W'$（$W''$），如果再生产以原有规模进行，终点就以 W' 表示；如果以扩大规模进行，终点就以 W'' 表示。

商品资本循环和前两种循环形式有所不同。前两种循环都是以预付的资本价值为起点，而商品资本的循环则是以已经增值了的资本价值为起点，其中既包括预付资本的价值，又包括剩余价值。

从上面的论述中，可以清楚地看出商品资本的循环有如下特征：

第一，这种循环一开始就表明全部商品的消费是资本循环正常进行的条件。雇佣工人的个人消费和剩余价值中非积累部分的个人消费以及生产消费，都作为商品资本的循环条件进入这一循环。

第二，这种循环以产品运动的表面形式掩盖了资本主义剥削的内容。它很容易使人只看到商品的实现和消费，从而把满足个人和社会需要看作是它的直接目的和要求。

第三，这种循环一方面是单个资本的循环的一种特殊形式，另一方面体现了社会总资本的运动。《资本论》第二卷第三篇分析社会总资本的运动时，就是以这种循环为基础的。

当代企业的资本循环，也可以从货币资本循环、生产资本循环、商品资本循环这三种不同的角度进行考察。生产资本和商品资本的循环，表明企业生产和供销连续进行的状况，而货币资本的循环，则可以看到企业资本运动带来的价值增值。如果社会上相当多的企业生产和供销不能连续进行、价值增值活动无法实现，经济危机就会爆发。

三 三种循环的统一及其经济危机隐患

马克思主义经济危机整体论的流通过程体系和视角的资本循环理论指出，三种循环的公式是：

I. $G - W \cdots P \cdots W' - G'$

II. $P \cdots W' - G' - W \cdots P$

III. $W' - G' - W \cdots P \cdots W'$

从公式中可以看出，三种循环都包含两个流通阶段和一个生产阶段，所以总过程表现为生产过程和流通过程的统一。

以上的分析是假定资本家投下的全部资本在一定时间内只采取一种职能形式，即最初全部资本都采取货币资本的形式，随后全部货币资本都转化成生产资本的形式，然后全部生产资本都转化成商品资本的形式，最后全部商品资本又都转化成货币资本的形式，完成一个循环。这样，在资本循环的过程中，就会交替出现流通过程和生产过程中断的现象。

例如，当全部货币资本都转化成生产资本的时候，购买阶段就中断了；只有等生产出新的商品，把商品卖掉再变成货币以后，购买阶段才能再次进行。同样，当全部生产资本都转化成了商品资本的时候，生产阶段就中断了；只有在商品资本转化成货币资本，并由货币资本再转化成生产资本以后，生产阶段才能再次进行，如此等等。

但是，资本主义的生产是连续地不间断地进行的。这样，资本家的全部资本就不能在一定时间内只采取一种职能形式，而必须按照一定的比例分成三个部分，同时并存在货币资本、生产资本和商品资本三种职能形式上。在这种情况下，当资本家用货币资本购买生产资料和劳动力，把它们投进生产过程的时候，又会由商品的出售重新获得货币资本，使他能够接着再进行购买；当原有的生产资本的要素在生产中被消费掉，变成商品资本的时候，又会由资本家的再次购买得到补充；当上一批商品刚刚卖掉变成货币资本的时候，又会有下一批商品等着售出。只有这样，才不会出现生产过程和流通过程交替中断的情况。

　　要使资本主义的生产过程连续地不间断地进行，资本家的资本不但要按一定比例分成三个部分同时并存在三种职能形式上，而且还必须使这三部分资本都相继地通过循环的三个阶段。就是说，货币资本要不断地转化为生产资本，再转化为商品资本，最后回到货币资本的形式上；生产资本和商品资本，也要分别转化为其他两种形式，最后回到它们原来的形式上。资本的任何一个部分在循环的任何一个阶段发生停顿，资本的三种职能形式就不可能同时并存。例如，商品资本不能按时转化为货币资本，商品就积压在售卖阶段，资本家手中就没有货币资本购买生产资料和劳动力，生产阶段就会停顿下来，整个资本的循环就要中断。

　　总之，资本的三种职能形式在空间上的并存，既是三种资本循环在时间上继起的条件，又是三种资本循环在时间上继起的结果。就是说，"产业资本的连续进行的现实循环，不仅是流通过程和生产过程的统一，而且是它的所有三个循环的统一"①。在当代市场经济中，单个企业也必须根据具体情况，把全部资本按比例分成货币资本、生产资本、商品资本三个部分。这三个部分在空间上的并存和时间上的继起，是保证资本循环顺利进行的重要条件，是企业不断地进行新陈代谢并保持其旺盛的生命力的重要条件。

　　要把这三个部分在时间上和空间上的关系安排好，企业就要不断调整生产分配关系，对其全部经济活动进行全面的计划与组织，使其相互衔接，彼此配合。如果企业生产分配关系矛盾尖锐，各个环节经营管理不善，资本循环就会在这里或那里受到阻碍，甚至完全中断。所以，为了保持资本运动的连续性，避免经济危机，处理好企业的生产分配关系，提高企业的经营管理水平，是十分必要的。但是，在资本主义制度下，企业生产分配关系很难和谐，经营管理水平即使很高，也很难不再发生经济危机。

第三节　资本周转理论

　　马克思主义经济危机整体论的流通过程体系和视角的资本周转理论指

---

① 〔德〕马克思：《资本论》第2卷，人民出版社1975年版，第119页。

出，资本总是处在不断的运动中，单个资本的运动，不仅必须从出发点回到出发点，完成资本的循环；而且必须从出发点重新出发，又回到原来的出发点。这种周而复始、不断反复的资本循环，叫做资本周转。马克思主义经济危机整体论的流通过程体系和视角对于资本周转的剖析，不仅进一步揭示了资本主义基本矛盾的表现，而且说明了社会化大生产条件下各种生产要素的价值补偿和物质更新的情况。这对于研究经济危机问题都是具有重要意义的。

一 预付资本总周转及其经济危机隐患

研究资本循环时，考察的是资本运动所通过的阶段和所采取的形式，现在马克思主义经济危机整体论的流通过程体系和视角的资本周转理论研究资本周转，则必须进一步考察资本运动的周期过程及其所经历的时间和速度。

（一）周转时间和周转速度

资本周转的时间，就是生产时间和流通时间的总和。在不同部门，由于生产条件和流通条件不同，资本周转时间也不同。例如冶金业、造船业等部门，资本价值从一个循环周期到另一个循环周期间隔的时间较长，这些部门一次预付的资本价值较多，每次回收的价值较少。相反，在纺织业、食品业等部门，资本周转时间较短，预付资本价值可以在较短时间内回收。同一个部门的不同企业，生产条件和流通条件也不完全相同，例如劳动手段的效率不同，产销条件和运输条件不同，因此资本周转时间也不同。那些生产和流通条件较为有利的企业，资本周转速度也较快。

周转时间和周转速度有着密切关系。周转时间不同，一定时间内的周转速度就不同。为了衡量和比较各个资本的周转速度，通常以"年"作为计量单位。例如有两个资本，周转一次的时间分别为 3 个月和 12 个月，那么，前一资本年周转次数是：12/3 = 4 次；后一资本年周转次数是：12/12 = 1 次。由此可见，资本的周转时间和周转次数成反比例。资本周转时间越短，周转速度越快，一年周转的次数就越多；反之，资本周转时间越长，周转速度越慢，一年周转的次数就越少。不同部门资本周转时间和周转速度的差别，对于各个部门的投资分配，有着重大影响。单个资本家所拥有的资本数量有限，尽管加进信用的因素后情形会有不同，但他们对于资本周转时间较长的部门的投资还是要受到限制的。

可见，按照马克思主义经济危机整体论的流通过程体系和视角的资本周转理论，为了突破这种局限，就必须从解决资本主义基本矛盾入手，一方面，重视市场机制，允许那些资本周转时间较短，周转速度较快的部门和企业存在，必须充分发挥它们投资少、周转快、收效大的特点；另一方面，对于那些资本周转时间较长，周转速度较慢的部门，应当由工人阶级领导的政府依据社会拥有的资本总量和长远的、当前的需要，分配适量的资本，这样才能避免发生经济危机。

（二）固定资本和流动资本

资本周转的速度，受到生产过程和流通过程许多因素的影响。其中生产资本分为固定资本和流动资本的情况，是影响周转速度的重要因素。固定资本是投在厂房、机器、设备等劳动资料上的生产资本。它的特点是：可以在一个或长或短的时间内，在不断重复的劳动过程中，反复执行相同的职能。在发挥职能期间，从物质形态上看，它始终全部加入生产过程；从价值形态上看，它的价值，不是一次、全部，而是逐渐地、一部分一部分地转移到产品中，通过产品出售逐渐地、一部分一部分地收回。

例如有一座价值 20 万元的厂房，可使用 20 年。从物质形态上看，这座厂房 20 年内一直在生产过程中发挥作用；但从价值形态上看，这座厂房每年丧失掉的价值是二十分之一，即 1 万元，并转移到新产品中去。经过 20 年，厂房不能使用了，但它的价值也已转移完毕，通过产品出售全部收回了。

固定资本发挥职能的时间，是从生产资料进入生产过程时起，到完全损耗，不能使用，必须以同类新物品替换时止。固定资本的物质要素越耐用，损耗越缓慢，固定在使用形态上的时间就越长，每年转移到新产品中的价值就越少。例如，有两台价值各为 10 万元的机器，一台使用 5 年，一台使用 10 年，每年转移的价值，前者为 2 万元，后者为 1 万元，前者转移的价值比后者多一倍。可见，固定资本每年转移的价值，与它发挥职能的时间成反比。

从社会的角度看，固定资本的物质要素发挥职能的时间，就是说，厂房、机器、设备使用的时间，必须按照社会平均计算来确定。个别企业的实际使用时间与平均使用时间并不一致。有些企业，由于机器、设备的质量和性能不良，维修保管不善等原因，造成使用时间短于社会平均使用时间，这种机器设备所丧失的实际价值不能全部转移到新产品中，超过平均消耗的损失要由剩余价值补偿。

流动资本是投在原料、辅助材料和劳动力上的生产资本。其中投在原料、辅助材料上的部分，从物质形态上看，参加一次生产过程后便全部消耗掉，形成一种新的使用价值；从价值形态上看，参加一次生产过程后便把全部价值转移到新产品中，并随着产品的出售，以货币形态回归资本家手里。投在劳动力上的资本，不是把价值转移到新产品中。新产品中与这部分预付资本相等的价值，是由劳动者在生产过程中重新创造出来的。因此，在价值形成上，投在劳动力上的资本部分，同投在原料、辅助材料上的资本部分根本不同。但在价值周转方法上，两者却完全相同。它们都是全部一次投入生产过程，随着产品的出售，一次从流通中全部收回。正是从这个意义上说，投在劳动力上面的资本，也是流动资本。

综上所述，固定资本和流动资本是生产资本的不同形态，它们在周转方式、周转时间、回收方式和期限、更新方法上，有着重大的区别，对于经济危机的形成也发生着不同的影响。

（三）固定资本的磨损和折旧

固定资本价值的周转速度，与它的磨损程度和折旧形式有着密切的关系。固定资本的磨损有两种，一种是物质磨损即有形磨损，一种是精神磨损即无形磨损。

引起固定资本物质磨损的主要原因，是生产过程的使用。使用的强度越大，持续的时间越长，物质磨损也越重。另一方面，固定资本物质磨损的程度，也与它们的坚固程度有关。越是坚固耐用的东西，每次磨损的程度也越轻。

自然力的影响，是造成固定资本物质磨损的另一个原因。金属由于氧化作用而生锈，枕木由于风吹雨淋而腐朽。机器长期闲置不用，也会由于自然力的作用而发生磨损。这种磨损与生产过程的作用无关。

在固定资本发挥职能的整个时间内，由于各种物质要素的磨损程度不同，物质替换的情况也是不同的。有些物质要素在使用时间内不能局部替换，只有到平均使用寿命完结以后才能全部替换。例如役畜就是如此。一匹马不能部分替换，只能在它的平均使用期满后用另一匹马来替换。有些物质要素是由同种类的材料构成，但由于种种原因耐用时间不同，必须在不同时间一部分一部分地替换。例如铁轨就是如此。车站的铁轨比别处的铁轨磨损快，必须经常替换。有些物质要素是由种类不同的成分构成，它们使用的时间不同，因而替换的时间也不同。机器的情形就是如此。它的各个部件的平均寿命是不同的，因而必须在不同时间进行更新。

固定资本的精神磨损，是指厂房、机器、设备在有效使用期间内，由于非使用和非自然力作用所引起的价值上的损失。与物质磨损不同，精神磨损在物质形态上是看不出来的。造成这种磨损的原因有二：一是由于劳动生产率已经提高，生产同样固定资本物质要素所需要的社会必要劳动时间减少了，因而使原有固定资本的价值相应降低；二是由于新技术的发明和应用，出现了效率更高的机器设备，使原有的固定资本贬值。在这两种情况下，"即使原有的机器还十分年轻和富有生命力，它的价值也不再由实际物化在其中的劳动时间来决定，而由它本身的再生产或更好的机器的再生产的必要劳动时间来决定了"①。

在资本主义经济中，固定资产总会发生物质磨损和精神磨损。为了保持固定资产正常的物质磨损，必须认真做好维修保养，根据各个物质要素的不同构成，在使用期间内进行部分的物质替换；必须实行合理负荷，正常运转，严格执行各项技术规定和操作制度。但这些在劳资之间的对抗性矛盾作用下都很难做到，资本家为了加紧剥削工人会让机器超负荷运转，工人对于别人的机器也不会很在意保养。

随着科学技术的发展，劳动生产率不断提高，新的机器设备不断发明和运用，固定资产的精神磨损有越来越严重的趋势。它对企业是一种压力。为了减少精神磨损所造成的损失，必须充分利用机器设备的生产能力，使它的价值尽快地全部转移；同时，在使用期间内，必须对机器设备进行技术改造，缩短它与效率更高的新机器设备之间的距离。

精神磨损是加速固定资产更新的一个重要原因。有时由于发明了效率更高的新机器设备，虽然旧的机器设备还未达到平均使用年限，也能正常使用，但它的效率已大大低于社会平均水平，如果继续使用，产品的个别劳动时间会大大高于社会必要劳动时间。在这种情况下，提前更新固定资产，用新的机器设备代替已经过时的机器设备，经济上是合算的。在劳动资料十分缺乏的情况下，一些效率低的机器设备仍在继续使用。这只能是一种暂时的现象。从长远看，用效率高的机器设备代替陈旧的机器设备，是必然的趋势。

----

① ［德］马克思：《资本论》第1卷，人民出版社1975年版，第444页。

由于固定资本价值逐渐转移到新产品中，因此，为了补偿这部分资本价值，为了将来在实物形态上替换已经完全磨损的劳动资料，必须通过折旧的形式，把逐渐转移到新产品中的固定资本价值，从销售产品的收入中不断提取和积累起来。这种以货币形式提取和积累起来的资本价值，叫做折旧基金。每年提取的折旧基金与固定资本原始价值的比率，叫做折旧率。

例如一台价值10万元的机器，使用时间10年，每年转移到新产品中的价值是1万元。为了补偿机器的物质磨损，每年必须从新产品的销售收入中提取1万元折旧费，折旧率是10%。这样，十年后积累起来的折旧基金是10万元，正好同这台机器的原始价值相等。如果其他条件不变，这笔折旧基金正好能够购买一台型号、性能、效率等完全相同的新机器，替换已经不能使用的旧机器，保证再生产连续进行。

按照厂房、机器、设备的物质磨损和精神磨损提取折旧费，是社会化大生产的要求。为了经济正常运行，企业都需要从产品的销售收入中提取折旧费，建立折旧基金。确定合理的折旧率，对于充分利用机器设备，提高劳动生产率，改进企业经营管理，获取更大经济效果，有着重大的意义。折旧率偏低，机器设备多年不能更新，"带病运转"，就会降低劳动生产率，大量增加无形损耗；反之，折旧率偏高，机器设备过早报废，又会加大产品成本，降低企业盈利，造成生产资料供应紧张。确定折旧率，第一，必须根据固定资产的物质磨损程度；第二，必须适当地考虑到无形损耗；第三，必须有利于提高劳动生产率；第四，必须与机器设备的供应量相适应。

折旧基金是用来补偿已经消耗掉的劳动资料的价值，用来重新购买已经磨损了的厂房、机器设备的。从这个意义上说，提取和使用折旧基金，属于简单再生产的范围。但是，由于固定资产在其平均使用年限内，在物质形态上总是独立存在和发挥作用的，不到全部磨损，不需要更新。因此，逐渐提取的折旧基金，不需要不断进行购买。例如，一座厂房可用30年，在这期间内，厂房可以正常使用，每年提取的厂房折旧基金，不需要不断地去盖新厂房。这一部分价值，作为货币准备基金，在一定时期内，可以用来扩大企业，或改良机器，以提高机器效率。在这里，扩大再生产并不是由于积累，而是由于固定资产分离出来的价值，再转化为追加的生产资金。

怎样利用折旧基金，必然要受到社会制度的影响。在资本主义制度下，折旧基金的利用，取决于单个资本家从事经济活动时千差万别的情况，以及他们所拥有的资本量。社会其他阶层很难对他们的决定作出制约，被资产阶级单方控制的政府也很难代表全社会对折旧基金的利用按照全社会的利益进行调节，所以很难形成符合社会利益的折旧率，并使折旧基金按照合理的比例正确用于各种企业的固定资产的更新改造，以及新建和扩建企业，增加新的生产能力。这也就形成了经济危机的隐患。

二　影响资本周转速度的因素及其经济危机隐患

按照马克思主义经济危机整体论的流通过程体系和视角的资本周转理论，资本的周转速度，不仅决定于固定资本和流动资本的比例，而且决定于生产时间、劳动时间、流通时间的长短，决定于引起这些时间延长或缩短的一些因素。其中生产时间、劳动时间和流通时间的变化对于资本周转所起的作用尤为明显。引起生产时间、劳动时间和流通时间的长短变化的因素，有的是由物质技术条件决定的，有的是由社会制度条件决定的。这些因素都会对经济危机产生影响。

（一）劳动时间和生产时间及其对资本周转速度的影响

劳动时间即劳动过程时间，指的是制成一件成品所需要的工作日。劳动时间的长短，是同产品的性质相联系的。产品性质不同，劳动时间也就不同。服装业生产一件衣服只要几小时，造船业生产一艘远洋巨轮则需要几个月甚至几年。这种差别，是由物质生产的条件决定的，在不同社会都存在。资本主义制度下的劳资对抗性矛盾也会对劳动时间产生影响，如资本家使用饥饿政策强迫工人疲劳工作导致事故频发、工人反抗压迫举行罢工，等等，都会产生这种影响。

劳动时间的差别，是影响资本周转速度和预付资本数量的重要因素。假设其他条件相同，劳动时间越长，资本周转速度就越慢，为了维持生产的连续进行所需要的预付资本就越多。反之，劳动时间越短，资本周转速度就越快，所需的预付资本就越少。

劳动时间的长短，在一定限度内是可以改变的。缩短劳动时间的主要方法是：应用先进的科学技术成果，使用效率高的机器，发展合理的分工协作，改进生产工艺等。这些方法，可以在互相联系的生产过程中缩短劳动时间。近百年来，特别是第二次世界大战以来，马克思主义推动社会主义运动兴起导致资产阶级不得不向工人阶级作出让步，在一定程度上缓和了阶级矛盾；以及个人电脑的普及，远洋轮船的制造等都因为运用先进技术，推行合理的协作和分工，大大缩短了劳动时间。

劳动时间始终是生产时间，但资本处于生产过程的全部时间，并不一定必然是劳动时间。这是因为在一些生产部门中，生产时间往往包括劳动过程中断、劳动对象受自然力独立作用的时间。在这个时间内，劳动对象要经历物理的、化学的、生物的变化，以致生产时间和劳动时间不一致。在大部分加工工业、采矿业、运输业，生产时间和劳动时间是一致的。它们所生产的产品或应达到的有用效果，在劳动过程结束的时候，就已经完成，不必再经历一个自然力独立作用的过程。例如，机器制造业制成机床，采矿业开采出煤炭和矿石，运输部门运送货物，都是这样。

但有一些生产部门，它们的劳动产品，在劳动过程之后，还要经历一段受自然过程独立发生作用的时间。这些产品的生产时间，就或多或少地超过了劳动时间。例如，农作物栽植后要经历一个自然生长过程，制陶要经过干燥的过程。生产时间和劳动时间的差别，对于流动资本的支出和固定资本的使用，从而对于资本的周转速度，有相当大的影响。在劳动过程中断，生产过程处于受自然力独立作用的情况下，为了能使生产连续进行，往往需要追加生产资料和劳动力，即追加预付资本。

此外，生产时间和劳动时间的不一致，会使流动资本的流回不平衡，农业中的流动资本，往往是在收获后才流回；又会使一些固定资本的使用在或长或短的时间内中断，如农业机械的使用，一年中总有或长或短的时间中断。流动资本的流回不平衡和固定资本的使用中断，都要求资本家追加预付资本。

因此，为了缩短资本周转时间，加快资本周转速度，不但要尽可能缩短劳动时间，而且要尽可能缩短生产时间和劳动时间的差距。科学技术的发展和应用，为缩短这个差距提供了可能。从这里可以看出，资本主义基本矛盾阻碍科学技术的发展和应用，也会阻碍缩短劳动时间以及生产时间和劳动时间的差距，这些都会对预防经济危机产生不利影响。

（二）产销距离和交通运输对资本周转速度的影响

资本的流通时间包括购买时间和出售时间。购买时间和出售时间的长短，是由多种因素决定的。其中一个重要因素是产销距离。一般来说，产销距离近，流通时间就短，资本的周转就快；产销距离远，流通时间就长，资本的周转就慢。

在资本主义发展的相当长的时期中，当交通运输事业还没有高度发展时，资本主义企业的建立，不能不考虑到产销距离。直到 19 世纪末 20 世纪初，许多大型工业企业的建立，矿藏的开采，是和产销距离有很大关系的。尽管资本主义国家的生产力布局存在着许多畸形的不合理的地方，仅从产销距离看，却具有一定的合理性，这是多数资本家考虑到产销距离对资本周转时间影响的结果。

在当代市场经济条件下，生产力布局需要全面地考虑多种因素。其中产销距离仍然是需要考虑的一个重要因素。特别是当交通运输还远不敷经济发展的需要时，更要考虑产销距离。如果产销距离过远，万里迢迢运原料，销产品，经营运输费用就会成倍地增加，资本的周转就会延缓。此外，如果不按照经济合理的原则组织商品流通，而按行政系统或行政区划人为地扩大产销距离，增加流通环节，延长流通时间，对资本周转也是极为不利的。

发展交通运输事业是缩短流通时间、加速资本周转的一个重要方法。商品实际的移动，就是商品的运输，它同交通运输工具、线路的发展，有着直接的联系。通过发展现代交通工具，开辟新的运输线路，运输速度加快了，运输时间缩短了。以往用人力、畜力运输需要成年累月的跋涉，现在改用火车、汽车、轮船、飞机等新的交通工具只要几天、几小时，这就大大加快了资本的周转速度。

从物质生产的发展来看，交通运输的发展，是分工、协作和生产专业化发展的要求，是各个地区发挥经济优势的要求，是发展国际贸易的要求，总之，是社会化大生产和发达的商品经济的要求。所以，为避免引发经济危机，必须使交通运输业适应于生产和交换而迅速发展。不这样做，就会使商品流通时间延长，资本周转速度缓慢，甚至会引起生产阻滞，产品积压，商品达不到消费者手中，造成巨大损失。

交通运输的发展还使得生产地点和销售地点的位置发生移动和变迁，既可以增加新的生产中心、交换中心、人口中心、输出输入港，也可以使原有的生产中心、交换中心、人口中心、输出输入港的相对地位发生变化。常常是新的生产地点兴盛了，旧的生产地点衰落了。这就需要克服资本主义基本矛盾，适应于生产社会化和商品流通的扩大，有计划地发展交通运输，把交通运输放在先行的地位，充分利用原有的生产中心、交换中心，发展新的生产中心和交换中心，这样才有利于消除经济危机的隐患。

（三）供求关系和储备对资本周转速度的影响

购买时间和出售时间的长短，受到供求关系变动的影响。供应渠道是畅通还是阻塞，供应量是增大还是缩小，影响购买时间的长短。销售市场是繁荣还是萧条，需求量是增加还是减少，影响出售时间的长短。

各个资本主义企业要求生产工具和原材料等的供应渠道畅通，供应量适应自己的需要，以缩短购买时间，加速资本周转。但是相对于购买时间来说，出售时间具有更大的意义，因为生产过剩是资本主义经济的不治之症，市场需求不足，销售困难，是经常的现象。因此，资本家要尽一切可能来加速和扩大出售，缩短出售时间，加速资本周转。

在当代市场经济中，供求关系的变动对资本周转速度同样有重大的影响，也存在供应渠道是畅通还是阻塞，供应量是增大还是缩小，需求量是增加还是减少等问题。供求关系的这些变动，同样会影响购买时间和出售时间，从而影响资本周转速度。无视这种实际情况，不研究供求关系变动对资本周转速度所起的作用，不按照供求关系改变资本的运用，往往是造成流通阻滞和资金积压、浪费以致产生经济危机的重要原因。

为了保证社会再生产和个人消费的正常进行，保证企业的资本周转，都需要把一部分产品储存起来。储备有三种形式：生产资本的形式、个人消费基金的形式、商品储备或商品资本的形式。在不同的经济形式中，各种储备的相对量是不同的。当商品经济还不发达，生产主要是直接为了满足自身需要，产品只有很小一部分是为了交换或出售的时候，商品形式的储备很小，生产资料的储备也不会很大，而消费基金的储备相对来说却很大。

在发达的商品经济中，相对于消费基金来说，生产资料的储备会增加。因为随着生产规模的扩大和机器生产的发展，生产过程日益复杂，逐日进入再生产过程的原材料等等的量也会增加。要使生产过程流畅地进行，就要在生产场所准备更多的原材料等等。

过少的生产储备固然不能保证生产过程的连续性，可是过多的生产储备也会影响周转速度。缩小这种储备，取决于各种条件。马克思主义经济危机整体论的流通过程体系和视角的资本周转理论分析了缩小这种储备的一些情况。第一，国内原材料的生产发展了，能够源源供应，使原材料的大量储备成为不必要。第二，交通运输工具的发展，能够迅速而低廉地供应原材料，不仅由国内供应是如此，甚至由国外供应也是如此。第三，信用的发展使得储备的更新不直接依赖于产品的出售，因而为应付产品不能出售所需要的储备就减少。第四，商业资本家手中商品形式的储备量增加，减少了产业资本家手中生产资本形式的储备。因此，随着社会化大生产的发展，许多现代企业的生产资料的储备量，相对来说不是越大，而是越小。

商品储备，在商品经济中是不可少的。可以说，没有商品储备，就没有商品流通。只是在资本主义经济中，商品储备表现为商品资本形式的储备。资本主义经济中的商品储备可以区分为自愿储备和非自愿储备。商品的自愿储备是商品不断出售的条件；而商品的非自愿储备则是商品卖不出去的结果。

可以把商品的自愿储备比喻为"流通蓄水池"。正常的商品储备量取决于以下因素：第一，一定时期内所要满足的需求量；第二，储备量要大于平均出售量或平均需求量；第三，在商品再生产所需要的时间内，储备必须够用。如果商品长期卖不出去，而生产仍不断进行，那么，就会出现非自愿储备。"一旦留在流通蓄水池内的商品，不让位给后面涌来的生产浪潮，致使蓄水池泛滥起来，商品储备就会因流通停滞而扩大……不论这种停滞是发生在产业资本家的仓库内，还是发生在商人的栈房内，情况都是一样的。"① 生产资本形式的储备和商品资本形式的储备都不能过多，否则就会引起流通时间延长，资本周转速度缓慢。至于商品的非自愿储备，也就是商品积压，它使流通停滞，对资本的周转速度带来更加不利的后果，而且是经济危机的导火线。

（四）信用制度对资本周转速度的影响

资本家为了保证再生产的进行和资本不断周转，必须在手中保持一定量的货币准备金。在信用制度不发达时，货币准备金由两个部分组成。一部分是经常准备购买劳动力和原材料等流动资本的货币准备金；另一部分是在固定资本更新之前，逐渐流回到资本家手中的折旧基金。

随着信用制度特别是银行制度的发展，资本家在一般情况下随时可以获得信用贷款。因此，他不必为了购买劳动力和原材料保持过多的货币准备金；也不必把逐渐流回的折旧基金保持在手中，而可存入银行。这样，他既可以随时得到他所需要的货币，保持资本的不断周转，又可以使其他资本家随时能借到货币。所以一般地说，信用制度的发展有利于加速资本

---

① ［德］马克思：《资本论》第 2 卷，人民出版社 1975 年版，第 166 页。

的周转。

但也要看到，信用制度的发展，可以造成生产和周转方面的虚假现象。由于有了信用制度，资本家不必等待出售产品取得货币，就可以通过信用贷款继续购进原材料和劳动力，来保持连续生产甚至扩大生产。这就往往使得由于销路不佳、流通停滞而造成的商品储备的增加，被误认为是再生产过程扩大的征兆。

"按社会规模来说，信用制度只有在不仅加速生产而且也加速消费的情况下，才会使周转发生变化。"① 这就是说，各个个别资本虽然能够通过信用制度，获得贷款，扩大生产；但如果没有消费的相应扩大，增加了的产品就会卖不出去，整个社会的资本周转不仅不能加速，反而会发生或大或小的阻滞。

还要看到，信用制度的发展，为资本家投资于资本周转时期很长而规模又很大的事业提供了方便的手段，同时也助长了盲目兴办周转时间长的企业，因为它可使资本家不用自己的资本而用别人的资本来预付、来冒险。可见，信用制度的发展，既促进了资本主义社会中周转时期长的事业的发展，又增加了资本主义经济中的经济危机隐患。

在当代市场经济中，也要利用信用制度加速企业和整个社会的资本周转。它可以使企业及时得到发展生产所需要的资金，又可以通过银行把社会上各种闲散资金集中起来，进行分配和使用。但如果不注意克服资本主义的基本矛盾，也会出现个别企业的生产不符合市场需要的问题，在这种情况下，如果银行继续提供信用贷款，就有可能造成更严重的产品积压，影响整个社会的资本周转，引发经济危机。

三 资本周转速度和预付总资本量的关系及其经济危机隐患

马克思主义经济危机整体论的流通过程体系和视角的资本周转理论指出，为了维持一定规模的生产，需要一定的预付资本量。在生产规模不变的条件下，资本周转速度越快，所需的预付资本量越少；反之，资本周转速度越慢，所需的预付资本量越多。

（一）资本周转速度对预付总资本量的影响

要使生产连续进行，资本必须按照生产时间和流通时间的比例分成两部

---

① ［德］马克思：《资本论》第 2 卷，人民出版社 1975 年版，第 210 页。

分，一部分处于生产状态，一部分处于流通状态。生产时间或流通时间的长短，都直接影响资本的周转时间，从而影响预付资本量。在生产时间不变的条件下，流通时间越长，维持相同生产规模所需的预付资本量就越多。

假定生产某种产品，生产时间是 3 个月，流通时间是 1 个月，生产过程所需预付资本每月 1000 元，3 个月共 3000 元；为保证生产连续进行，流通过程也需要预付资本 1000 元。预付总资本合计 4000 元。如果流通时间不是 1 个月而是 3 个月，在其他条件相同时，流通过程需要的预付资本就不是 1000 元而是 3000 元，预付总资本也不是 4000 元而是 6000 元。可见，如果流通时间延长，为了维持原来的生产规模，就需要追加资本；如果不追加资本，就必须缩小生产规模。在当代市场经济中，资本周转速度和预付资本量之间也存在着密切的关系。合理利用资本，加快资本周转，是减少资本占用量、预防经济危机的重要途径。

（二）资本周转速度对年剩余价值量和年剩余价值率的影响

在预付总资本中，有一部分是用来购买劳动力的预付可变资本。一般说来，资本周转速度越快，其中可变资本的周转速度也越快，一年中同量预付可变资本可以雇用更多的工人，获得更多的剩余价值量，并获得更高的年剩余价值率（年剩余价值量与预付可变资本的比率）。假定有甲乙两个企业，可变资本都是 2000 元，剩余价值率都是 100%，但一年中甲企业的可变资本周转 2 次，乙企业的可变资本周转 10 次；这样，甲企业一年获得的剩余价值量为 $2000 \times 2 = 4000$ 元；乙企业一年获得的剩余价值量为 $2000 \times 10 = 20000$ 元。甲企业的年剩余价值率为 $4000/2000 = 200\%$；乙企业的年剩余价值率为 $20000/2000 = 1000\%$。这就是说，同甲企业比较起来，乙企业的资本周转速度快 4 倍，因而每年获得的剩余价值量多 4 倍，年剩余价值率也高 4 倍。

可见，如果能够克服资本主义基本矛盾，使企业产供销能够顺畅进行，加速资本周转速度，就可以用同量的资本吸收更多的就业人口，为社会提供更多的劳动量，从而提供更多的剩余劳动量，在发展生产的同时避免经济危机。

（三）资本周转速度与预付资本的分配

社会上各个生产部门，资本的周转时间各不相同。有的部门一年可以周转几次，有的部门几年才能周转一次。周转较快的部门，不仅需要雇用较多的劳动者，从市场上取去较多的生产资料和消费资料，而且能够把更多的生产物投到市场上来。但是，周转较慢的部门，在一定时期内（例如一年），只是从市场上取去劳动力，取去劳动力所需要的消费资料，以及必需的生产资料，而没有向市场投入任何生产物，补偿从市场取走的生产资本的各种物质要素。如果资本主义基本矛盾的深化，使社会不能把预付资本合理地分配在周转时间不同的生产部门，就会产生经济生活的紊乱和经济危机。

在市场经济中，一定时期资本数量是有限的，生产资料和消费资料的数量也是有限的。如果资本过多地投在周转时间较短的部门，就会给整个国民经济造成许多不良后果。然而，资本主义基本矛盾的作用，恰恰容易引起资本过多地投资于这种部门，如金融部门，引起金融业过度发展，虚拟资本积累脱离实体资本积累的需要。适度的金融资本是实体经济发展所需要的，如果金融资本能够进入工厂、设备和新技术的长期投资中，则可以创造新的就业岗位，促进增长。然而，这些并不是金融资本家最喜爱的投资行为，因为他们更愿意仅在流通领域通过货币资本自我膨胀来获取短期暴利。这样，金融资本在其自身发展过程中，会越来越表现出相对独立性，这种独立性使其脱离实体资本积累而快速扩张，引发经济泡沫。当虚拟资本积累的扩张达到一定程度，泡沫成分不断加重，资产价格普遍大幅度偏离或完全脱离由实体资本积累因素决定的资产价格时，会导致泡沫经济。泡沫经济在不同背景下表现出不同的形式，如货币危机、资产市场泡沫经济的破灭和金融机构的信用危机等。最后通过汇率、利率和资产价格等环节影响或阻碍实体资本积累的发展。

由此可见，从整个社会的角度考察，克服资本主义的基本矛盾，根据经济发展需要合理分配资本，对于预防经济危机是很有必要的。一般说来，实体经济部门特别是制造生产资料的部门，资本周转速度较慢，周转时间较长。因此，对这种部门的投资，国家在调控资本流向时就要予以更多关注。特别是，不仅需要进行年度规划，而且需要进行较长时间（五年或十年）的规划。

第四节　社会总资本再生产理论

马克思说："一个社会不能停止消费，同样，它也不能停止生产。因此，每一个社会生产过程，从经常的联系和它不断更新来看，同时也就是再生产过程。"① 这就是说，再生产过程是社会经济生活的不断运动过程。再生产过程的连续性就是通过这种不断的运动实现，并且是通过这种运动表现出来的。

资本主义再生产表现为资本形态变化和物质变化的不断运动。资本循环理论和资本周转理论研究个别资本的运动时，着重分析的是资本在流通过程中经历的形态变化，而在马克思主义经济危机整体论的流通过程体系和视角的社会总资本再生产理论研究社会总资本的运动时，则着重分析资本在流通过程中经历的物质变化。所谓形态变化，就是指资本从商品形态变为货币形态，再从货币形态变为商品形态。所谓物质变化，就是指通过交换，一种使用价值为另一种使用价值所替代。

马克思主义经济危机整体论的流通过程体系和视角的社会总资本再生产理论表明，社会总资本的再生产问题，也就是社会总产品的各个组成部分在价值上如何补偿、在实物上如何替换的问题，它集中地表现为市场实现问题。简单再生产的实现条件（平衡条件）和扩大再生产的实现条件（平衡条件），反映了社会生产两大部类之间互相提出需求、互相供给产品，因而互为市场、互为条件、互相制约的关系；两大部类中任何一个部类的扩大再生产都离不开另一个部类，都要以另一个部类提供的追加物质资料为条件。这是社会再生产需要遵循的客观规律，资本主义经济的运行在其基本矛盾的作用下总是违背这种客观规律，是经济危机爆发的重要原因。

一　社会总资本再生产的运动条件及其经济危机隐患

马克思主义经济危机整体论的流通过程体系和视角的社会总资本再生产理论指出，社会总资本是相对于个别资本来说的。所谓个别资本，是指单个资本家经营企业所投入的资本。所谓社会总资本，是指整个资本家阶级投入社会生产和流通的全部资本。各个个别资本的循环是互相交错、互为前提、互为条件的，社会总资本的运动就是在这种交错中形成的。

（一）社会总资本的运动的特点

同个别资本的运动相比，社会总资本的再生产和运动具有以下特点。

第一，社会总资本的再生产和运动不仅包含着预付资本价值的实现过程，而且包含着剩余价值的实现过程。在个别资本的循环中，虽然也包含

---

① ［德］马克思：《资本论》第1卷，人民出版社1975年版，第621页。

剩余价值由商品形态到货币形态的转化，但是，如果资本家不进行资本积累而把剩余价值用于个人消费支出，那就不再包括在个别资本的循环过程之内。社会总资本的运动却不仅包括剩余价值由商品形态转化为货币形态，而且包括剩余价值由货币形态转化为实物形态。因为，全部剩余价值在货币形态上的支出，即购买商品，乃是全部社会总产品得以出卖和社会总资本得以继续运动的不可缺少的条件之一。十分明显，这个特点对于社会主义的社会再生产也是适用的。在这里，代表全部剩余产品的那一部分价值在转化为货币收入以后的再支出，也是全部社会总产品得以卖出和整个社会再生产得以正常运转的一个必要条件。

第二，社会总资本的运动，不仅包含生产消费，而且包含个人消费。个别资本的运动只包含生产消费，即直接的生产过程，不包含资本家和工人的个人消费。与此相反，在社会总资本的再生产中，工人用工资和资本家用剩余价值购买消费品，乃是社会总产品运动的一个不可缺少的部分。没有个人消费，一部分社会产品的价值和使用价值就不能实现。劳动者的个人消费就是劳动力的再生产；没有劳动力的再生产，整个社会再生产就无法进行。对于消除经济危机的隐患来说，这一点非常重要。因为，满足社会成员不断增长的物质和文化生活的需要，是社会再生产顺利运行的必要条件，但资本主义的生产目的却是追求剩余价值，这也就使得经济危机很难根除。

第三，社会总资本的运动，不仅包含着资本流通，而且也包含着一般商品流通。个别资本的整个循环都是资本价值的运动。不形成资本的一般商品流通，都不进入个别资本的循环运动。例如，资本家用剩余价值购买个人消费品，劳动者出卖劳动力取得工资和购买生活资料的交换行为，都不是资本流通，而是一般商品流通。但所有这些交换行为都是社会总产品实现过程的必要环节，都包括在社会总资本的运动之中。同样的，在当代市场经济的社会再生产中，不仅包含许多个别企业资本的循环；还包含着不属于企业资本循环的一般商品流通，特别是劳动者购买生活资料的商品流通。所以，对于整个社会再生产的正常进行来说，不仅经营生产资料的物资供应部门的工作，而且经营生活资料的商业部门的工作，都是十分重要的。如果这种商品流通发生阻滞，就会像属于企业资本循环范围内的生产资料流通发生阻滞一样，使整个社会再生产陷入经济危机的困难境地。

（二）社会总资本再生产的实现问题

社会总资本再生产的条件，就是社会总产品的各个组成部分如何实现的条件。实现问题是社会总资本再生产的核心问题。

社会总产品的实现过程包括两个互相联系的方面。一方面是社会总产品价值的各个部分如何从商品形态转化为货币形态。另一方面是社会总产品价值的各个部分，在转化成货币以后，如何取得所需要的商品，也就是说，资本家如何和从什么地方取得生产资料，工人和资本家如何和从什么地方取得消费品。

社会总产品的各个部分不是卖给资本家当作生产消费的对象（生产资料），就是卖给资本家和工人当作个人消费的对象（生活资料）。同时，资本家和工人对于社会总产品的不同实物组成部分的购买力，也只能来源于社会总产品价值不同部分的出售所得的货币收入。因此，社会总产品各个部分的实现过程，归根结底就是总产品内部各个组成部分之间的交换。社会总资本的运动。不仅是价值补偿，而且是物质补偿，因而既要受社会产品的价值组成部分相互之间的比例的制约，又要受它们的使用价值，它们的物质形式的制约。

为了使社会总产品的实现过程得以正常进行，就必须使各种使用价值的生产同对它们的需要之间互相协调，即必须按照社会需要的比例来分配社会劳动。这是任何一个社会的再生产所共有的规律。马克思说："按一定比例分配社会劳动的必要性，决不可能被社会生产的一定形式所取消，而可能改变的只是它的表现形式。"[1] 在市场经济条件下，社会再生产的条件表现为市场实现的条件，按照社会需要的比例分配社会劳动的问题表现为市场实现问题。社会分工所决定的各个部门之间的物质交换的必要性，要求社会生产各个部门之间必须保持一定的比例。这个矛盾只能通过市场法则的调节来解决。各个资本家生产的产品是否适应社会的需要，社会总产品的各个组成部分之间是否互相适应，生产的东西能否卖出去，需要的东西能否买回来，这些问题在生产领域是无法知道的，只有到市场上去，只有在流通领域，才能见到分晓。因此，各个企业总是时刻依据市场的情况来决定生产，社会生产的比例也就是这样通过市场而自发形成的。这样，社会总资本再生产的条件，不直接表现为社会生产的比例关系是否协调，而表现为市场的实现条件，首先是产品能不能卖得出去。实现问题即市场问题，就成为社会总资本再生产的核心问题。

---

① 《马克思恩格斯选集》第4卷，人民出版社1972年版，第368页。

在资本主义制度下，由于资本主义社会生产是由利益上互相对立的各个资本家去进行的，劳资之间的对抗性矛盾总是导致生产过剩，仅仅依靠市场交换机制，事实上无法保证生产正好满足人民群众日益增长物质和文化需要，往往会造成一方面产品大量积压，一方面最广大劳动群众的需求又无法满足。相当一部分社会产品的价值补偿和实物替换都遇到问题。在这里，实现问题每天都活生生地出现在人们的面前，而经济危机的爆发，也是通过市场实现问题表现出来的。

（三）研究社会总资本再生产的基本前提

马克思主义经济危机整体论的流通过程体系和视角的社会总资本再生产理论，在着手具体考察社会总资本的再生产和流通过程时，按照实物形态，把社会的总产品，从而社会的总生产，分成两大部类："Ⅰ生产资料：具有必须进入或至少能够进入生产消费的形式的商品。Ⅱ消费资料：具有进入资本家阶级和工人阶级的个人消费的形式的商品。"①

两大部类的划分是以社会产品的最终使用作为标志的。一种产品由于具有物理、化学和生物等许多自然属性，既可以用作生产资料，也可以用作消费资料。比如小麦，既可以用作种子，也可以用作食物；煤炭既可以用作燃料动力，也可以用作生活取暖，它们究竟属于生产资料，还是属于消费资料，只能根据它们的最终使用而定。

马克思主义经济危机整体论的流通过程体系和视角的社会总资本再生产理论，在考察了社会总产品的实物构成以后，接着又分析了它的价值构成。指出这两大部类每一部类生产的全部年产品的价值都分成：代表生产上消耗掉、并转移到产品中去的不变资本 c 的部分，补偿预付可变资本 v 的部分，超过可变资本而形成剩余价值 m 的部分。后两部分是由全部年劳动加入的价值部分。这样，每一部类的全部年产品的价值，和每个个别商品的价值一样，也分成 c + v + m。

马克思主义经济危机整体论的流通过程体系和视角的社会总资本再生产理论，把社会总产品按实物形态分为两大部类，按价值形态分为 c、v、m 三个部分，这种分类是研究社会总资本再生产的基本前提。在当代市场经济中，社会生产也可以分为两大部类，社会总产品的价值也可以分为 c、v、m。这里，c 代表企业在生产上消耗掉的生产资料的转移价值，v 代表

① ［德］马克思：《资本论》第 2 卷，人民出版社 1975 年版，第 438—439 页。

物质生产劳动者为自己创造的必要产品价值，m 代表他们社会创造的剩余产品价值。包括 c、v、m 在内的社会总产品，一般是用总产值来表现的，由全部年劳动加入的价值部分，即 v + m，是用净产值来表现的。从整个国民经济范围来看，总产值和净产值（即国民收入），是观察和分析社会再生产和衡量国民经济发展的规模、速度和比例的基本范畴和重要指标，也是研究经济危机问题的基本范畴和重要指标。

二　简单再生产及其经济危机隐患

马克思主义经济危机整体论的流通过程体系和视角的社会总资本再生产理论，具体考察社会总资本再生产的实现条件和运动规律，是从简单再生产及其经济危机隐患的分析开始的。

（一）简单再生产的含义

所谓简单再生产，就是指生产过程在原有规模上的重复。它的特点是，全部剩余产品用于资本家的个人消费，没有积累。所谓扩大再生产，就是生产过程在扩大的规模上再现。它的特点是，剩余产品不能全部由资本家消费，而必须有一部分用于资本的积累。

资本主义再生产是以扩大再生产为特征的。如果假定没有积累，全部剩余价值都由资本家用于个人消费，那就等于假定资本主义不存在。因此，简单再生产只是一个理论上的抽象。但这是一个合理的、科学的抽象。因为，研究社会资本扩大再生产的实现条件，主要困难不在于剩余价值的资本化，而在于预付资本的补偿，以及这种补偿如何同资本家和工人的个人消费相交错，即主要发生在简单再生产的考察上。

把积累的因素加以抽象，就便于集中分析这个难题。把简单再生产条件下社会总产品的交换关系和平衡条件搞清楚了，就便于揭示社会总资本再生产过程的各主要方面和基本因素的内在联系，便于进一步分析和把握扩大再生产的运动规律。

简单再生产不仅是一个理论上的抽象，而且是扩大再生产的一个现实因素，马克思说："只要有积累，简单再生产总是积累的一部分，所以，可以就简单再生产本身进行考察，它是积累的一个现实因素。"① 这段话的意思是说，在有积累即扩大再生产的地方，简单再生产总是包含在扩大再

---

① ［德］马克思：《资本论》第 2 卷，人民出版社 1975 年版，第 438 页。

生产之中，构成后者的一个组成部分。马克思主义经济危机整体论的流通过程体系和视角的社会总资本再生产理论，正是把简单再生产作为扩大再生产的一个现实的构成因素来考察的。这种考察十分重要，因为在规模扩大的再生产总体中，简单再生产总是最大、最重要的一部分，而再生产的扩大部分所占的比重总是比较小的。

当代市场经济发展也是以扩大再生产为特征的，而且应该是稳定地、持续地扩大再生产。简单再生产是社会主义扩大再生产的基础和出发点，扩大再生产则是在简单再生产基础上进行的。因此，在各个企业和整个社会安排扩大再生产的人力、物力和财力资源时，都首先要保证简单再生产的需要，在这之后，再进一步安排再生产中规模扩大部分的需要。这是一条基本原则。根据这条原则，在处理生产与建设的关系上，就应当注意先安排当前生产，后安排基本建设；在基本建设中就应当注意先安排原有企业的更新改造，后安排新建扩建，等等。但在资本主义制度下，资本家为了追求剩余价值，常常极力把劳动力再生产费用压到简单再生产的水平以下，这是引发经济危机的一个重要原因。

（二）简单再生产的实现条件

马克思主义经济危机整体论的流通过程体系和视角的社会总资本再生产理论，在把社会总产品从实物形态上划分为两大部类和从价值形态上划分为三个部分的基础上，以第 I 和第 II 部类之间的交换关系为中心，首先考察了简单再生产情况下社会产品各个部分的价值补偿和实物替换过程，说明了两大部类产品交换的平衡关系。

马克思主义经济危机整体论的流通过程体系和视角的社会总资本再生产理论分析简单再生产的图式是：

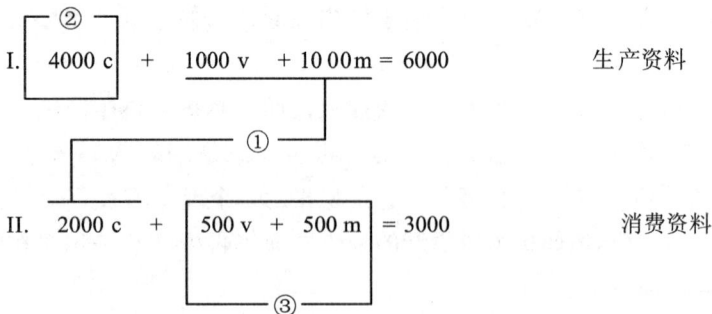

I.　4000 c　+　1000 v　+ 10 00 m = 6000　　　　生产资料

II.　2000 c　+　500 v　+　500 m = 3000　　　　消费资料

图式中，①表示两大部类之间的交换，②表示第 I 部类内部的交换，③表示第 II 部类内部的交换。马克思主义经济危机整体论的流通过程体系和视角的社会总资本再生产理论，分别考察了上述三大交换，并且综合分析了第 I 部类产品的实现过程，即两个部类不变资本的补偿过程；又分析了第 II 部类产品的实现过程，即两个部类可变资本的补偿过程和剩余价值的实现过程，得出了简单再生产的三个实现条件（即平衡条件）。

1. 两大部类之间的交换关系和平衡条件：I（v + m）= IIc

就是说，第 I 部类的可变资本与剩余价值之和必须等于第 II 部类的不变资本，其所体现的产品必须互相交换。在马克思主义经济危机整体论的流通过程体系和视角的社会总资本再生产理论的上述图式中，是 I（1000v + 1000m）= II2000c，它表明的是，价值 2000 的生产资料和价值 2000 的消费资料相交换。

上述平衡式的两端都是价值和使用价值的统一，都可以从价值和使用价值、需求和供给两个方面加以分析。

从价值上看，公式的左端 I（v + m）是第 I 部类新创造的价值，在简单再生产的条件下，必须全部用于本部类工人和资本家的个人消费，因而可以看作是第 I 部类对第 II 部类生产的消费资料提出的有支付能力的需求。公式的右端 IIc 是第 II 部类不变资本的转移价值，它必须用来向第 I 部类购买生产资料方能得到实物补偿，因而代表第 II 部类向第 I 部类生产的生产资料提出的购买需求。

从使用价值来看，公式的左端 I（v + m）是不能在第 I 部类内部实现的生产资料，而是供给第 II 部类的生产资料。公式的右端 IIc，是不能在第 II 部类内部实现的消费资料，而是供给第 I 部类的消费资料。经过交换，一方面，第 I 部类工人的工资和资本家的剩余价值买得了消费资料，而第 II 部类生产的、体现不变资本价值的消费资料得以卖出；另一方面，第 I 部类产品中体现 v + m 价值的生产资料也得到实现，而第 II 部类生产上消耗的不变资本则取得了实物补偿，买到了再生产所必需的生产资料。由此可见，简单再生产的这一实现条件公式，反映了两大部类之间互相提出需求，互相供给产品，因而互为市场、互为条件、互相制约的关系。

2. 第 I 部类产品的实现和两大部类不变资本的补偿：I(c + v + m) = Ic + IIc

就是说，第 I 部类产品的总价值等于第 I 部类不变资本价值和第 II 部类不变资本价值之和。在上述马克思主义经济危机整体论的流通过程体系和视角的社会总资本再生产理论的图式中，是 I（4000c + 1000v + 1000m）＝I4000c + II2000c。在这里，马克思主义经济危机整体论的流通过程体系和视角的社会总资本再生产理论，把第 I 部类划分成制造生产资料的生产资料和制造消费资料的生产资料两个部类。这一分类是两大部类分类的必然引申，也是考察社会总资本再生产过程中两大部类关系的客观要求。在这一分类的基础上，马克思主义经济危机整体论的流通过程体系和视角的社会总资本再生产理论，考察了第 I 部类产品的实现和两大部类不变资本的补偿。这是同一个过程的两个方面：为制造生产资料的生产资料，即 I4000c 那一部分，必须在本部类内部进行交换，卖给本部类的资本家用于补偿他们生产上消耗掉的不变资本；为制造消费资料的生产资料，即 I（1000v + 1000m）那一部分，必须同 II2000c 进行交换，卖给第 II 部类资本家用于补偿第 II 部类生产上消耗的不变资本。这样，通过交换，第 I 部类社会产品的各个部分全部卖掉，两大部类生产上消耗掉的生产资料得到补偿。

马克思主义经济危机整体论的流通过程体系和视角的社会总资本再生产理论对第 I 部类内部的交换即第 I 部类不变资本的补偿的考察，包含有部门联系的思想。所谓部门联系，就是指社会生产各个部门之间投入（原材料等）和产出（产品）的相互关系，即各个部门之间相互交换的关系。马克思主义经济危机整体论的流通过程体系和视角的社会总资本再生产理论指出，在这一部类的产品中，一部分作为生产资料再进入把它们当作产品生产出来的特殊生产部门和企业（如发电厂自己消耗的电），另一部分以实物形式进入第 I 部类的另一个生产部门。所以，第 I 部类内部的交换就是一种生产资料和另一种生产资料的交换。通过这种交换，第 I 部类内部各个部门、各个企业消耗的生产资料互相得到补偿。

3. 第 II 部类产品的实现和两大阶级生活需要的满足：II（c + v + m）＝I（v + m）+ II（v + m）

就是说，第 II 部类产品的总价值等于两大部类可变资本和剩余价值之和，即等于两个部类新创造的国民收入。在上述马克思主义经济危机整体论的流通过程体系和视角的社会总资本再生产理论的图式中是 II（2000c + 500v + 500m）＝I（1000v + 1000m）+ II（500v + 500m）。在这里，马克思主义经济危机整体论的流通过程体系和视角的社会总资本再生产理论考察了第 II 部类产品的实现以及两大部类可变资本的补偿和剩余价值的实现，即两大部类新创造的国民收入的使用。

这也是同一个过程的两个方面。第 II 部类生产的消费资料必须卖给两大部类的工人和资本家用于个人消费；在简单再生产的情况下，两大部类的可变资本和剩余价值，即新创造的国民收入也必须全部用在购买第 II 部类产品上。因此，通过交换（包括第 II 部类内部的交换），第 II 部类生产的消费资料得以全部卖出，而两大部类的工人和资本家也买得了自己的消费资料，把他们的全部收入都用于个人消费。

马克思主义经济危机整体论的流通过程体系和视角的社会总资本再生产理论，在考察第 II 部类内部以 II（v＋m）代表的那一部分产品的交换时，把这一部类的产品分为必要消费资料和奢侈品两个部类（与此相适应，为制造消费资料的生产资料也划分成两个部分），前者不仅加入工人的消费，而且构成资本家消费的一部分，后者只进入资本家的消费。这一分类对于研究经济危机问题来说，具有明显的方法论意义。在这种划分下，如果在资本主义基本矛盾的作用下，少数资本家占有了社会全部剩余价值，就会引导社会把过多的资源用在只有少数人消费的奢侈品上，造成社会资源的浪费和广大劳动者消费不足，埋下经济危机的隐患。

在上述简单再生产的三个平衡条件的公式中，第一公式即两大部类之间的交换平衡式：I（v＋m）＝IIc，是基本的。其他两个公式不过是第一公式两端分别加上本部类内部交换的部分。第一公式两端分别加上 Ic，则可以得到第二公式；第一公式两端分别加上 II（v＋m），则可以得到第三公式。因此，简单再生产的实现条件一般是用第一公式来表示。正如马克思所说：“年劳动以生产资料的实物形式创造的新价值产品（分成 v＋m），等于年劳动的另一部分生产的产品价值所包含的以消费资料形式再生产的不变资本价值 c。假如前者小于 IIc，第 II 部类的不变资本就不能全部得到补偿；假如前者大于 IIc，余额就不能利用。在这两个场合，简单再生产这个前提都会被违反。”[1] 由于资本主义基本矛盾的深化会使工人消费的 v 的部分过小，m 部分只有少数资本家来享用也会十分有限或畸形发展，I（v＋m）很难等于 IIc，经济危机就成为不可避免的现象。

---

① ［德］马克思：《资本论》第 2 卷，人民出版社 1975 年版，第 453 页。

（三）固定资本的补偿问题

马克思主义经济危机整体论的流通过程体系和视角的社会总资本再生产理论考察简单再生产的实现条件时，曾经舍象了固定资本周转的特点，以便对问题进行纯粹的抽象的分析。它假定生产过程中使用的不变资本价值 c，不论是固定部分还是流动部分，都是在一年中一次转移到新产品中去，并且要在当年社会产品中取得补偿。

事实上，固定资本的价值只是渐次转移到产品中去，在使用期限终了以前，不需要进行物质上的替换。因此，由劳动手段的磨损转移到商品上的固定资本价值，在一定时期内只通过卖出的阶段，暂时不通过买进的阶段。只有在劳动手段使用期限终了时，才需要用积累的折旧基金一次买进新的劳动手段，完成固定资本的物质补偿。

马克思主义经济危机整体论的流通过程体系和视角的社会总资本再生产理论，对于固定资本价值补偿的渐次进行时的只卖不买，和实物补偿的一次完成时的只买不卖的矛盾，是这样解决的：把资本家阶级分为两个集团，一部分资本家提取折旧积累货币，另一部分资本家进行实物更新，购进新的劳动手段。

对前一部分资本家来说，他们的固定资本还在继续发挥职能，同全部实行更新多少还有些距离，不需要用同一种新的物品来补偿，而它的价值要相继以货币形式积累起来。对后一部分资本家来说，固定资本已经到了必须全部用实物更新的期限，需要把通过折旧积累起来的货币资本再预付到流通中去。

固定资本的补偿要求上述两类处于不同补偿阶段的固定资本不仅在时间上必须互相衔接，而且在数量上必须互相平衡。这是固定资本的补偿得以顺利进行的必要条件。马克思主义经济危机整体论的流通过程体系和视角的社会总资本再生产理论指出，在社会总资本中，固定资本每年要用实物更新的部分，应等于每年要用货币来补偿的损耗部分。但是，在资本主义社会中，平衡只是一种偶然现象。在简单再生产范围内，假定其他条件不变，如果需要从实物形态上进行替换更新的固定资本总额，与只在货币形态上补偿的固定资本当年磨损价值总额不平衡的话，就会发生种种引发经济危机的情况。

一种情况是，需要从实物上进行更新的固定资本总额超过了只在货币形态上进行补偿的固定资本当年磨损总额；这时，投入市场购买劳动手段的货币，就会大于为提取货币折旧而投入市场的商品数额。在这种情况下，市场上就会发生货币过多而商品不足的现象。商品不足可以是直接地发生在劳动手段上，也可以是间接地发生在流动资本物质要素即劳动对象上，以及发生在消费资料上。整个说来是购买力过剩而商品不足。

另一种情况则相反，需要从货币形态上补偿的固定资本磨损价值，大于需要从实物形态上进行更新替换的固定资本总额；这时，为取得货币折旧而投入市场的商品额，就会大于为取得劳动手段来更新固定资本而投入市场的货币。在这种情况下，会发生商品过剩而货币不足的现象。商品过剩可以直接地发生在劳动手段上，也可以间接地发生在劳动对象和消费资料上。总之是购买力不足而生产过剩。在资本主义制度下，这种生产过剩是引起经济危机的"无政府状态的一个要素"①，是一种"祸害"②。

三　积累和扩大再生产及其经济危机隐患

正如前边提到的，简单再生产是扩大再生产的基础和出发点，扩大再生产是简单再生产的实现和发展，简单再生产只是一个抽象，积累和扩大再生产是资本主义生产的实际。按照由抽象到具体的叙述方法，马克思主义经济危机整体论的流通过程体系和视角的社会总资本再生产理论，在分析社会资本简单再生产的基础上分析社会资本的扩大再生产，在更加具体的形式上阐述资本主义再生产及其经济危机隐患。

（一）社会总资本再生产中的积累问题

在资本主义经济中，积累的本来意义是指剩余价值的资本化，即把剩余价值的一部分再转化为资本。无论是在个别资本的再生产中，还是在社会总资本的再生产中，工人创造的剩余价值都是积累的源泉。

在当代市场经济中，代表剩余产品那一部分价值，最初体现在企业的纯收入（销售总收入扣除原料、材料、燃料、折旧和工资等成本费），即企业赢利中。在其他条件相等时，企业的赢利越多，积累的可能性就越大。所以，要增加积累，首先必须增产节约，不断增加企业的总收入和纯收入，增加企业赢利。这是增加积累的根本途径。离开了增产节约，离开了增加企业赢利，只从分配和再分配上打主意、单纯为追究更大剩余价值去

---

① ［德］马克思：《资本论》第 2 卷，人民出版社 1975 年版，第 527 页。

② 同上书，第 526 页。

扩大积累，势必会挤压当前生产和人民消费，把国民经济引导到邪路上去。

在积累时，首先就要考察积累率。在资本主义经济中，资本家从工人身上无偿榨取的剩余价值（m），一部分用于个人消费，用 $\frac{m}{x}$ 表示，另一部分则转化为资本，等于 m - $\frac{m}{x}$。后者又分为两个部分：一部分用于不变资本的积累，用 $\frac{m}{y}$ 表示，一部分用于可变资本的积累，用 $\frac{m}{z}$ 表示。在《资本论》中，积累率是指资本化的剩余价值在全部剩余价值中所占的比重，即：

$$\frac{m - \frac{m}{x}}{m} = \frac{\frac{m}{y} + \frac{m}{z}}{m}$$

在当代市场经济中，用上述公式表示的积累率，对于考察剩余产品价值的分配和再分配，仍具有重要的理论意义。一般来说，$\frac{m}{x}$ 可以用于不只代表资本家的消费，而是非生产领域的消费；$\frac{m}{y}$ 可以不只用于代表不变资本的积累，而是追加生产资料的积累；$\frac{m}{z}$ 可以不只用于代表可变资本的积累，而是追加劳动者所需消费资料的积累。

马克思主义经济危机整体论的流通过程体系和视角社会总资本再生产理论所论述的积累源泉和积累率思想，在实际经济工作中的意义十分重大，但现在国家层面一般使用的积累率和《资本论》中讲的积累率有所不同，它指的是积累基金占国民收入或国民收入使用总额的比重，用公式表示为：

$$积累率 = \frac{积累基金}{国民收入} = \frac{m - \frac{m}{x}}{v + m}$$

这样计算的积累率对于在国家层面观察和安排积累和消费的比例，及其与预防经济危机的关系，有着重要的指导作用。国家确定积累率时，要瞻前顾后，把目前利益和长远利益结合起来。要把保证原有人口和新增人口当前消费水平不降低作为积累的最高限，把新增劳动人口的就业所需平均资金装备作为积累的最低限。要从各个时期的具体情况出发，在上述积累的最高限和最低限之间确定一个适度的积累率，以保证从长期累计来看的最优速度和最大的人民消费。如果违背这个原则，特别是长期提高积累率，就会造成基本建设战线过长，生产资料供应紧张，人民消费水平不能提高甚至降低，最终导致经济危机的爆发。

积累率的高低，受到社会产品和国民收入实物构成的制约。马克思说："要积累，就必须把一部分剩余产品转化为资本。但是如果不是出现了奇迹，能够转化为资本的，只是在劳动过程中可使用的物品，即生产资料，以及工人用以维持自身的物品，即生活资料。"① 现实的积累必须由生产资料和生活资料构成这一原理，对于当代市场经济预防经济危机有着重要的意义。

由于积累基金主要由生产资料构成，而消费基金则全部由消费资料构成，在其他条件相同时，第 I 部类产品的比重过大，积累率就不可能很低。如果积累率偏高，同两大部类的生产比例不合理，生产资料生产的比重就会过大。这正是资本主义制度下的通常情况，因为资本家为了追求剩余价值，总会尽量压低工人工资，把资本投到归自己所有的生产资料上，扩大积累率，这也就使得经济危机的隐患总会存在。

社会生产两大部类的比例制约着积累和消费的比例以及积累基金的实物构成；反过来，积累的规模，特别是积累基金的使用方向和构成，又直接影响着社会生产两大部类和各个生产部门的发展比例。马克思指出："有些事业在较长时间内取走劳动力和生产资料，而在这个时间内不提供任何有效用的产品；而另一些生产部门不仅在一年间不断地或者多次地取走劳动力和生产资料，而且也提供生活资料和生产资料。在社会公有的生产的基础上，必须确定前者按什么规模进行，才不致有损于后者。"② 这句话原来是对具有不同周转时间的事业来说的，但也适用于不同产业部门的投资。因为有些产业部门的发展需要资本多，占用资金时间长而收效较慢；另一些产业部门则需要资本少，占用时间短而发挥资本效益较快。资本家极力压低工人生活费用，过度加大生产资料投资，就会导致在前一类产业的投资太多，后一类产业的投资太少，爆发经济危机。

（二）扩大再生产的实现条件

马克思主义经济危机整体论的流通过程体系和视角社会总资本再生产理论，用图式来考察扩大再生产的实现条件（即平衡条件）时，举了下面

---

① ［德］马克思：《资本论》第 1 卷，人民出版社 1975 年版，第 637 页。
② ［德］马克思：《资本论》第 2 卷，人民出版社 1975 年版，第 396—397 页。

两个例子：

第一例：

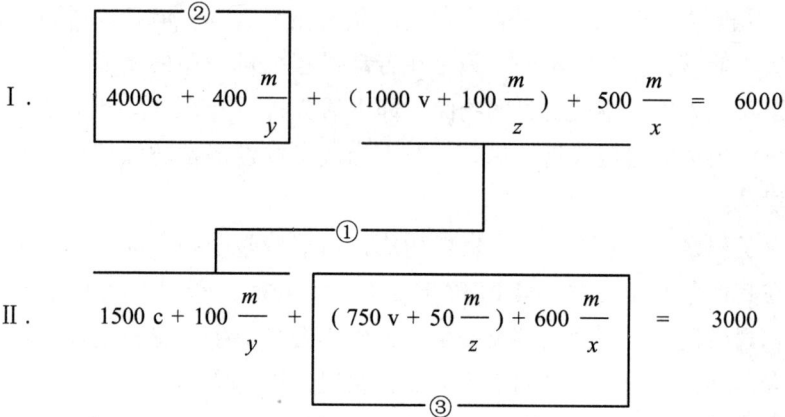

$$I. \quad \boxed{4000c + 400\frac{m}{y}} + (1000v + 100\frac{m}{z}) + 500\frac{m}{x} = 6000$$

$$II. \quad 1500c + 100\frac{m}{y} + (750v + 50\frac{m}{z}) + 600\frac{m}{x} = 3000$$

第二例：

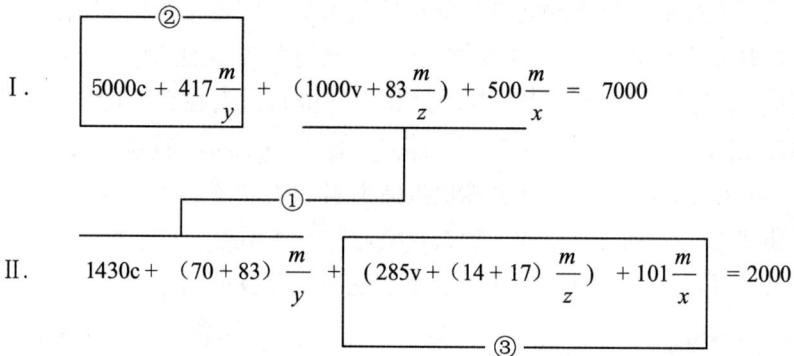

$$I. \quad \boxed{5000c + 417\frac{m}{y}} + (1000v + 83\frac{m}{z}) + 500\frac{m}{x} = 7000$$

$$II. \quad 1430c + (70+83)\frac{m}{y} + (285v + (14+17)\frac{m}{z}) + 101\frac{m}{x} = 2000$$

在这两个图式中，①表示两大部类之间的交换，②表示第 I 部类内部的交换，③表示第 II 部类内部的交换。根据马克思主义经济危机整体论的流通过程体系和视角社会总资本再生产理论的分析，在扩大再生产的情况下，两大部类之间必须保持这样的关系：

$$I(v+m) > IIc$$

即第 I 部类产品中的可变资本价值和剩余价值之和必须大于第 II 部类产品中的不变资本价值，其多余部分可以用来作为两大部类不变资本的积累，以便进行扩大再生产。这是以不等式表现出来的扩大再生产的实现条件。根据上面列举的马克思主义经济危机整体论的流通过程体系和视角社会总资本再生产理论扩大再生产图式的两个例子，可以把这个用不等式来表现的扩大再生产的实现条件，改用如下的平衡关系式来表示：

$$I\left(v + \frac{m}{z} + \frac{m}{x}\right) = II\left(c + \frac{m}{y}\right) \cdots\cdots（第一式）$$

即第 I 部类产品中的可变资本价值和追加可变资本价值加上该部类资本家消费的剩余价值三者之和，等于第 II 部类产品中的不变资本价值和追加不变资本价值之和；双方所体现的产品必须互相交换。在第一例中是 $I\left(1000v + 100\frac{m}{z} + 500\frac{m}{x}\right) = II\left(1500c + 100\frac{m}{y}\right)$，表示价值为 1600 的生产资料必须和价值为 1600 的消费资料相交换。在第二例中是 $I(1000v + 83\frac{m}{z} + 500\frac{m}{x}) = II\left[1430c + (70+83)\frac{m}{y}\right]$，表示价值为 1583 的生产资料必须和价值为 1583 的消费资料相交换。

如同在分析简单再生产图式时看到的那样，上述扩大再生产情况下两大部类交换平衡式的两端都是价值和使用价值的统一，都可以从价值和使用价值、需求和供给两个方面来分析。从价值上看，左端是第 I 部类在扩大再生产情况下对消费资料提出的购买需求，其中包括劳动者的工资支出（v），资本家的个人消费支出（$\frac{m}{x}$），以及追加可变资本支出，它转化为追加劳动者的工资支出（$\frac{m}{z}$）。平衡式的右端反映了扩大再生产情况下，第 II 部类对生产资料提出的购买需求，其中包括补偿不变资本的需求（c）和追加不变资本的需求（$\frac{m}{y}$）。从使用价值上看，公式的左端表现为在扩大再生产的情况下，第 I 部类能够向第 II 部类提供的生产资料，右端表现为第 II 部类能够向第 I 部类提供的消费资料。通过交换，上述需求都得到满足，两大部类互相提供的产品也得到实现。

从以上分析可以看出，扩大再生产的这个实现条件公式，反映了两大部类之间互相提出需求、互相供给产品，因而互为市场、互为条件、互相制约的关系；说明了两大部类中任何一个部类的扩大再生产，都离不开另一个部类，都要以另一个部类提供追加的物质资料为条件，否则，扩大再生产就不能顺利进行。

上述 I $(v + \dfrac{m}{z} + \dfrac{m}{x})$ = II $(c + \dfrac{m}{y})$ 公式表现了扩大再生产的基本平衡条件，即两大部类之间的平衡和比例关系。从这个公式中还可以推导出其他许多公式，它们反映了扩大再生产的各种平衡和比例关系，其中最主要的有两个（即下面的第二式和第三式），它们是在基本平衡式（即第一式）的两端分别加上第 I 部类内部和第 II 部类内部交换的部分而得到的。

给第一式的两端分别加上扩大再生产条件下在第 I 部类内部交换的部分 I $(c + \dfrac{m}{y})$，就得到扩大再生产情况下，第 I 部类产品实现的平衡条件式：

I $(c + v + m)$ = I $(c + \dfrac{m}{y})$ + II $(c + \dfrac{m}{y})$ ……（第二式）

即第 I 部类产品的价值必须等于两大部类不变资本的补偿价值和两大部类不变资本的积累价值。在上述第一例中是 I （4000c + 1000v + 1000m） = I （4000c + 400 $\dfrac{m}{y}$）+ II （1500c + 100 $\dfrac{m}{y}$），其中 I （4000c + 400 $\dfrac{m}{y}$）通过第 I 部类内部的交换而实现。在第二例中是 I （5000c + 1000v + 1000m） = I （5000c + 417 $\dfrac{m}{y}$）+ II ［1430c + （70 + 83）$\dfrac{m}{y}$］，其中 I （5000c + 417 $\dfrac{m}{y}$）通过第 I 部类内部的交换而实现。通过交换，第 I 部类产品全部得以卖出，两大部类生产上消耗的不变资本得以补偿，其扩大再生产所需追加的不变资本物质要素得以买进，扩大再生产所需全部生产资料已经具备。

如果第 I 部类产品大于两大部类不变资本补偿和积累的需求，就会出现生产过剩，第 I 部类产品的一部分就不能实现。相反，如果第 I 部类产品小于两大部类不变资本补偿和积累的需求，就会出现生产不足，两大部类对生产资料的需求就不能完全满足。在这两种情况下，扩大再生产都难以正常进行，都有可能引发经济危机。

给第一式两端分别加上扩大再生产条件下第 II 部类内部交换的部分 II $(v + \dfrac{m}{z} + \dfrac{m}{x})$，就得到扩大再生产条件下，第 II 部类产品实现的平衡条件式：

$$II（c+v+m）=I（v+\frac{m}{z}+\frac{m}{x}）+II（v+\frac{m}{z}+\frac{m}{x}）\cdots\cdots（第三式）$$

即第 II 部类产品价值必须等于两大部类可变资本补偿价值和追加可变资本价值以及全体资本家消费的剩余价值。在上述第一例中是 II（1500c+750v+750m）=I（1000v+100$\frac{m}{z}$+500$\frac{m}{x}$）+II（750v+50$\frac{m}{z}$+600$\frac{m}{x}$），其中 II（750v+50$\frac{m}{z}$+600$\frac{m}{x}$）通过第 II 部类内部交换而实现。在第二例中是 II（1430c+285v+285m）=I（1000v+83$\frac{m}{z}$+500$\frac{m}{x}$）+II［285v+（14+17）$\frac{m}{z}$+101$\frac{m}{x}$］，其中 II［285v+（14+17）$\frac{m}{z}$+101$\frac{m}{x}$］通过第 II 部类内部交换而实现。通过交换，第 II 部类产品全部得以卖出，两大部类原有工人和新增工人以及整个资本家阶级的全部消费需求得以满足，整个扩大再生产所需全部消费资料均已具备。如果第 II 部类产品大于两大部类工人（包括原有工人和新增工人）和资本家的消费需求，就会出现第 II 部类生产过剩，使得一部分消费资料不能实现；相反，如果第 II 部类产品小于两大部类工人（包括原有工人和新增工人）和资本家的消费需求，就会出现消费资料生产不足，两大阶级的消费需求就不能完全满足。在这两种情况下，扩大再生产也难以顺利进行，可能引发经济危机。

第 四 章

马克思主义经济危机整体论的
总过程体系和视角

第一节　总过程体系和视角的作用和意义

马克思主义经济危机整体论的总过程体系和视角，是马克思主义经济危机整体论体系和视角中最接近资本主义经济运行表面的部分，也是直接研究经济危机问题最多的部分，是由《资本论》第三卷建立的。《资本论》第三卷的标题是资本主义生产的总过程，这就是说，总过程体系和视角的研究对象，是生产过程、流通过程和分配过程三者的统一，具有其独特的作用和意义。

资本主义生产总过程，也是资本主义社会再生产的总过程。它既是前一次生产过程的结束，又是下次生产过程的开始。这里不是重点研究再生产的直接生产过程，也不是重点研究再生产的实现过程，而是要重点研究再生产过程的结果，各种资本形式分配剩余价值的结果。这种剩余价值的分配又是现实资本再生产的条件。因为如果各部门的资本或各资本集团不能按资本主义商品经济运行的规律瓜分到一定量的剩余价值的话，就会发生资本（或生产要素）的转移和投资中止，从而影响再生产，导致经济危机。

所以马克思说："从长期来看生产价格是供给的条件，是每个特殊生产部门商品再生产的条件。"[①] "利润不是表现为产品分配的主要因素，而是表现为产品生产本身的主要要素，即资本和劳动本身在不同生产部门之

---

① ［德］马克思：《资本论》第3卷，人民出版社1975年版，第221页。

间分配的因素。"① 从剩余价值分配的终点引出社会再生产继续进行的起点，又从起点到终点，它既是社会再生产不断重复的过程，同时也是现实的资本主义生产总过程。对于这个总过程的研究，"将阐明马克思对资本主义基础上的社会再生产过程的研究的最终结论"②。

马克思主义经济危机整体论的总过程体系和视角所研究的资本主义生产总过程，不是个别资本的运动过程，也不是某一种资本运动的总过程，而是社会各种资本形式运动的总过程。所以，它与流通过程体系和视角所研究的社会总资本的运动又是不同的，流通过程体系和视角所研究的社会总资本的运动，还仅仅是产业资本即资本的一种形式的总资本的运动，而总过程体系和视角研究的是社会总资本的各种形式，包括产业资本、商业资本、生息资本等各种资本形式的总运动过程。

正如马克思所说，资本主义运动总过程是"揭示和说明资本运动过程作为整体考察时所产生的各种具体形式"③。这些具体形式主要包括以下几个方面：

第一，资本的各种具体形式，包括产业资本（即任何按资本主义方式经营的生产部门的资本，如工业、农业、建筑业、交通运输业，等等）、商业资本（即流通领域发生职能的资本，包括商品经营资本和货币经营资本）、生息资本（为获取利息而贷给别人使用的资本）。除这些具体形式外，还有更具体的高利贷资本（以贷放货币或实物方式获取高利的资本）、借贷资本（为获得利息而暂时贷给职能资本家使用的货币资本）、银行资本（进行银行业务带来银行利润的资本）、虚拟资本（以有价证券形式存在并能给持有者带来一定收入的资本），等等。

第二，剩余价值的各种具体形式，例如，产业利润（物质生产部门的资本家所获取的利润）、商业利润（即以平均利润形式归商业资本家的一部分剩余价值）、利息（系指借款人因借款而支付给贷款人的报酬，它是平均利润的一部分）、企业主收入（平均利润减去利息的余额，也就是产业利润和商业利润的总和）和地租（即土地所有权在经济上的实现形式，是超过平均利润以上的余额）等。

---

① ［德］马克思：《资本论》第 3 卷，人民出版社 1975 年版，第 998 页。
② ［德］恩格斯：《资本论》第 2 卷，人民出版社 1975 年版，第 25 页。
③ ［德］马克思：《资本论》第 3 卷，人民出版社 1975 年版，第 29 页。

第三，价值的各种具体形式，例如社会价值（即社会必要劳动时间决定的价值）、个别价值（个别劳动时间决定的价值）、平均价值（社会平均劳动时间决定的价值）、市场价值（不同的个别价值，必须平均化为一个社会价值，即上述市场价值）、名义价值（即对商品价格实行名义上的加价）、虚假的社会价值（即农产品社会价值总和与个别价值总和的差额），等等。

第四，价格的各种具体形式，例如生产价格（价值的转化形式，等于成本价格加平均利润）、市场价格（即价值的货币表现形式）、资本价格（即利息的不合理形式）、股票和证券价格、土地价格（即资本化的地租），等等。

第五，阶级矛盾的各种具体形式。在资本主义生产总过程中，阶级关系也更复杂了。马克思主义经济危机整体论的生产过程和流通过程体系和视角，主要分析了产业资本家和雇佣工人的矛盾。马克思主义经济危机整体论的总过程体系和视角则分析了整个工人阶级和整个资产阶级的矛盾。并在这个主要矛盾基础上，分析了产业资本家之间，产业资本家、商业资本家、生息资本家、农业资本家以及土地所有者之间的矛盾，即剥削阶级内部的矛盾。在资本主义社会，工人阶级和资产阶级之间的矛盾是主要矛盾，资产阶级各个剥削集团内部的矛盾是次要矛盾，它们都是导致经济危机的重要原因。

马克思主义经济危机整体论的总过程体系和视角的中心，是阐述剩余价值的分配规律。资本主义生产总过程的实质是剩余价值的生产、实现和分配的过程，而剩余价值的生产和实现主要是由生产和流通过程体系和视角分别分析的，现在总过程体系和视角则要着重分析剩余价值的分配过程。通过分析剩余价值的分配说明资本主义实现再生产和流通所必需的条件，从而在总体上揭示资本主义生产关系的本质和经济危机的根源。

从阶级关系来看，资产阶级和工人阶级的矛盾，其实质是资产阶级榨取整个工人阶级生产的剩余价值，从资产阶级各个剥削集团的内部矛盾来看，其实质就是他们之间怎样来瓜分工人阶级生产的剩余价值。马克思主义经济危机整体论的总过程体系和视角主要表明了后者的瓜分形式：第一，通过利润率的平均化首先在产业资本家内部进行瓜分；第二，商业资本家以商业利润形式参与瓜分；第三，借贷资本家以利息形式参与瓜分；第四，土地所有者凭借土地所有权以地租形式参与瓜分。

剩余价值分配理论从另一个角度看，又是剩余价值转化形式的理论。在马克思主义经济危机整体论的生产过程和流通过程体系和视角中，已经在本质形态上对剩余价值作了考察，而在这里，则要在它所表现出来的利润等的形态上来加以研究，这就是马克思主义经济危机整体论的总过程体系和视角要讲的新东西。马克思通过从利润分离出剩余价值，解开了资本的秘密：在生产过程和流通过程体系和视角里，从剩余价值形态上叙述了资本的本质的运动规律。正如不仅从交换价值分离出价值，而且从这样得出来的价值概念再回到价值形态上去，把它作为价值的必然的现象形态作了说明那样，在总过程体系和视角里，也回到它的具体的利润等形态上来说明它，而且是把它作为剩余价值的必然的现象形态来加以说明。

就是说，在资本主义生产方式下，劳动力的价值表现为劳动的价格，资本家所关心的，不是劳动为商品付出了什么，而只是他自己为商品所付出去的东西，只是作为这种东西同商品价格之间的差额这个赚头。正如不变资本与可变资本的区别被淹没在固定资本与流动资本的区别下那样，商品价值和剩余价值的区别被淹没在成本价格和利润的区别下，剩余价值只能表现为利润。在利润形态上来考察剩余价值是马克思主义经济危机整体论的总过程体系和视角的任务之一。在生产过程体系和视角里，考察了资本的剩余价值生产这个侧面，为生产而生产这个侧面；在流通过程体系和视角里，考察了资本的剩余价值生产必须为消费而生产的需要，生产与流通的统一这个侧面；在总过程体系和视角里，两个侧面统一起来，考察了导致经济危机的资本主义生产的矛盾。

在马克思主义经济危机整体论的总过程体系和视角中，作为资本主义生产的刺激因素和积累条件的利润率，是由资本的有机构成规定的，而有机构成本身随着资本主义生产及其积累的发展必然要提高，但同时利润率也必然要下降。当然，利润率不是利润量的唯一规定者，但另一个规定者，即生产规模的扩大和生产力的发展（这是补充减少了的利润量的手段），会重新带来利润率的下降，并且很快就会失去作为补充减少了的利润量的手段的意义。一方面作为使资本价值增加的手段的生产力的发展，它在另一方面又使资本价值不断减少，这就表明：为了达到目的的手段本身转化为阻碍达到目的的手段；这样就在资本的本性本身中证明了：资本主义生产不是生产的绝对形式，而只不过是一个历史的形态而已。

马克思主义经济危机整体论总过程体系和视角还阐明了：剩余价值的

生产，意味着作为它的前提的生产与消费的相适应和各生产部门间的相适应本身不断遭到破坏，剥削与实现剥削的条件互相矛盾。关于这一点，可以回顾一下马克思主义经济危机整体论流通过程体系和视角所做的事情。在马克思主义经济危机整体论流通过程体系和视角里，是在最单纯的形态上对经历着货币资本、生产资本和商品资本这三个阶段的资本循环作了考察，简单说，即对生产与流通的对立统一作了考察，表明了生产与流通这两个领域的统一所需要的条件，或者说，表明了这两个领域无论有什么波折，最后总要统一起来这个现实的规律性。这里仅仅表述了生产面与流通面相互制约的侧面。这显然是仅仅考察了"现实的对立"的统一的一个侧面，即抽象的对立。

同时，马克思主义经济危机整体论流通过程体系和视角的主题展开的最充分的地方是其再生产图式，那里所考察的也是社会总资本的（再）生产与流通的统一条件，或者说考察了这样一个侧面：即资本主义生产过程，无论有什么波折，作为一种社会的生产，是服从社会生产的永恒的自然规律的。这不外是说明，不仅商品价值的种种组成部分是互为补充的，而且社会总生产必须严格地与社会总消费相适应，消费资料生产部门与生产资料生产部门必须互相适应，说明了它们之间互相制约、互为前提的关系。由于这并不是反映资本的矛盾的，所以当然也不是表明它的具体发展规律的，而是表明了资本的运动借以进行的一个条件。因此，不能从马克思主义经济危机整体论流通过程体系和视角直接引出利润率下降的规律来。

有人认为，利润率下降的规律，是研究资本主义积累规律、有机构成提高规律的必然归结，所以可以直接从马克思主义经济危机整体论生产过程体系和视角引出利润率下降的规律。诚然，利润率下降规律只是积累规律的另一种表现，只要有了积累规律和利润、平均利润的概念，就可以归结出利润率的必然下降。但是，利润率下降的规律所说的还不止这一些，它的本性在于：要从资本主义生产方式更深的根底来为它奠定基础，也就是要通过剩余价值生产、为生产而生产这个资本的目的是同与它密不可分地结合着的生产和消费、生产的各个部门之间的统一的根本对立的理论来奠定基础。可是，在马克思主义经济危机整体论生产过程体系和视角里，这后一个侧面，仅仅限于假定而已，还没有被阐明。

所以，利润率下降的规律不能仅仅从马克思主义经济危机整体论生产过程体系和视角引出来，而是要把生产过程体系和视角与流通生产过程体系和视角合起来，阐明为生产而生产是以为消费而生产为条件之后，才能讲利润率下降规律。阐明这个矛盾的辩证法的过渡，不同于把前面考察过的东西连续地、一条线地叙述下来的那种形式，而是两条线、两条水流汇合为一个。

在马克思主义经济危机整体论总过程体系和视角里，利润在一般的形态上，实质上和剩余价值是同一个东西，因此，这两个范畴所反映的客观事物本身也是同一个东西，也就是资本家阶级一般与劳动者阶级一般的一般剥削关系。两者的不同，不外一个是从它的本质上讲的，另一个是从它的现象形态而且是虚假的现象形态上讲的。所以，从剩余价值向利润一般的转化，如同从商品的概念转到商品的神物性（拜物教性质）的说明，或者从劳动力的价值转到工资的概念的情形是一样的。就是说，是从本质向它的假象转化。

马克思主义经济危机整体论总过程体系和视角研究了平均利润，这也是其生产过程和流通过程体系和视角里没有研究过的。资本的有机构成概念虽然在生产过程体系和视角里已经给定了，但在那里并没有考虑各个个别产业部门的有机构成的高或低，而是把整个产业部门看作一个部门、作了一般的考察。而在总过程体系和视角里则考虑到每一个平均的有机构成有所不同的各部门，考虑到它们之间的资本的竞争和转移，说明了利润必然要平均化。从而在这里，平均利润同剩余价值实质上就有区别了。客观上不仅是资本家阶级同劳动者阶级的一般关系，同时，资本家相互间的一定关系、他们的兄弟关系也反映在平均利润这个范畴上。这就是平均利润与利润一般的区别。

利润一般这个概念，是这样一个抽象的利润理论：它是把整个产业部门看作具有一个（同样的）资本有机构成的一个个别的产业部门的；或者说，是把个别产业部门孤立地来处理，舍象了部门间的竞争来考察的；或者正如当作一般的东西的价值，是当作具有中等生产条件的经营（商品生产者）所生产的商品的个别价值而存在的那样，是就各个个别产业部门中具有中等有机构成的个别部门来考察的。所以，利润一般这个概念的一般性，是当作个别的东西的一般性。而平均利润，则是考虑到有机构成的不同这种仅仅具有量的区别的许多个别产业部门，考虑到这些部门之间的资本的竞争和转移的利润理论，是考察了个别的东西的联结的理论。从而，这显然是从个别的东西本身向个别的东西的联结前进的辩证的转化。

马克思主义经济危机整体论总过程体系和视角还有对商业资本、生息资本和现代土地所有制的研究，这是运用从抽象到具体的科学方法来展开对这些范畴并加以合理说明的过程。但反过来，通过这个说明过程同时又阐明了资本一般的概念实际上是资本的一个特殊形态的资本的概念，并且还阐明了商业资本、生息资本和现代土地所有制及其地租与资本一般概念的联系，因此也是资本概念成为完全用自己的双脚站起来的全面概念的过程。

马克思主义经济危机整体论总过程体系和视角主要澄清的不是剩余价值的来源问题，这个问题在其生产过程体系和视角里已经解决了。总过程体系和视角要表明的是，统治阶级的各个特定部分如何参与生产性雇佣劳动所生产的剩余价值总量的分配，以及这些特定的经济范畴是如何得到调节的。他的调查研究基本上涉及四个统治阶级集团：工业资本家、商业资本家、银行家、资本主义的土地所有者。因此，在总过程体系和视角内出现了五个收入范畴：工资、工业利润、商业（和银行业）利润、利息和地租。这些范畴又被总过程体系和视角进一步组合为三个基本范畴，工资、利润和地租。

但是，为了分析剩余价值总量所分割成的各个不同部分，必须采取一系列的中间步骤。必须把利润率当作一个单独的分析范畴与剩余价值率区别开来，并且确认影响利润率的各个不同因素。必须发现各个资本之间利润率平均化的趋势，而不管它们各自的可变资本，即它们使用的生产性雇佣劳动所生产的剩余价值量如何。从这两个概念革新中引出了导致经济危机的重要现象：平均利润率的下降趋势。

马克思主义经济危机整体论总过程体系和视角从剩余价值一般中引申出了利润一般之后，接着表明利润自身如何分割为企业主利润（不管它处于工业、运输业或商业中）和利息，即剩余价值中归占有货币资本并把它借给企业家的资本家所有的部分。最后，在所有企业家和货币借贷者之间分割的剩余价值总量因引入超额利润的范畴（即不参与利润率平均化的一般运动的剩余价值）而减少。对这种超额利润能够产生的原因，仅就一种特殊场合即地租的场合，进行了详细研究。但是，总过程体系和视角清楚地表明，地租只是更一般的现象的特殊场合。因此，可以说，总过程体系和视角也讨论了垄断产生超额利润的更一般的问题。总过程体系和视角在其超额利润理论中，预先阐明了当代关于垄断价格和垄断利润的基本理论。在垄断价格和垄断利润产生的来源问题上，马克思的论述比大多数西方经济学家要清楚得多。后者在整个 20 世纪都企图弄清楚垄断的秘密。

　　一旦把马克思主义经济危机整体论总过程体系和视角，同其生产过程和流通过程体系和视角合并在一起，马克思主义经济危机整体论的基本逻辑就庄严宏伟地展现在我们面前。总过程体系和视角所讲的内容，就是日常呈现在我们眼前的实际现象，包括了资产阶级相互间你死我活地争取利润的活动，生产过程和流通过程体系和视角则基本上是从隐伏在它们背后的本质关系去进行分析。许多从本质关系出发，暂时舍象去的因素，在总过程体系和视角中都要加入考虑。在这种由本质到现象，由简单到复杂的分析中，总过程体系和视角先研究了由剩余价值到利润的转化，由剩余价值率到利润率的转化、利润率平均化、一般利润率下降的过程，商品价值到生产价格的转化过程，然后再分别研究各种具体资本形态，看它们是怎样依照一般的资本运动规律而展开瓜分剩余价值——利润的活动。这些论述表明在这样的资本主义商品生产的各种内在矛盾的作用下，不可能具有使商品价值顺利实现的条件，经济危机的本质根源也就被彻底揭露出来了。

第二节　利润和价格理论

　　从马克思主义经济危机整体论总过程体系和视角可以看到，经济危机是同生产过程历史规定的特殊社会形式以及人们在生产过程中所形成的相互关系相联系的，并且是由这些形式和关系产生的。资本主义经济关系是以雇佣劳动与资本关系为轴心的，这一经济关系的本质表现是价值和剩余价值，但它们会在社会表面上转化为价格、利润和地租等，从而会模糊经济危机产生的深层原因。所以，在马克思主义经济危机整体论生产过程和流通过程体系和视角揭示了资本主义经济关系的本质以后，还很有必要用总过程体系和视角分析它们的各种转化形式。

一　剩余价值转化为利润及其隐藏的经济危机原因

　　资本主义企业生产的商品的价值（W）包括三个部分：不变资本的价值（c）、可变资本的价值（v）和剩余价值（m）。用公式表示就是：

W = c + v + m。这是按劳动耗费计算的生产商品的实际耗费，即它包括物化劳动耗费（c）和活劳动耗费（v + m）两个部分。但是，商品生产中实际耗费的劳动量，同资本家在生产商品时所耗费的费用是两个完全不同的量。

对于资本家来说，生产商品所耗费的只是他的资本价值（c + v），剩余价值（m）是资本家无偿获得的。因此，c + v 构成商品的生产成本或成本价格，用 K 表示。由于商品价值中的 c + v 转化为成本价格，商品价值就等于成本价格与剩余价值之和，用公式表示为：W = K + m。显然，成本价格小于商品的价值，两者之间的差额为剩余价值。

成本价格这一范畴抹杀了不变资本和可变资本之间的区别，掩盖了它们在价值增值过程中的不同作用。剩余价值的源泉是可变资本，但当不变资本和可变资本被归结为成本价格这一范畴时，剩余价值就被看作是商品价值在成本以上的增加额，即资本家所费资本的产物。不仅如此，对资本家来说，剩余价值不仅是作为成本所消耗资本的一个增加额，而且是资本家全部预付资本的一个增加额。

因为预付资本中未被消耗的那部分不变资本虽然不构成成本，但同样参加了商品生产过程，同样也是剩余价值生产不可缺少的物质因素，因而也被看作是剩余价值的源泉。当不把剩余价值看作是雇佣工人剩余劳动的产物，而是把它看作是全部预付资本的产物或增加额时，剩余价值便转化为利润。这样，商品价值就等于成本价格加利润。如果用 p 表示利润，则商品价值的公式就从 W = c + v + m = K + m，进一步变为 W = K + p。利润本质上就是剩余价值，但在现象上表现为全部预付资本的产物，因此，剩余价值转化为利润也掩盖了导致经济危机的资本主义剥削关系。

剩余价值与全部预付资本的比率叫利润率。利润率是剩余价值率的转化形式，是同一剩余价值量用不同的方法计算出来的另一种比率。剩余价值率是剩余价值与可变资本的比率，而利润率则是剩余价值与全部预付资本的比率。用 p′ 代表利润率，C 代表全部预付资本，利润率 p′ = m/C。剩余价值率与利润率是两个完全不同的范畴，剩余价值率揭示的是资本家对工人的剥削程度，而利润率是表示全部预付资本的增值程度。由于全部预付资本总是大于可变资本，因此利润率在量上也总是小于剩余价值率，它掩盖了资本家对雇佣工人的剥削程度，也掩盖了资本主义基本矛盾导致经济危机的程度。

资本主义生产的目的就是以最小的预付资本取得最大限度的利润。如果资本量一定，利润的大小就取决于利润率的高低。影响利润率变动的因素主要有以下几个，这些因素在资本主义基本矛盾的作用下都会成为引发经济危机的原因。

（1）剩余价值率。在预付资本量和资本有机构成不变的条件下，利润率与剩余价值率成正比例变化。剩余价值率越高，利润率就越高。如果资本家为追求高利润率，不断加深对工人阶级的剥削压迫，加剧社会的贫富两极分化，就会引发经济危机。

（2）资本的有机构成，即不变资本与可变资本的比例（c∶v）。在剩余价值率和劳动力价值不变的条件下，利润率与资本有机构成成反比例变化。资本有机构成越低，同量资本所使用的劳动力越多，创造的剩余价值也就越多，从而利润率也就越高。如果资本家为追求高利润率，在不断以压低工人劳动收入为手段提高资本有机构成，就会加深不断扩大的社会生产力与市场可容纳的消费力的矛盾，引发经济危机。

（3）资本周转速度。在其他条件不变时，在一年中资本周转的次数越多，其中可变资本周转次数也就越多，同量资本所带来的剩余价值量就越大，这就会提高资本的年剩余价值率，从而提高它的年利润率。如果资本家为追求高利润率，为缩短资本周转周期，过多投资于虚拟资本项目或可在短期赢利的项目，就会造成实体资本和长期资本项目投资不足，社会各部门间投资比例失调，引发经济危机。

（4）不变资本的节省状况。在剩余价值率和剩余价值量不变的情况下，利润率的高低和不变资本的节省成正比例变化。不变资本越节省，预付资本也就越少，同量的剩余价值与较少量的预付资本相比，利润率就越高。因此，如果资本家总是不惜牺牲劳动者的健康来节省劳动条件的开支，借以节省不变资本，提高利润率，就有可能造成可用于不变资本的生产资料生产过剩，机器原料供过于求，引发经济危机。

二　利润转化为平均利润及其隐藏的经济危机原因

从影响利润率的各种因素来考察各个生产部门的利润率，可以认为，在不同的生产部门中，如果剩余价值率相同，由于资本有机构成和资本周转速度不同，利润率高低也应不同。那些资本有机构成低或资本周转速度快的生产部门，利润率比较高，反之则较低。即同量资本由于投在不同的生产部门而有不同的利润率，获得数量不等的利润。在资本主义发展的早期阶段，不同部门的利润率高低差别确实存在。

但是随着资本主义生产发展到较高阶段，出现了这样的趋势：等量资本获取等量利润。在现实经济中，各部门的资本家，无论从事哪一种商品生产，都能够大体上获得与他们的资本量相应比例的利润，即同量资本应获得同量利润。于是，我们遇到了似乎互相矛盾的现象：一方面，商品如果按照价值出卖，各部门便会有高低不同的利润率；另一方面，各部门的利润率如果是平均的，商品则不应该按照价值出卖。要解决这一矛盾，就要在劳动价值论的基础上来说明平均利润是如何形成的。

平均利润的形成是部门之间竞争的结果。投资于不同生产部门的资本家为了获得更高的利润率，相互之间必然展开激烈的竞争。比如甲乙两个部门，甲部门利润率高，乙部门利润率低。乙部门的资本家不甘心获得较低的利润率，就要同甲部门的资本家展开竞争。这种竞争是围绕争得有利的投资场所而展开的。

竞争的手段是进行资本转移，即把资本从利润率低的部门撤出，转移到利润率高的部门。这样，原先利润率高的部门由于大量资本的涌入，商品供过于求，价格就会下降，利润率也就相应下降；而原先利润率低的部门由于大量资本撤出，会发生相反的变化。不同生产部门之间这种以资本转移为特点的竞争引起供求关系的变化，导致价值和价格偏离。

上述资本转移的过程以及由此而来的价格和利润率的变动要一直到两个部门的利润率大体平均的时候才暂时地停止下来。这样，便形成了平均利润。由此可见，平均利润是不同部门的资本家通过竞争重新瓜分剩余价值的结果。平均利润率实质上也就是把社会总资本作为一个整体看待时所得到的利润率，可用公式表示为：

$$平均利润率 = 剩余价值总额 / 社会总资本$$

在利润率平均化的条件下，各部门的资本家便可以根据平均利润率获得与其投资量大小相适应的平均利润，即：

$$平均利润 = 预付资本 \times 平均利润率$$

平均利润率的高低取决于两个因素：第一，各部门的利润率水平。如果各个部门的利润率水平比较高，则平均利润率也比较高；反之则比较低。第二，社会总资本在各部门之间的分配，即投在各部门的资本在社会总资本中所占比重的大小。如果投入利润率高的部门的资本在社会总资本中所占的比重大，平均利润率水平就较高；反之则较低。总之，平均利润率的形成不是各个部门利润率的简单的和绝对的平均，而是一种利润率平均化的总的趋势，平均利润率规律是资本主义的客观经济规律。随着社会生产力的发展，社会资本平均有机构成也会提高，因而平均利润率会趋于下降。

平均利润的形成过程，实际上是全社会的剩余价值在各部门的资本家之间重新分配的过程。由于平均利润率的形成，各部门资本家所得到的利润量和该部门所生产的剩余价值量就不一定相等。按资本有机构成高于、等于、低于社会平均资本有机构成和资本周转慢于、等于、快于社会平均资本周转速度的情况，这些部门所获得的利润会高于、等于、低于本部门所创造的剩余价值。从整个社会来看，利润总量和剩余价值总量是完全相等的。

剩余价值转化为利润，虽然掩盖了剩余价值的真正来源，但利润量与剩余价值量还是一致的。而在利润转化为平均利润后，许多部门的利润量与剩余价值量就不一致了。等量资本获取等量利润，似乎利润的多少只和资本量有关，这就完全掩盖了利润的本质和来源。

从利润转化为平均利润过程可以看到，资本主义社会除了有工人阶级和资本家阶级的对抗性矛盾以外，资本家阶级之间也存在着激烈的竞争关系，每个资本家为了生存和打败自己的竞争对手，会极力加深对工人阶级的剥削压迫，导致无限扩大的社会生产力和工人阶级可支付的消费力之间的矛盾不断加深，引发经济危机。

三　价值转化为生产价格及其隐藏的经济危机原因

在平均利润形成以前，商品按照价值出卖。随着利润转化为平均利润，商品的价值就转化为生产价格，即商品不再是按照成本价格加剩余价值的价格出售，而是按照生产成本加平均利润的价格来出售了。这种由商品的成本价格（K）和平均利润（p）构成的价格就是生产价格，用公式表示为：

$$生产价格 = K + p$$

生产价格的形成是以平均利润率的形成为前提的。利润转化为平均利润，商品价值便转化为生产价格。生产价格和价值之间存在一定的差额。在质的方面，生产价格只是同资本相联系，同活劳动没有联系。因为从生产价格的构成来看，生产成本是由耗费的资本构成的，平均利润也是按预付资本的比例分得的利润，所以它只是同耗费的资本和预付资本相联系。在量的方面，生产价格和价值经常不一致。举例说明如表4－1。

表4－1　　　　　　　　　　　　生产价格形成情况

生产部门	有机构成	剩余价值	平均利润	价 值	生产价格	生产价格和价值之差
食品工业	70c＋30v	30	20	130	120	－10
纺织工业	80c＋20v	20	20	120	120	0
机器制造业	90c＋10v	10	20	110	120	＋10
合　计	240c＋60v	60	60	360	360	0

资本有机构成高的部门，如表4－1中的机器制造业，其产品的生产价格高于价值。资本有机构成低的部门，如食品工业，其产品的生产价格低于价值。只有资本有机构成相当于社会平均资本有机构成的部门，如纺织工业，其产品的生产价格正好同价值相等。

生产价格是价值的转化形式。商品按照生产价格出售，绝不是对价值规律的违背，而只是价值规律起作用的形式发生了变化。因为，第一，虽然从个别部门来看，资本家阶级获得的平均利润总额与本部门工人创造的剩余价值不一致，但从全社会来看，整个资本家阶级获得的利润总额与工人阶级所创造的剩余价值总额还是相等的。第二，从个别部门来看，商品的生产价格同价值不一致，但从全社会来看，商品的生产价格总额必然和价值总额相等。第三，生产价格随着商品价值的变动而变动，生产商品的社会必要劳动时间减少了，生产价格就会降低；反之，生产价格就会提高。

生产价格形成以前，价值规律作用的形式是市场价格围绕价值上下波动。生产价格形成以后，生产价格成为商品交换的基础，市场价格这时已不再以价值为中心，而是以生产价格为中心上下波动。价值规律作用形式的这种变化，是由于受到平均利润率规律的影响。在资本主义以前的简单商品经济中，商品按价值出卖，对小商品生产者来说符合等量劳动相交换的原则。但在资本主义社会，按照平均利润率规律的要求，商品不是按价值出售，而是按生产成本加平均利润出售。这作为一种客观的必然趋势，使生产价格成为商品交换的基础。生产价格不是市场价格，它是一种相对稳定的，具有内在标准的价格。市场价格以它为中心，受供求关系的影响而波动，所以，价值规律现在不是直接通过价值，而是通过生产价格起作用。但这并没有否定价值规律，而是价值规律作用形式的变化。

以上总过程体系和视角价值转化为生产价格的理论表明，等量资本获得等量利润，是剩余价值在各生产部门资本家之间重新分配的结果。在利润的分配过程中，整个资本主义经济恰如一个庞大的股份公司，所有的资本家都是这个公司的股东，各个部门所创造的剩余价值汇集在一起，按照各自所占股份分配利润。所以，在资本主义社会中，工人不仅受本部门资本家的剥削，而且还受整个资本家阶级的剥削。资本家阶级和工人阶级的这种整体对抗性矛盾不断深化，是产生经济危机的重要原因。

第三节　借贷资本和地租理论

马克思主义经济危机整体论总过程体系和视角上述对利润和价格理论的研究，是先假定资本家完全靠自己自有的资本和土地来从事经营。但是，事实上有许多资本家除了使用自有的资本和土地以外，还或多或少地使用借来的资本和土地。因此，当它研究了产业资本和商业资本的自有资本在运动中如何把价值和剩余价值转化为价格和利润以后，还要研究借贷资本和土地所有制，研究剩余价值如何由利润又转化为利息和地租的问题。这种研究将揭示货币资本家和土地所有者同其他资本家集团在共同瓜分剩余价值的基础上所形成的经济关系，阐明这种关系对于加深资本主义内在矛盾和引发经济危机所起的作用。

一　借贷资本和利息及其隐藏的经济危机原因

在资本主义社会，除了产业资本、商业资本以外，还有借贷资本。借贷资本就是为了取得利息而暂时借给另一个资本家使用的货币资本。借贷资本的形成和产业资本的循环过程有着直接的联系。在产业资本的循环过程中，必然形成大量的暂时闲置的货币资本。

它包括未到更新期的固定资产折旧费、卖出商品换回货币后不立即购买而暂时闲置的货币资本和用于积累但尚未进行投资的剩余价值。在社会资本运动过程中出现大量暂时闲置的货币资本的同时，社会上也有一部分资本家因手中的货币资本不足而急需补充。

例如，有的资本家为了维持其资本运动的连续性，在卖掉商品之前急需货币资本购买生产要素；有的企业固定资本未折旧完毕需要提前更新；有的企业需要追加资本而自己积累不足，等等。持有闲置货币资本的资本家贷款给急需货币资本的资本家使用，于是就在资本家之间形成借贷关系。这样，闲置的货币资本便转化为借贷资本。

借贷资本的借贷对象主要是职能资本家，即产业资本家和商业资本家。职能资本家借款的目的，是把借入的货币当作资本来使用，以获取利润；借贷资本家贷款的目的是获取利息。因此，借贷资本是在职能资本运动的基础上产生并为职能资本家服务的。借贷资本从属于职能资本，归根结底是从职能资本循环中独立出来的一种特殊资本形式。

借贷资本的出现使资本取得了双重的存在，即发生了资本所有权和资本使用权的分离。在资本主义社会中，货币资本除了作为货币所具有的使用价值外，还具有作为资本的执行职能的功能，也就是生产剩余价值或利润的职能。与此相适应，职能资本家使用借贷资本所获得的平均利润也相应地分割成为两部分：一部分作为对借贷资本家出让资本使用权的报酬，采取了利息的形式；另一部分归职能资本家所有，采取了企业利润的形式。

由于平均利润是剩余价值的转化形式，因此借贷利息实质上是产业工人创造的、由职能资本家让渡给借贷资本家的一部分剩余价值的特殊转化形式。它体现了借贷资本家和职能资本家瓜分剩余价值的关系。

利息率则是一定时期内的利息量和借贷资本量之间的比率。在一般情况下，利息率低于平均利润率，否则，职能资本家就会因得不到任何利益而不会借款；利息率也不能等于零，否则就没有人愿意贷出货币资本。因此，利息率的高低就取决于资本市场上借贷资本的供求关系。供给大于需求，利息率就下降；反之，利息率就上涨。当借贷资本的供求平衡时，利息率就只能由社会的习惯和法律等因素决定。

货币资本的借贷主要是通过银行来进行的。银行是经营货币资本、充当债权人与债务人借贷关系中介的资本主义企业。银行为了经营货币资本，必须有自己的资本。银行资本由两部分构成：一部分是自有资本，即银行资本家自己垫付的资本，这只占银行资本的很小部分；另一部分是借入资本，即银行吸收进来的各种存款，这构成银行的主要营业资本。

资本家投资于银行和投资于工商业一样，目的都是为了获得利润。银行利润的来源是存款利息和贷款利息之间的差额。银行贷款利息一般都高于存款利息，两者之间的差额减去经营银行业务的费用，就构成银行自有资本的利润，即银行利润。由于在银行资本家和工商业资本家之间存在着竞争和资本的自由转移，银行获得的利润也相当于平均利润。银行利润同样也是产业工人在生产领域创造的剩余价值的一部分。

银行资本家通过贷款给产业资本家，间接地参加了对剩余价值的瓜分。银行资本家要以银行利润的形式瓜分到一部分剩余价值，必须依靠银行雇员的劳动。银行雇员的劳动虽然不创造价值和剩余价值，但也分为必要劳动和剩余劳动两部分，银行资本家对后一部分劳动是不支付代价的。

资本主义信用是借贷资本的运动形式。资本主义信用有两种：商业信用和银行信用。商业信用是指职能资本家之间以赊账方式买卖商品而发生的信用；银行信用是指银行以贷款的方式向职能资本家提供的信用。

信用，尤其是银行信用在资本主义经济中的作用具有两重性。一方面，信用促进了资本主义经济的发展。这表现在：

（1）信用促进了利润率的平均化。利润率的平均化以资本在各部门的自由转移为条件，而资本的自由转移又以职能资本家能够获得大量流动性较大的货币资本为条件。信用的发展满足了这个条件，使资本转移能够较容易地实现，从而促进了利润的平均化。

（2）信用能够节省流通费用，缩短流通时间。商品买卖采取赊账方式，就可以加快商品流通，缩短资本周转时间，并节省与商品流通有关的费用。

（3）信用可以促进资本的集中，加速资本的积聚。首先，信用是股份公司发展的前提，而股份公司本身则是资本集中和生产集中的重要形式。其次，大资本利用信用机构的有力支持而加强了竞争能力，从而加速了大资本吞并小资本的集中过程。

（4）信用还促进了资本的积聚。因为，通过信用可以把各种闲置资本汇集起来，缩短了单个资本家逐渐积累资本所需要的时间。

另一方面，资本主义信用的发展又促进了资本主义基本矛盾的发展和经济危机的爆发。这是因为，信用制度的发展，使资本主义的生产规模可以不受资本家自有资本的限制而不断扩大，促进了生产的社会化；同时，信用还加速了资本的集中和积累，使生产资料和产品日益集中到少数大资本家手里，这就使资本主义社会的内在矛盾进一步尖锐化。与此同时，信用又造成了对商品的虚假需求，加剧了各生产部门之间发展的不平衡性，这些都可以起到引发经济危机的作用。

随着资本主义大工业和信用的发展，出现了股份公司。股份公司是许多单个资本通过认购股票来合资经营的企业。股份公司扬弃了个人资本的形式，采取了社会资本，即联合起来的个人资本的形式。股份公司的实质是大资本家利用和支配大量中小资本与居民收入的手段，是加速资本集中的一种形式。

股票持有者凭借股权从股份公司的赢利中分得的收入叫股息。股息实质上是雇佣工人创造的剩余价值。股东可以凭借股票领取股息，但不能凭借股票从股份公司中抽回资本。股东可以把股票拿到证券市场上出售。股票本身没有价值，它之所以能以一定的价格在证券市场上出售，是因为持有股票的人每年可根据企业赢利的状况从股份公司取得一笔股息收入，这就和有一笔货币资本存入银行可以取得利息一样。股票价格 = 股息/利息率，即在其他条件既定的情况下，股票价格取决于股息和利息率两个因素，它与股息成正比，与银行存款利息率成反比。

从以上借贷资本和利息产生以后出现的信用和股份公司的发展所发挥的作用可以看出，由各种信用流通工具、股票、债券等金融资产所构成的虚拟资本，一方面可以发挥促进实体资本积累发展的不可或缺的作用，但在资本主义基本矛盾的作用下，它同时也具有引发经济危机、导致一国实体资本巨大损失的可能性。

如果掌握虚拟资本的资本家为了把尽可能多的剩余价值攫为己有，总是试图仅在流通领域通过自我膨胀来获取短期暴利，虚拟资本积累就会在其自身发展过程中，越来越表现出相对独立性，这种独立性使其脱离实体资本积累而快速扩张，易引发泡沫。当虚拟资本积累的扩张达到一定程度，泡沫成分不断加重，资产价格普遍大幅度偏离或完全脱离由实体资本积累因素决定的资产价格时，会导致泡沫经济。泡沫经济在不同背景下表现出不同的形式，如货币危机、资产市场泡沫经济的破灭和金融机构的信用危机等。最后通过汇率、利率和资产价格等环节影响或阻碍实体资本积累的发展。

二　地租及其隐藏的经济危机原因

在社会生产过程的不同发展阶段，有不同的土地所有制形式，因而有不同的地租形式。地租是土地所有者凭借土地所有权获得的一种非劳动收入。在资本主义制度下，土地是私有的。大土地所有者一般自己不经营农业，而是把土地出租给农业资本家，由农业资本家投资经营。农业雇佣工人创造的剩余价值，一部分以平均利润的形式被农业资本家无偿占有，超过平均利润以上的那部分则以地租的形式被大土地所有者无偿占有。资本主义地租有两种基本形式，即级差地租和绝对地租。

土地是农业生产的基本生产资料，但不同地块能够提供的农产品数量是不等的。与土地等级相联系的地租形式就是级差地租，它是农产品的个别生产价格低于社会生产价格的差额。土地的优劣不同是产生级差地租的客观条件。土地有肥瘠之分，有离市场远近之别。同量资本投入生产条件不同的土地，劳动生产率和收益是不相等的。投资于生产条件较差的土地，劳动生产率低，产量少，个别生产价格就高；而投资于生产条件较好的土地，劳动生产率高，产量多，个别生产价格就低。农产品同其他商品一样，只能按社会生产价格出售。因此，投资于生产条件好的地块的农业资本就因其产品的个别生产价格低于社会生产价格而获得超额利润。这个超额利润为农业资本家交纳级差地租提供了条件。

土地的有限性所引起的土地经营的资本主义垄断是级差地租形成的原因。因为土地数量有限，优等和中等土地生产的农产品往往不能满足社会需要，还必须投资经营劣等土地。若产品的社会生产价格由中等土地生产条件决定，则经营劣等土地的农业资本家就将因得不到平均利润而将其资本转移到其他部门中去，农产品会因供不应求而价格上涨，涨至投资劣等土地也能获得平均利润时为止。因此，农产品的社会生产价格是由劣等土地的生产条件决定的。

这样，经营优、中等土地的农业资本家的农产品个别生产价格就低于社会生产价格，能够从中获得超额利润。又由于优、中等土地数量的有限性和对土地经营的垄断，限制了各个农业资本家之间的竞争，因此，那些租种较好土地的资本家就能够稳定而持久地保持超额利润，并把它作为级差地租交给土地所有者。

耕种优等土地和中等土地的农业雇佣工人创造的超额利润是级差地租的源泉。耕种优等地和中等地的农业工人的劳动是一种具有较高生产率的劳动。这种劳动是加强的劳动，因此它能创造出超额剩余价值。所以，级差地租反映的是农业资本家和大土地所有者共同剥削农业雇佣工人的关系。

级差地租由于形成的条件不同而分为两种形态，即级差地租 I 和级差地租 II。级差地租 I 是由于土地肥沃程度和地理位置不同而产生的级差地租。级差地租 II 是由于在同一块土地上连续追加投资的资本生产率不同而产生的级差地租。级差地租 I 是级差地租 II 的基础。构成级差地租 I 的超额利润一般在租约内作了规定，归土地所有者所有。而构成级差地租 II 的超额利润，在租约期内归农业资本家所有；当租约期满，签订新租约时，就会通过提高地租额而转归土地所有者所有。农业资本家和土地所有者之间经常为了租约长短与租额多少展开斗争，这种斗争反映了两个剥削阶级集团在瓜分剩余价值上的矛盾。

在资本主义制度下，土地所有者不会把土地无偿交给别人使用，即使出租最贫瘠、最偏远、最劣等的土地，也要求获得一份地租。这种由于土地私有权的存在，农业资本家租用任何土地都必须交纳的地租，就是绝对地租。绝对地租形成的条件是农业资本有机构成低于社会平均资本有机构成。我们知道，资本有机构成不同的生产部门，其生产价格和商品价值是不一致的。在资本主义相当长的历史时期里，农业资本的有机构成低于社会资本的有机构成。这样等量资本在农业中可以支配更多的活劳动，在剥削率相同的情况下，就能创造出更多的剩余价值。

因此，农产品的价值高于生产价格，农产品按价值出售，就可以在扣除成本价格和平均利润后有一个余额。这一余额不会像在工业部门那样参与利润的平均化过程。因为农业中存在着土地私有权的垄断，这阻碍着资本向农业部门的自由转移，从而使农产品价值高于社会生产价格的差额不参与利润平均化的过程。

农产品不是按社会生产价格出售，而是按高于社会生产价格的价值出售。这样由于价值高于社会生产价格而形成的超额利润就留在农业部门，被土地所有者占有，成为绝对地租。所以，绝对地租产生的原因是土地私有权的垄断。绝对地租既然是农产品价值的一部分，因此，它实质上是由农业雇佣工人创造的剩余价值的一部分转化而来的，它体现的仍然是农业资本家和土地所有者对雇佣工人的剥削关系。

现在，在某些发达的资本主义国家，农业资本的有机构成在不断提高，有的甚至超过了工业部门。在这种情况下，那种包含在农产品价值之内的绝对地租也就消失了。在一些主要发达资本主义国家，农场经营主一般同时是土地所有者，不需交纳绝对地租。另外，只要没有消灭土地私有制，出租土地，哪怕是劣等地，也必然带来地租收入。这种地租与上述的绝对地租的来源是不同的，它或是来自对农业利润和农业工人工资的扣除，或是来自农产品的市场价格超过价值的余额，即来自垄断价格。

在资本主义制度下，大土地所有者不仅能凭借土地私有权获取地租，而且还可以通过出卖土地获得高额的土地价格。土地本来不是劳动产品，自身没有价值，但在资本主义制度下土地是私有的，土地所有者可以凭借土地私有权获得地租，因而土地能以一定的价格买卖。土地的买卖实质上是地租的资本化，即一定面积和丰度的土地的价格相当于这样一笔货币资本：把这笔货币存入银行所获得的利息，等于这块土地出租所获得的地租。因此决定土地价格的因素，一是地租额的多少，二是利息率的高低。土地的价格与地租额成正比，与利息率成反比。

随着信用的发展，地租和地价的波动会对经济危机的爆发产生更加直接的影响。地租和地价对于经济周期具有高度的敏感性：当整个经济处于高涨时期，地租和地价也随之繁荣；当整个经济处于低谷时期，地租和地价也随之萧条。由于当代土地和住房供给在很大程度上依赖于银行贷款，而不是有效需求，当经济出现不景气、银行收缩银根时，地租和地价的表面繁荣即刻崩溃；当经济繁荣、银行放松银根时，银行信贷将会对地租和地价起到一种放大效应。由于土地金融业务所依赖的地产业的这种产业动态特征，地租和地价的波动必然引发土地金融市场的波动，严重时就会导致金融风险和经济危机。

第 二 篇

马克思主义经济危机整体论的
历史作用

第 五 章

马克思主义经济危机整体论与
社会主义运动的兴起

第一节　整体论使社会主义从空想变为科学

马克思主义经济危机整体论对于克服经济危机的历史作用，首先表现为使社会主义学说从空想变为科学，从而促成了社会主义运动大规模兴起，推动了工人阶级地位的提高和社会生产力发展，改变了整个世界范围内的阶级力量对比，在很多地区、很多时期和很大程度上，缓解了资本主义基本矛盾所造成的危害，从根本上抑制了经济危机。

一　早期社会主义的产生背景和理论缺陷

"社会主义"这个词是 1832 年由圣西门（Saint-Simon）的拥护者皮埃尔·勒鲁（Pierre Leroux）首次使用，接着便被罗伯特·欧文（Robert Owen）所采纳，这个词对不同的人有种种不同的含义。在历史上，它通常表示对一种未来社会的设想，在那里没有贫富悬殊，没有剥削者和被剥削者，人人平等自由共同对付大自然。近代社会主义经济思想的出现，则与产业革命后经济关系的变化以及经济危机的频繁发生有关。

18 世纪中叶产业革命开始以后，利用机器从事大规模生产的新式工业取代了昔日以简单工具从事小规模生产的手工业，为资本家的投资活动开辟了广阔的前景。新大陆、新航线发现后，许多大公司、银行相继建立，资本主义经济日趋发达。产业革命前，劳动者使用自己所有的工具，在工场（家庭中或店铺中）从事生产工作，原则上，个人可以独立完成全部生产过程，所需的原料由自己设法筹集，成品由自己设法推销。

因为市场有限，劳动者多是配合消费的需要为订购而生产的，自己负责生产经营活动的盈亏，生活条件简陋，但可以充分享受家庭乐趣。产业革命以后，机器构造复杂，体积庞大而沉重，售价昂贵，并且需要建设厂房来容纳，招雇工人来操作，储备原料以供生产，寻找市场以供产品销售，这些都需要大量的资金，一般的劳动者已无力经营。

于是，社会上有一部分蓄有财富的商人专门投资购买机器和原料，择地兴建厂房，雇用劳动者按时从事生产，"工厂制度"从此兴起。这一群有资本、有经营能力的人，负担了生产上一切盈亏的责任，被称之为"资产阶级"。同时，社会上绝大部分的人没有资本，只有出售劳动力给资本家，赚取一定的工资以维持一己或全家的生活，而对自己生产的商品却完全没有支配的权利。这群除劳动力以外一无所有的人被称为"无产阶级"。

在产业革命前的社会经济关系中，雇主是师傅或业主，被雇者是学徒或亲友，他们一般属同一阶层的分子，因为学徒学习期满可以升为师傅，师傅积资也可以升为业主，他们之间的关系大多是协调的而不是对立的。产业革命后的工厂制度完全改变了人们之间的经济关系，资本家与工人的划分因个人资本的多少和特长的不同有固化的倾向，而且当时农村衰萎无产阶级的人数日见增多，在两大阶级的关系中资方占尽了有利地位，吃亏的总是劳苦的大众。久而久之，贫富阶级的矛盾日益激化，经济危机不断出现并日趋严重。

面对上述经济现象，当时资产阶级宣扬的经济自由主义和个人主义理论，总是主要为资产阶级的利益提供理论根据，却很少甚至没有顾及无产阶级等贫苦人民的利益，因而也就无法提出克服经济危机的根本方法。近代早期社会主义经济思想的产生，实际上就是一些学者看到资产阶级理论的缺陷以后，试图为社会下层民众的利益从理论上提供伦理和经济根据的结果。他们的重要代表人物有圣西门（Comte de Saint-Simon，1760—1825年）、傅立叶（François Marie Charles Fourier，1772—1837 年）和欧文（Robert Owen，1771—1858 年）等。他们的学说现在一般被称为空想社会主义。

空想社会主义对社会主义运动的兴起和经济危机的治理产生了重大的影响，是近代以来人类文明进程中一级重要的阶梯。空想社会主义对克服经济危机的最大贡献，在于它对理想社会的设计。这种设计远远超越了人类历史上的任何理想方案，它是人类在现代生产力发展水平上对现实社会的反思和批判。它发源于近代文明兴起的地方，是近代文明最初的优秀成果。对空想社会主义的分析应该具有历史唯物主义的科学态度。

　　首先，不能把空想社会主义仅仅理解为幻想。空想社会主义是相对于科学社会主义而言，是指它从总体上讲还缺少科学的原理作为它的理论基础。它本身也是对资本主义社会现实考察的结果，也有它深刻的经济、政治和社会根源。

　　其次，不能认为空想社会主义仅仅停留在理论上。空想社会主义在对现实资本主义批判的基础上，提出了自己改造社会的方案，尤其是在空想社会主义达到比较成熟的 19 世纪，空想社会主义者还亲自领导或者是参加了若干改造社会的实践，这些实践为科学社会主义的产生提供了第一手的、宝贵的经验，没有这些经验，科学社会主义的产生是难以想象的。

　　最后，不能认为空想社会主义对社会主义运动的兴起和经济危机的克服没有产生什么真正的影响。空想社会主义者提出的制度设计，从总体上来说是行不通的，没有能够化为现实。但这并不意味着他们的具体设想没有被尝试、发展，乃至成功地运用。如果进行深入的考察，可以发现，现代社会的制度体系在许多方面都与空想社会主义者的制度设计有着某种历史的、不可分割的联系。

　　虽然空想社会主义对社会主义运动的兴起和经济危机的克服作出了不可磨灭的贡献，但它也存在着理论缺陷。空想社会主义之所以是空想的、尚不成熟的理论，从根本上说，这是"和不成熟的资本主义生产状况、不成熟的阶级状况相应"[1] 的。空想社会主义产生于资本主义生产方式不发达，无产阶级作为一个独立的政治力量还在形成中的历史时代。由于解决资本主义基本矛盾和经济危机问题的物质条件和社会力量还隐藏在不发达的经济关系中，所以解决问题的办法就只能依据这些不发达的经济关系设想出来。正是这种历史条件的限制，决定了它不可避免地存在许多错误和弱点。

　　空想社会主义最根本的缺陷在于它是建立在历史唯心主义基础上的。这是所有空想社会主义者的共同致命弱点，也是导致他们的学说的空想性质的重要原因。从理论形式来说，他们大都接受资产阶级思想家提出的"理性支配世界"的观点和抽象的"永恒真理"、"永恒正义"、"永恒平

---

　　[1]　［德］恩格斯：《社会主义从空想到科学的发展》，《马克思恩格斯选集》第 3 卷，人民出版社 1972 年版，第 409 页。

等"等原则，把意识、理性、智慧、知识当作历史发展的决定力量。因此，在他们看来，资本主义之所以应该或必定为社会主义所代替，只是因为前者不合乎理性，后者合乎理性，而并不是资本主义生产方式内部的矛盾运动的必然结果。这样，他们的学说就脱离了现实的基础，无法说明资本主义和经济危机的本质，揭示它的基本矛盾；不了解社会主义代替资本主义是由客观历史发展规律决定的，因而也不能找到变革现存社会的社会力量和正确道路。

理性主义必然导致天才论。在空想社会主义者看来，资本主义之所以充满经济危机、罪恶和灾难，真正的理性、正义和平等之所以没有统治世界，只是因为人们愚昧无知，存在偏见和谬误，没有发现和认识真理。所缺少的只是个别的天才人物，而现在这种天才人物已经认识到了真理，至于天才人物是在现在出现，真理正是现在被认识。这并不是历史发展进程所产生的、不可避免的事情，而纯粹是一种侥幸的偶然现象。

空想社会主义者们认为自己就是这样的天才人物，并以天才人物自居。因此，他们发明出各种治疗社会弊病的药方，天真地相信只要对人们加以启发、教育，就会药到病除，社会变革就会实现。他们中大部分人根本看不到人民群众特别是无产阶级的力量和任何历史主动性，而把进行社会改革的希望寄托于个别天才人物、明智人士，甚至是当时的最高统治者。

19世纪30年代作为工人运动的直接产物的法德空想共产主义，虽然在一定程度上看到了并相信人民群众和无产阶级的力量，不寄希望于统治阶级，但也因受到天才论和教育万能论的影响，认为只要依靠少数革命者和秘密革命组织，革命就能成功，共产主义就将实现。它们也根本不懂得革命事业、共产主义事业只有依靠人民群众，充分发动群众，才能获得胜利。

马克思和恩格斯在《共产党宣言》中指出："批判的空想的社会主义和共产主义的意义，是同历史的发展成反比的。"① 这句话是针对19世纪初叶圣西门、傅立叶和欧文三大空想社会主义者及其门徒的学说说的，但也适应于所有的空想社会主义。空想社会主义在理论形式上是错误的，因

———————

① ［德］马克思、恩格斯：《共产党宣言》，《马克思恩格斯选集》第1卷，人民出版社1972年版，第283页。

为它是唯心主义的、空想的，但在历史上却曾经是进步的，因为它是无产阶级的象征、表现和先声，在历史上曾经对社会主义运动的兴起和经济危机的克服起着促进作用。然而，随着历史车轮的前进，到了19世纪40年代，由于无产阶级已经形成为一支独立的政治力量，迫切需要有科学的革命理论来指导自己推翻资本主义制度的革命斗争时，空想社会主义就逐渐变成了社会主义运动的障碍。要使社会主义成为指导无产阶级革命的理论，就必须使社会主义从空想发展为科学，创造出崭新的科学社会主义理论来。

二　整体论的科学社会主义思想

马克思主义经济危机整体论之所以可以提出科学社会主义思想并推动社会主义运动蓬勃兴起，是因为它的唯物史观和剩余价值理论揭示了资本主义的基本矛盾和经济危机根源，发现了改变资本主义制度的社会力量。它的贡献在于，以巨大的、耗尽心血的理论上的努力为代价，把深刻的直觉知识系统化，这种知识在19世纪中叶就已经基本形成了。

马克思本人于1852年所作的对自己理论的估计是有启发性的："至于讲到我，无论是发现现代社会中有阶级存在或发现各阶级间的斗争，都不是我的功劳。在我以前很久，资产阶级的历史学家就已叙述过阶级斗争的历史发展，资产阶级的经济学家也已对各个阶级作过经济上的分析。我的新贡献就是证明了下列几点：（1）阶级的存在仅仅同生产发展的一定历史阶段相联系；（2）阶级斗争必然要导致无产阶级专政；（3）这个专政不过是达到消灭一切阶级和进入无阶级社会的过渡。"[①]

在马克思主义经济危机整体论看来，几十年来的工业和商业的历史，只不过是现代生产力反抗现代生产关系、反抗作为资产阶级及其统治的存在条件的所有制关系的历史。要证明这一点，只要指出在周期性的循环中愈来愈危及整个资产阶级社会生存的商业危机就够了。在危机期间，发生一种在过去一切时代看来都好像是荒唐现象的社会瘟疫，即生产过剩的瘟疫。社会突然发现自己回到一时的野蛮状态；仿佛是一次饥荒、一场普遍的毁灭性战争，吞噬了社会的全部生活资料；仿佛是工业和商业全被毁

---

① ［德］马克思：《马克思致约·魏德迈（1852年3月5日）》，《马克思恩格斯全集》第28卷，人民出版社1973年版，第509页。

了——这是什么缘故呢？因为社会上文明过度，生活资料太多，工业和商业太发达。

社会所拥有的生产力已经不能再促进资产阶级的所有制关系的发展；相反，生产力已经强大到这种关系所不能适应的地步，它已经受到这种关系的阻碍；而它一着手克服这种障碍，就使整个资产阶级社会陷入混乱，就使资产阶级所有制的存在受到威胁。资产阶级的关系已经太狭窄了，再容纳不了它本身所造成的财富了。这不仅仅是单纯推翻资本主义的问题，至关重要的是阶级社会的结束。

到目前为止的一切社会的历史都是在阶级对立中运动的，而这种对立在各个不同的时代是各不相同的。但是，不管这种对立具有什么样的形式，社会上的一部分人对另一部分人的剥削却是过去各个世纪所共有的事实。因此，毫不奇怪，各个世纪的社会意识，尽管形形色色、千差万别，总是在某种共同的形式中运动的，这些意识形式只有当阶级对立完全消失的时候才会完全消失。工人革命的第一步就是使无产阶级上升为统治阶级，争得民主。如果说无产阶级在反对资产阶级的斗争中一定要联合为阶级，如果说它通过革命使自己成为统治阶级，并以统治阶级的资格用暴力消灭旧的生产关系，那么它在消灭这种生产关系的同时，也就消灭了阶级对立的存在条件，消灭了阶级本身。

马克思主义经济危机整体论这种对社会主义运动兴起和克服经济危机社会力量的揭示，是建立在历史唯物史观的科学理念基础上的。马克思在他的《政治经济学批判》中概述了他的历史唯物史观：“人们在自己生活的社会生产中发生一定的、必然的、不以他们的意志为转移的关系，即同他们的物质生产力的一定发展阶段相适合的生产关系。这些生产关系的总和构成社会的经济结构，即有法律的和政治的上层建筑竖立其上并有一定的社会意识形式与之相适应的现实基础。……社会的物质生产力发展到一定阶段，便同它们一直在其中活动的现存生产关系或财产关系（这只是生产关系的法律用语）发生矛盾。于是这些关系便由生产力的发展形式变成生产力的桎梏。那时社会革命的时代就到来了。”①

同样是在这个历史唯物史观的基础上，马克思主义经济危机整体论阐

①　［德］马克思：《〈政治经济学批判〉序言》，《马克思恩格斯选集》第2卷，人民出版社1972年版，第82—83页。

明了经济危机的根源和资本主义被社会主义取代的必然性。它指出，把资本主义生产过程联系起来考察，或作为再生产过程来考察，它不仅生产商品，不仅生产剩余价值，而且还生产和再生产资本关系本身：一方面是资本家，另一方面是雇佣工人。

过剩的工人人口是积累或资本主义基础上的财富发展的必然产物，但是这种过剩人口反过来又成为资本主义积累的杠杆，甚至成为资本主义生产方式存在的一个条件。过剩的工人人口形成一支可供支配的产业后备军，它绝对地隶属于资本，就好像它是由资本出钱养大的一样。过剩的工人人口不受人口实际增长的限制，为不断变化和资本增值需要创造出随时可供剥削的人身材料。

最后，使相对过剩人口或产业后备军同积累的规模和能力始终保持平衡的规律把工人钉在资本上，比赫斐斯塔司的楔子把普罗米修斯钉在岩石上钉得还要牢。这一规律制约着同资本积累相适应的贫困积累。因此，在一极是财富的积累，同时在另一极，即在把自己的产品作为资本来生产的阶级方面，是贫困、劳动折磨、受奴役、无知、粗野和道德堕落的积累。

但是，随着那些掠夺和垄断这一转化过程的全部利益的资本巨头不断减少，贫困、压迫、奴役、退化和剥削的程度不断加深，而日益壮大的、由资本主义生产过程本身的机构所训练、联合和组织起来的工人阶级的反抗也不断增长。资本的垄断成了与这种垄断一起并在这种垄断之下繁盛起来的生产方式的桎梏。生产资料的集中和劳动的社会化，达到了同它们的资本主义外壳不能相容的地步。这个外壳就要炸毁了。资本主义私有制的丧钟就要响了。剥夺者就要被剥夺了。

资本主义生产的真正限制是资本自身，这就是说：资本及其自行增值，表现为生产的起点和终点，表现为生产的动机和目的；生产只是为资本而生产，而不是相反：生产资料只是不断扩大生产者社会的生活过程的手段。手段——社会生产力的无条件的发展——不断地和现有资本的增值这个有限的目的发生冲突。因此，如果说资本主义生产方式是发展物质生产力并且创造同这种生产力相适应的世界市场的历史手段，那么，它同时也是它的这个历史任务和同它相适应的社会生产关系之间的经常的矛盾。

社会主义运动一百多年的发展，不论是高潮还是低谷，可能都源于马克思主义经济危机整体论或涉及这个理论，富于战斗精神的几代人在马克思主义经济危机整体论中发现了武器，这个武器在反对资本主义和帝国主

义的战斗中总是发挥着巨大的指导力量。在马克思逝世以后，恩格斯成了
马克思主义经济危机整体论的第一个宣传者。在恩格斯看来，包含在马克
思主义经济危机整体论中的"这两个伟大的发现——唯物主义历史观和通
过剩余价值揭破资本主义生产的秘密，都应当归功于马克思。由于这些发
现，社会主义已经变成了科学"①。

第二节　整体论科学社会主义的重要
实践——巴黎公社革命

19 世纪中期以后，资本主义在欧美各国得到了迅速发展，无产阶级的
力量也随之增长起来。到 19 世纪 50 年代末和 60 年代初，国际工人运动又
重新高涨。1864 年，各国无产阶级为了共同对敌，在斗争中建立了第一国
际（国际工人协会）。第一国际团结了欧美无产阶级，为推翻资本主义制
度和实现无产阶级的解放而斗争。为此，它支援了各国的工人运动、反封
建的民主运动和民族独立运动，并作出了极其可贵的贡献。

第一国际建立时，马克思主义在国际工人运动中并未占统治地位，它
不过是许多社会主义派别之一。在马克思和恩格斯的指导下，第一国际反
对了蒲鲁东主义、巴枯宁主义、工联主义和拉萨尔主义。通过斗争，马克
思主义取得了胜利，基本确立了在社会主义运动中的领导地位，并使马克
思主义经济危机整体论的科学社会主义同社会主义运动进一步结合起来，
使这种理论在社会主义运动的实践中得到了严格的检验。

1871 年，巴黎爆发的无产阶级革命，是马克思主义经济危机整体论的
科学社会主义理论的一次重要实践，这次革命摧毁了资产阶级军事官僚机
器，建立了无产阶级专政的新型国家即巴黎公社。巴黎公社革命后，马克
思和恩格斯总结了巴黎公社革命的基本经验，进一步发展了马克思主义经
济危机整体论的科学社会主义学说，社会主义运动也进入了向横广方面发
展的新的历史时期。

---

① ［德］恩格斯：《社会主义从空想到科学的发展》，《马克思恩格斯选集》第 3 卷，人民出
版社 1972 年版，第 424 页。

一　巴黎公社革命显示了无产阶级的战斗力量

马克思主义经济危机整体论的科学社会主义理论认为，社会主义运动是无产阶级和人民群众的事业，只有依靠无产阶级和人民群众的积极性，充分发挥无产阶级和人民群众的首创精神，才能取得社会主义运动的胜利。1871 年 3 月 18 日爆发了震撼世界的巴黎公社革命，就是巴黎无产阶级和人民群众创造的丰功伟绩，充分显示了无产阶级的战斗力量。它也证明了马克思主义经济危机整体论的科学社会主义理论关于无产阶级是推进社会主义运动和克服经济危机主体力量的观点，是完全正确的。

19 世纪中期以后，在代表金融贵族和工业巨头利益的第二帝国统治下，法国资本主义经济迅速发展，到 60 年代，基本上完成了产业革命。法国工人队伍迅速扩大，在 60 年代，由 100 多万增加到 300 多万，仅巴黎就增加 10 万。工人群众遭受着残酷的剥削和压迫，他们每天劳动时间长达 12—13 小时，煤矿工人竟长达 15—16 小时。女工和童工的劳动条件极坏，收入更低。而路易·波拿巴王朝穷奢极欲、贪污舞弊，对外连年发动战争，消耗了大量人力、物力。

1857 年经济危机的打击，使人民的愤懑情绪日益高涨。从 60 年代起，巴黎、里昂、马赛、土鲁斯及其他城市，举行多次罢工。有些罢工曾得到第一国际的经济援助，第一国际在法国工人群众中的影响扩大起来。1869 年，巴黎 40 多个工人团体联合组成了工会联合会，第一国际的巴黎支部立即同它建立了密切联系。1870 年 3—4 月，第一国际的巴黎支部由 13 个增加到 25 个，并建立了第一国际巴黎支部联合会。在这个时期，第一国际会员及其同情者达 24 万人。70 年代初，法国工人运动的新特点是由经济斗争发展到政治斗争，开展了反政府运动。

路易·波拿巴政府为了缓和国内矛盾摆脱危机，并且为了阻挠德国的统一和称霸欧洲，决定发动普法战争。1870 年 7 月 19 日，法国政府向德国宣战，发动了普法战争。但法国的第二帝国早已腐朽透顶，法军得不到人民支持，战争一开始就连遭失败，波拿巴的主要兵团在色当被普鲁士军包围，9 月 2 日法军投降，路易·波拿巴成了俘虏。色当投降造成了严重的民族危机。消息传到巴黎，激怒了法国人民。9 月 4 日，巴黎工人拿起武器和其他群众一道奋起革命。第二帝国像纸房子那样倒塌了。资产阶级共和派掌握了政权，成立临时政府，宣告法兰西第三共和国的诞生。

临时政府为了欺骗人民，自称是"国防政府"。巴黎无产阶级由于普鲁士军队逼近巴黎，只得容忍它的存在，不过附有一个明确的条件，就是他们只为国防的目的运用这个政权。当时，巴黎无产阶级为了保卫祖国，冲破"国防政府"的种种阻挠，进一步武装起来。到1870年9月底，建立了194个国民自卫军工人营，达30万人。9月11日，在20个区分别组成了区警备委员会，同时还组成了20个区中央委员会。9月18日以后，20万普鲁士军队包围了巴黎。巴黎工人在中央委员会领导下，出钱铸造大炮，收运被政府军散弃的大炮，加强防御工事，以便抵抗普军进犯巴黎。

但是，资产阶级"国防政府"却进行了一系列卖国投降的反革命活动。在普鲁士军队包围巴黎期间，资产阶级政府进一步同俾斯麦秘密勾结，阴谋策划共同镇压巴黎无产阶级。在这种情况下，巴黎工人和广大劳动群众同资产阶级的矛盾达到了空前尖锐的程度。1870年10月31日、1871年1月22日巴黎工人曾两次举行武装起义，试图推翻"国防政府"，但未成功。资产阶级为了镇压革命，急忙组成了以梯也尔为首的新政府。

1871年2月26日，梯也尔政府与普鲁士反动政府签订了临时和约，把法国的亚尔萨斯和洛林全部割让给普鲁士，赔款50亿法郎。正如马克思所说：当"国防政府在民族义务和阶级利益二者发生矛盾的时候，没有片刻的犹豫便把自己变成了卖国政府"①。与此同时，他们加紧策划全面解除工人武装的阴谋，妄图把巴黎无产阶级的革命运动镇压下去。

3月18日3时，资产阶级政府的首脑梯也尔派遣大批反动军队，向国民自卫军发动突然袭击，阴谋夺取蒙马特尔、伯利维尔高地的大炮，解除工人的全部武装。在梯也尔的疯狂挑衅面前，巴黎无产阶级被迫举行了武装起义。不到半天时间，他们占领了巴黎的市政机关，推翻了资产阶级在巴黎的反动统治，夺取了政权。梯也尔反动政府逃到了巴黎郊外的旧王宫——凡尔赛。革命红旗在巴黎高高飘扬，无产阶级革命获得了胜利。

巴黎公社的建立，是对资本主义制度的致命打击。逃往凡尔赛的梯也尔政府一刻也没有忘记在巴黎复辟。他们勾结德国俾斯麦政府，重新聚集反革命力量，发动了武装推翻巴黎无产阶级政权的反革命内战。5月21日，梯也尔匪帮闯进巴黎，巴黎无产阶级在反革命暴力面前，毫无惧色。

① ［德］马克思：《法兰西内战》，《马克思恩格斯选集》第2卷，人民出版社1972年版，第354页。

他们响应公社的号召，机智果敢，英勇顽强，誓死保卫公社，表现了高度的无产阶级英雄气概。

公社军队统帅东布罗夫斯基帕率领自卫军英勇奋战，在枪林弹雨中壮烈牺牲。公社委员瓦尔兰冲锋在前，宁死不屈，英勇就义。工人、妇女、儿童齐心参战。老工人奥古斯·菇隆带领三个儿子参军后，还要求让他的小儿子参军。14 岁的恩斯特和 17 岁的菲里克斯兄弟俩用刺刀冲杀，弟弟把红旗插上街垒时牺牲了，哥哥继续为保卫红旗战斗到最后一口气。妇女组织了救护队和医疗队，并建立了一个妇女营，为公社事业英勇战斗，许多人献出了宝贵生命。5 月 27 日，大部分工人住宅区落入反革命军队手中。在拉雪兹墓地战斗中，最后一批社员被敌人枪杀了。无产阶级为捍卫自己的政权，同敌人浴血奋战了七天，这就是震撼世界的"五月流血周"。梯也尔匪帮在巴黎复辟后，对公社社员（包括妇女儿童在内的革命群众）进行了疯狂的大屠杀。先后有三万人被杀害，五万人被捕。

巴黎公社被资产阶级扼杀了，但是巴黎无产阶级的革命精神，却受到全世界无产阶级和劳动人民世世代代的传颂，永远彪炳史册。马克思指出："工人的巴黎及其公社将永远作为新社会的光辉先驱受人敬仰。它的英烈们已永远铭记在工人阶级的伟大心坎里。"[①] 在流血周的第二天，公社委员、无产阶级诗人欧仁·鲍狄埃用气壮山河的诗句写成了《国际歌》歌词。17 年以后，即 1888 年 6 月，工人作曲家狄盖特为它谱了曲。庄严雄壮的《国际歌》成为激励全世界无产阶级的战斗号角，鼓舞他们为实现巴黎公社革命的理想，焕发出更加伟大的力量，为创建社会主义制度而英勇奋斗。

二　巴黎公社革命表明了建立和保卫无产阶级专政的重要性

在巴黎公社革命中，巴黎无产阶级实践了马克思主义经济危机整体论的科学社会主义关于开展社会主义运动必须建立和保卫无产阶级专政的重要思想。3 月 18 日革命胜利后，国民自卫军中央委员会掌握了首都的政权，中央委员会面临着巩固革命成果和建立无产阶级专政的根本任务。3 月 26 日，巴黎人民进行了公社委员会的选举，3 月 28 日在市政厅前的广

---

① ［德］马克思：《法兰西内战》，《马克思恩格斯选集》第 2 卷，人民出版社 1972 年版，第 399 页。

场上庄严地宣告了巴黎公社的成立，公社成立后，为打碎旧的国家机器，建立无产阶级政权的国家政权，采取了以下一系列革命措施。

第一，以公社颁布的第一个法令，就是废除资产阶级常备军，用人民武装来代替，并宣布国民自卫军是唯一的武装力量。公社还取消了旧警察厅、法院、监狱，建立了革命的专政机关。

第二，公社打碎了资产阶级的官僚机构，用公社委员会来代替。公社废除了旧政府官吏的一切特权和高薪制，并且规定：一切工作人员的年工资最高不得超过 6000 法郎；公社委员一律由选举产生，接受人民的监督，并随时可以撤换。

第三，公社废除了资产阶级议会制，实行了立法和行政的统一。公社的领导机构及其成员，是立法者，又是执行者。他们是人民的代表，向人民负责，接受人民的监督。公社既取消了官僚集中制，又废除了资产阶级虚伪的民主议会制，而是实行民主集中制，保证人民享受民主权利。

第四，公社颁布的关于政教分离的法令，取消了国家用于宗教事业的一切开支，并剥夺教会所占有的财产，以清除宗教势力对国家政权的影响。

第五，公社还决定和采取了一些社会经济方面的措施。公社规定把那些因企业主逃跑而停工的工厂，交给该厂的工人协会组织生产；禁止厂主对工人进行无理罚款或扣发工资；废除了劳动人民欠缴的房租，延长租约；宣布了延期偿还债务的法令。公社还规定了实行免费义务教育，提出了教育与劳动相结合的原则。

公社采取的上述革命措施，是马克思主义经济危机整体论的科学社会主义的伟大实践，体现了无产阶级的根本利益，反映了公社的无产阶级专政性质。巴黎公社的革命实践充分证明，对于社会主义运动兴起来说，无产阶级掌握武装，建立和保卫无产阶级专政是首要条件。过去社会主义运动的果实之所以被资产阶级窃取，往往是由于人民群众在革命斗争中没有掌握武器，建立和保卫无产阶级专政。巴黎公社的革命实践证明，最使资产阶级害怕的是无产阶级掌握武装，建立和保卫无产阶级专政。所以，梯也尔上台后，就把解除工人武装看成他的第一件大事情；巴黎工人针锋相对，紧握手中的武器，并举行了胜利的武装起义，创立了无产阶级专政的巴黎公社。紧接着，巴黎工人继续用枪杆子保卫了自己的无产阶级专政政权。马克思说："这次革命的新的特点在于人民在首次起义之后没有解除自己的武装，没有把他们的权力拱手交给统治阶级的一群共和主义骗子手里。"① 根据巴黎公社革命的实践，马克思进一步指出："无产阶级专政的首要条件就是无产阶级的军队。工人阶级必须在战场上争得自身解放的权利。"②

但是，在建立和保卫无产阶级专政方面，巴黎公社革命也有血的教训。马克思、恩格斯高度赞扬了巴黎工人用枪杆子保卫公社，同敌人血战到底的英雄气概，同时，又指出公社犯的一个致命错误，就是他们过于仁慈，没有乘胜追击，一举消灭梯也尔匪帮。梯也尔一伙反动势力逃到凡尔赛后，由于公社没有立即向凡尔赛进军，给了这些敌人以喘息机会，使其得以重新纠集反动军队反扑过来，因而导致了革命的失败。恩格斯明确指出："要是巴黎公社不依靠对付资产阶级的武装人民这个权威，它能支持一天以上吗？反过来说，难道我们没有理由责备公社把这个权威用得太少了吗？"③ 实践证明，无产阶级掌握自己的武装，以革命的暴力消灭反革命暴力，建立和保卫无产阶级专政，是社会主义运动取得胜利的一般规律。

第三节　整体论的传播与社会主义政党的发展

从巴黎公社革命到 19 世纪末，是资本主义从自由竞争阶段向垄断阶段过渡的时期。由于社会生产力的迅速发展和资本的不断集中，无产阶级与资产阶级之间的矛盾，也随之扩展和愈加深化。德国统治阶级实行反动的"非常法"长达 12 年之久，不仅没能扑灭社会主义运动，反而使无产阶级受到了锻炼，学到了把合法斗争与秘密斗争结合起来的本领。巴黎公社革命后一度低落的法国社会主义运动，随着民族矛盾与阶级矛盾的日益尖锐，也重新高涨起来，无产阶级在斗争中不断争得更多的权利。其他国家的社会主义运动也相继重新高涨起来。但是，在这一时期内，因主客观条件都不具备，而没有发生过革命，欧洲各国普遍出现了和平发展的局面。各国的社会主义运动，总的说来，都是为了未来的革命时代进行必要

---

① ［德］马克思：《法兰西内战》，《马克思恩格斯选集》第 2 卷，人民出版社 1972 年版，第 372 页。

② 同上书，第 424 页。

③ ［德］恩格斯：《论权威》，《马克思恩格斯选集》第 2 卷，人民出版社 1972 年版，第 554 页。

的准备。

19世纪70—90年代的社会主义运动，不仅规模比过去扩大了，而且由于马克思主义经济危机整体论的广泛传播和许多国家相继成立了社会主义政党，各国工人的组织性和觉悟程度都有了提高。马克思和恩格斯在这个时期，进行了巨大的理论工作和组织工作。他们除继续完成马克思主义经济危机整体论的伟大巨著《资本论》和写了其他许多重要著作之外，还竭力帮助各国建立社会主义政党，批判各种错误理论、纲领和策略。这20多年社会主义运动的主要成果是：马克思主义在社会主义运动中占据了统治地位，在欧美各国普遍成立社会主义政党的基础上，于19世纪80年代末建立了第二国际，在同资产阶级进行秘密斗争和合法斗争方面，各国社会主义政党和组织都取得了一定成就，也积累了很多重要经验。

一 欧美各国社会主义政党的普遍建立

正像前面提到的，19世纪70—80年代，欧美各国的资本主义经济发展很快，并且开始了从自由资本主义向垄断资本主义阶段过渡。随着垄断趋势的不断加强，资本主义的固有矛盾更加深化，经济危机周期性的发生，使无产阶级同资产阶级之间的矛盾日益尖锐。同时，马克思主义经济危机整体论在这段时间也得到了更加广泛的传播。所以，巴黎公社革命失败后，一度低落下去的社会主义运动，又重新高涨起来。各国工人为改善生活和劳动条件，为争取民主权利，不断掀起大规模斗争。1886年5月1日，美国工人为争取八小时工作日，发动了全国总罢工。在芝加哥市，工人们曾同武装军警发生了激烈冲突。资产阶级害怕局势扩展，答应了工人的要求，缩短了绝大多数工人的劳动日。美国工人斗争的胜利，震动了资本主义世界，西欧、东欧以及亚洲，也相继出现了社会主义运动的高潮。

1880—1890年，是英国新工会运动时期。由于有广大非熟练工人参加到社会主义运动中来，使英国社会主义运动有了生气。他们不顾工联主义者的阻挠、破坏，广泛建立起自己的工会组织，开展了罢工斗争。1889年伦敦六万码头工人团结一致举行的总罢工，使水路运输瘫痪，迫使资方让步，取得了胜利。恩格斯认为，这次罢工斗争是英国社会主义运动转变的开端。

19世纪80年代，法国社会主义运动也发展起来。1886年得卡斯威尔的煤矿工人大罢工持续了六个月。这次罢工的政治成果，是在众议院里第一次组成了同资产阶级政党相对立的工人的党团。恩格斯认为，这是 1886 年可以与美国工人"五一"大罢工相比的一件大事。

在俄国，据不完全统计，19 世纪 70 年代共发生过 326 次罢工和骚动，到 19 世纪 80 年代就增加到 446 次。1885 年奥列哈沃—祖也沃城莫洛佐夫工厂工人举行的大罢工，大大提高了俄国无产阶级的觉悟程度和组织性，推动了其他许多地方的罢工斗争，并促进了俄国第一批马克思主义小组的建立。列宁称这次罢工是 19 世纪 80 年代俄国最出色的一次罢工斗争。

欧美社会主义运动的发展，增强了无产阶级的内部团结，提高了组织程度，各国都出现了全国性的工人组织。各国工人经过斗争，都取得了一定的成果，劳动日有所缩短，劳动条件有所改善。美、法两国的成年男工还争得了选举权，英国的部分男工也争取到了选举权。

随着欧美社会主义运动的发展，许多国家的先进工人迫切要求学习马克思主义，各国社会主义政党和组织广泛开展宣传活动，出现了传播马克思主义经济危机整体论的热潮。《资本论》、《共产党宣言》、《社会主义从空想到科学的发展》等马克思主义经济危机整体论的著作深受各国广大工人的欢迎，被译成十几种文字，并多次再版发行。介绍马克思主义经济危机整体论的著作和通俗解释马克思主义经济危机整体论的文章、小册子也大量刊行。

在马克思和恩格斯的帮助或影响下，德国的李卜克内西、倍倍尔、梅林，法国的盖得、拉法格，美国的左尔格，英国的艾威林夫妇，俄国的普列汉诺夫等人，注意结合本国革命实际，在通俗地宣传马克思主义经济危机整体论方面作出了贡献。到 19 世纪 80 年代末，马克思主义经济危机整体论已经得到广泛传播，日益被广大工人群众所接受。

社会主义运动的蓬勃发展和马克思主义经济危机整体论的广泛传播，促进了欧美各国社会主义工人政党的建立。这是马克思、恩格斯为使各国先进工人都能在各自的国家范围内独立地建立无产阶级政党，而进行长期斗争的结果。自从 1869 年德国社会民主工党建立之后，其他许多国家也相继建立了无产阶级政党。

1871 年丹麦社会民主党宣告成立。1876 年第一国际美国各支部和一些社会主义组织，共同成立了美国劳动人民党（1877 年改名为社会劳工党）。1879 年法国工人党成立，同年，西班牙也成立了社会主义工人政党。英国于 1881 年成立了社会民主联盟，1884 年该联盟分裂，以后又有社会主义者同盟等团体出现。

这一时期，欧洲其他一些国家如意大利（1882）、挪威（1887）、奥地利（1888）、瑞士和瑞典（1889）都先后成立了社会主义政党。俄国第一个马克思主义团体——劳动解放社也于1883年在日内瓦成立。欧美各国社会主义政党和组织的普遍建立，标志着社会主义运动已发生了从主要进行经济斗争向更多地从事政治斗争的重要转变。

二　欧美各国社会主义政党和组织的早期活动

欧美各国社会主义者在19世纪七八十年代建立的工人政党和社会主义团体，虽然在宣传社会主义、推动工人运动走上独立发展的道路方面，起过一定的作用。但是在思想上和政治上，它们还都不成熟，其中一些在思想、理论方面仍受资产阶级、小资产阶级社会主义思潮的影响；在组织上也不统一和不够严密，有的同工人运动没有密切联系，等等。马克思、恩格斯对欧美各国社会主义政党的建立和成长极为关注。为了使它们成为真正革命的、群众性的无产阶级政党，马克思、恩格斯不断用马克思主义经济危机整体论的思想影响他们，经常给予热情的帮助和指导，并同这些党内的机会主义派别和错误倾向展开了坚决的斗争。

法国工人党是在马克思、恩格斯的帮助下建立的。1880年11月，法国工人党哈佛尔代表大会通过的党纲，是马克思和恩格斯帮助茹尔·盖得、保尔·拉法格草拟的。但是，党内以贝努瓦·马隆和保尔·布鲁斯为首的机会主义派别，公开反对党的纲领，进行分裂活动，其目的是要把法国工人党变成改良主义的党。

马隆等人要求取消党的最终目的，主张在资本主义制度下，党只要提出一些可能达到的要求就够了，想把无产阶级政党的活动，完全限制在资产阶级可能允许的范围内。因此，他们被称为"可能派"。恩格斯在谈到可能派的路线时指出，他们完全"牺牲了运动的无产阶级的阶级性"①。在马克思和恩格斯的帮助下，法国工人党同可能派进行了坚决斗争。在1882年圣亚田代表大会上发生了两派的分裂。于是，形成了两个党，以盖得、拉法格为代表的革命派决定保留法国工人党的名称和党的革命纲领；以马隆为首的可能派取名"革命社会主义者工人党"，抛弃了革命纲领。

---

① 《马克思恩格斯选集》第4卷，人民出版社1972年版，第434页。

　　恩格斯对英美两国社会党内的教条主义和宗派主义进行了严肃的批判。英国社会民主联盟的领导者海德门等人，因借口当时工会推行改良主义路线而拒绝在工会中开展争取群众的工作，他们采取关门主义态度，不支持工人争取八小时工作日的要求，拒绝参加罢工运动。他们把马克思主义看成死板的教条，不能根据情况提出无产阶级的独立政策。恩格斯曾一再提醒他们，要注意实际斗争。由于他们坚持错误，使联盟变成宗派团体，并于 1884 年分裂，终于瓦解。1884 年，由艾威林夫妇等领导，成立了社会主义者同盟，它同样犯了宗派主义错误。后来，其领导权又操在无政府主义者手中，马克思主义经济危机整体论的拥护者便退出了同盟。

　　在美国，一些社会主义者于 1876 年建立的劳动人民党（后来改名为社会劳工党），其宗派主义和教条主义也很严重。由于多数党员是德国侨民，不仅很少懂得美国语言，而且讥笑当地工人落后，不去认真联系群众。对有广大工人参加的"劳动骑士团"等无产阶级群众性组织，抱着鄙视的态度。他们总是离开美国革命的具体实际，把马克思主义当成教条，所以严重地影响了美国社会主义运动的发展。

　　恩格斯针对英、美社会党人存在的问题，深刻指出："我们的理论是发展的理论，而不是必须背得烂熟并机械地加以重复的教条。"[1] 恩格斯强调，无产阶级必须通过革命实践，总结经验，才能提高理论水平。他教导美国工人阶级，要特别注意"从本身的错误中、从痛苦的经验中学习"[2]。这是掌握马克思主义经济危机整体论的最好途径之一。他耐心地教导英、美社会党人，要深入到群众斗争中去，同工人群众组织建立广泛而密切的联系，并且让群众结合切身的实践经验，去弄懂理论原理，从而找到正确的方向。

　　1883 年，流亡国外的俄国革命者在日内瓦建立了劳动解放社。其主要领导成员有：普列汉诺夫、查苏利奇、阿克雪理罗得等人。劳动解放社在向俄国传播马克思主义经济危机整体论方面，作出了重大贡献。它把《共产党宣言》、《雇佣劳动与资本》、《社会主义从空想到科学的发展》等书译成俄文，并秘密在国内发行。

　　劳动解放社的成员，也写了不少通俗宣传马克思主义经济危机整体论

---

① 《马克思恩格斯选集》第 4 卷，人民出版社 1972 年版，第 460 页。
② 同上书，第 458 页。

的小册子。普列汉诺夫著的《社会主义和政治斗争》、《我们的意见分歧》、《论一元史观的发展问题》等书，对培养整整一代俄国马克思主义者起了重要作用。劳动解放社在宣传马克思主义经济危机整体论的同时，对当时在俄国流行的民粹主义进行了批判斗争。由于劳动解放社没有同工人运动联系起来，因而没有形成为无产阶级政党。它只是在理论上为社会民主主义奠定了基础。

　　法、英、美、俄等国社会主义政党和组织的活动及其所提供的历史教训，都是社会主义运动发展史上的宝贵财富。马克思和恩格斯关于这些政党、组织活动经验的总结，丰富了马克思主义经济危机整体论的内容。

　　在马克思主义刚刚在各种社会主义流派中取得领导地位的时刻，全世界无产阶级的革命导师，马克思主义经济危机整体论的创建者，科学社会主义的奠基人——卡尔·马克思由于长期过度的劳累，身患重病，于1883年3月14日在伦敦寓所逝世了，终年65岁。这是社会主义运动的巨大损失。全世界无产阶级永远铭记他的伟大名字，继续他开创的伟大事业。马克思逝世后，指导社会主义运动的重任，便落到恩格斯的身上。恩格斯继续马克思和他共同开创的事业直至1895年8月5日逝世。此后，马克思主义经济危机整体论继续在亿万人民中传播，在这一理论的指导下，社会主义制度终于在很多国家建立，经济危机也在社会主义运动的兴起中得到了一定程度的根治。

第 六 章

马克思主义经济危机整体论与
社会主义制度的创建

第一节 社会主义制度在苏联的创建及其背景

社会主义制度作为资本主义制度的对立物在世界上的诞生，是马克思主义经济危机整体论广泛传播和社会主义运动蓬勃发展推动的结果，也是世界资本主义体系矛盾发展的结果。马克思主义经济危机整体论的广泛传播和社会主义运动蓬勃发展，提高了广大人民群众的认识，壮大了社会主义的力量；资本主义的发展不断加剧了导致经济危机的资本主义基本矛盾和社会矛盾。社会主义力量的壮大和资本主义内在矛盾的激化，为社会主义制度的创建准备了必要的条件和前提。

19 世纪末 20 世纪初，当资本主义进入垄断资本主义阶段，即帝国主义阶段后，资本的积聚与集中和生产过程的社会化大大增强了。一方面生产愈来愈社会化，另一方面占有仍然是私人资本主义性质的。资本主义的基本矛盾，即生产过程的社会性与生产成果的资本主义私有形式之间的矛盾空前尖锐化了。正是这一矛盾的尖锐化促成社会主义制度的创建。列宁把垄断的加强和金融资本势力的膨胀，看成是"社会主义必然到来的主要物质基础"[①]。并指出帝国主义是垂死的、腐朽的资本主义，是资本主义发展的最高和最后阶段，是社会主义革命的前夜。

列宁发展了马克思主义经济危机整体论，提出并论证了帝国主义时代资本主义国家经济和政治发展不平衡的规律。指出资本主义国家发展的不平衡性和跳跃性，决定了社会主义革命在各个国家成熟的时间不可能是一

---

① 《列宁选集》第 2 卷，人民出版社 1972 年版，第 599 页。

致的，个别国家的无产阶级有可能突破世界资本主义体系，社会主义革命有可能首先在少数甚至是一个国家取得胜利；社会主义革命不一定首先在最发达的资本主义国家里取得胜利，而是将在帝国主义链条中最薄弱的环节实现。

20世纪初，俄国是世界资本主义矛盾的焦点。当时，它不仅具有世界资本主义的所有典型的社会经济矛盾；而且，由于沙皇的专制主义统治使这些矛盾特别尖锐。这就使俄国具备了向社会主义过渡的必要的物质条件和前提。列宁从整个世界资本主义体系出发，并把俄国作为世界资本主义体系的一个组成部分，来分析俄国社会主义革命的条件和前提，指出，世界资本主义的矛盾随着它进入帝国主义阶段而激化了，俄国是世界资本主义矛盾的焦点，是帝国主义链条中最薄弱的一环。

在列宁发展了的马克思主义经济危机整体论的指导下，在各种社会经济条件均已成熟的情况下，俄国无产阶级于1917年11月7日取得了十月革命的伟大胜利。十月革命的胜利开辟了人类历史的新纪元，诞生了世界上第一个社会主义制度的国家。从此，统一的资本主义世界经济体系被打破了，一种新型的社会经济形态——社会主义经济制度开始在世界上出现了。

十月革命胜利后，苏维埃国家所面临的主要任务就是按社会主义的原则改造社会，即对国民经济进行社会主义改造，并着手恢复和发展社会生产力，建立社会主义的经济基础。当时苏维埃国家主要从以下三个方面来实现从资本主义向社会主义的过渡。第一，实行私有制的社会主义改造，变革现存的生产关系；第二，建立社会主义的经济管理体制；第三，大力发展社会生产力，建立与社会主义社会相适应的社会化大生产的物质基础。

在经过一系列的社会主义革命运动和大规模的社会主义建设之后，苏联于20世纪30年代基本建成了社会主义制度。十月革命的胜利和社会主义制度在苏联的创建，证明了马克思主义经济危机整体论揭示的资本主义基本矛盾发展规律的正确性，特别是证明了它的科学社会主义思想的正确性。第二次世界大战后，中国和其他一些国家，在本国化的马克思主义经济危机整体论科学社会主义思想指导下，相继创立了社会主义制度，在克服经济危机和解放生产力方面取得了前所未有的进步。

苏联是第一个创建社会主义制度的国家，苏联人民进行社会主义建设形成的社会主义建设方式、道路，是社会主义制度在苏联的具体实现形式，现在一般被称为"苏联模式"。它包括建设社会主义的方针、政策以及体制，这些内容既反映了社会主义革命和建设的共同规律，即社会主义的共性，又反映了在苏联具体历史条件下实现社会主义的特殊形式，即社会主义的特殊性。

斯大林是苏联社会主义制度模式的主要创立者。1924 年 1 月列宁逝世后，斯大林逐步确立了在苏联共产党内的领袖地位。斯大林领导苏联人民长达 30 年，建立了苏联的社会主义的基本制度和具体体制，实施了建设社会主义的方针、政策，建成了社会主义社会。其大致的历史过程是：在斯大林领导下，从 1928 年 10 月至 1936 年底，苏联完成了第一、第二个五年计划。

在这期间，苏联依据苏联化的马克思主义经济危机整体论科学社会主义思想，消灭了城乡资本主义经济，建立了社会主义公有制，社会制度的性质发生了根本的变化；消灭了剥削阶级，社会的阶级结构发生了根本的变化；苏联的生产力得到迅速发展，社会经济状况发生了重大的变化，已经由落后的农业国变成一个工业—农业国。1936 年 12 月，苏联制定和颁布了新宪法。这部新型的社会主义宪法，把社会主义社会的基本原则用法律形式规定了下来，标志着苏联社会主义制度模式的形成。

苏联社会主义制度模式的基本内容包括两个方面。一是有关发展战略、建设社会主义方针政策方面的内容，如优先发展重工业，迅速实现社会主义工业化，处理农轻重关系等；一是有关制度方面的内容，即建立的社会主义制度及其具体的政治经济体制、运行机制。1953 年 3 月斯大林逝世后，苏联的政治经济状况发生了很大的变化，但是，斯大林领导时期建立的社会主义社会基本制度框架，即 1936 年宪法规定的基本原则依然沿袭下来，直到 20 世纪 80 年代中期。

苏联社会主义制度模式是在特定的历史条件下形成的，很大程度上受到险恶的国际环境的影响。斯大林执政时期，苏联所处的国际形势十分险峻，一直处在资本主义国家包围和国际反共战争逼近的状态中。国际反共战争威胁的形势要追溯到十月革命时期。在十月革命胜利后，很多人曾寄希望于世界革命大面积爆发，使社会主义由一国胜利发展到多国胜利，短期内完成世界革命，实现马克思、恩格斯所设想的无产阶级在全世界的胜利，至少能改变一个社会主义国家孤立、弱小的局面，形成社会主义阵营。当时，在十月革命胜利的鼓舞下，欧洲革命出现了短暂的高潮。1918年芬兰爆发革命，1 月无产阶级夺取了政权，宣告成立芬兰社会主义工人共和国。同年 11 月，德国爆发了革命，建立了巴伐利亚苏维埃共和国。1919 年匈牙利无产阶级革命取得了胜利，成立了苏维埃政权。

然而，这些革命由于帝国主义的镇压、社会党人的背叛、共产党人的错误，很快就失败了。到 1923 年，保加利亚九月起义、德国汉堡十月起义、波兰克拉科夫十一月起义相继失败之后，欧洲革命再度陷入低潮，俄国成为世界上唯一的社会主义国家，处于国际帝国主义的包围之中。1918年起，为了将新生的苏维埃政权扼杀在摇篮之中，帝国主义纠合 14 个国家，勾结俄国国内的反革命势力，发动了大规模的武装干涉和反革命叛乱。为了打退帝国主义的进攻，粉碎反革命势力的叛乱，从 1918 年春到1920 年末，布尔什维克党领导人民进行了艰苦卓绝的斗争，打退了帝国主义的干涉，粉碎了反动派的叛乱，初步巩固了苏维埃政权。

在 20 世纪二三十年代，由于帝国主义对俄国苏维埃政权干涉失败，欧洲推翻资本主义的革命受挫，苏联与西方资本主义的关系出现了一种新状态：帝国主义消灭不了苏联，不得不与苏联和平共处，但它们并不放弃反苏的宗旨，总在寻求机会进行侵略和颠覆；苏联力量相对弱小，处于资本主义包围之中，对外采取的唯一正确的策略是和平共处，借以利用暂时的和平机遇壮大自身的力量，争取社会主义的最终胜利。

苏联与国际资本主义呈现一种本质上对立却又不能不和平共处的关系。到 1925 年，除美国外几乎所有的资本主义国家都承认了苏联，并相互建立了外交和商业贸易往来关系。1933 年，美国也最终承认了苏联。然而在这种和平共处中，资本主义国家为了缓解资本主义世界内部无法克服的经济危机，仍然保留着反共战争的野心。

当 20 世纪 20 年代末 30 年代初资本主义世界经济危机完全爆发后，为维护统治和摆脱危机，各国纷纷采取了相应的措施。有的国家（如美国）采用改良政策，缓和矛盾。有的国家（如德、意、日等国）则相继建立起法西斯统治，公开叫嚣战争，德、意、日三国甚至结成反共产国际协定，形成"柏林—罗马—东京"轴心，旨在"协力防止共产主义的破坏"，实行孤立苏联、包围苏联、准备条件来对苏联发动战争的政策，直接把进攻的矛头指向苏联。

于是，欧洲和远东成为两个战争策源地，局部战争频频爆发。实际上，回顾历史，在斯大林所处的时代，共发生了两次世界大战。其他各种局部战争（包括地区战争、国内战争和民族解放战争，等等）也不断爆发，而且经久不息。当时的苏联，从 20 世纪 20 年代到 40 年代，始终是处在世界资本主义的包围之中，始终处在战争或备战的特殊条件之下。苏联不仅经历了国内战争，而且经历了外国武装干涉和大规模的卫国战争，可见，在当时，战争的阴云是非常浓重的。

这种持续的反共战争威胁的国际形势必然会对斯大林思考如何建设苏联社会主义国家产生不可忽视的影响。既然战争迫在眉睫，要备战和进行战争，那就必然要求全党和全国人民在政治上、思想上和行动上高度地统一起来，就要求高度集中地统一使用国家有限的人力、财力、物力，就必须高速度地发展工业，尤其是重工业和军事工业，并使其他一切领域和部门都予以配合。

这正如列宁早就指出的："要么是灭亡，要么是开足马力奋勇前进。历史就是这样提出问题的。"① 因此，斯大林明确指出："我们不能知道帝国主义者究竟会在哪一天进攻苏联，打断我国的建设。他们随时都可以利用我国技术上经济上的弱点来进攻我们，这一点却是不容置疑的。所以，党不得不鞭策国家前进，以免错过时机，而能尽量利用喘息时机，赶快在苏联建立工业化的基础，即苏联富强的基础。党不可能等待和应付，它应当实行最高速度的政策。"② 因为，"我们比先进国家落后了五十年至一百年。我们应当在十年内跑完这一段距离。或者我们做到这一点，或者我们被人打倒"③。"延缓速度就是落后。而落后者是要挨打的。"④

当时国际社会的战争与革命的时代主题，与苏联国内备战与高速工业化的社会生活主题，是相辅相成的。前者是后者的前提，后者是前者的必然产物。在经济上，苏联社会主义制度模式的高速工业化，农业集体化，集中资金、资源、人力搞国防重工业的做法，从备战的角度看，其重要作用自不必多言。在政治上，高度集权制的形成受备战因素的影响同样是强烈的。在战争阴云十分浓重的形势下，抵御外来侵略，巩固和捍卫社会主义制度的问题，成为当时斯大林及其他苏联领导人最为关注的问题。为了

---

① 《列宁选集》第 3 卷，人民出版社 1995 年版，第 271 页。
② 斯大林：《列宁主义问题》，人民出版社 1964 年版，第 454 页。
③ 《斯大林选集》下卷，人民出版社 1979 年版，第 274 页。
④ 同上书，第 273 页。

保卫苏维埃国家以防止突然的事变，为了随时准备捍卫和巩固新生的苏维埃政权，苏联不得不把尽快建成工业强国、实现社会主义工业化的任务提到首要地位。

可见，苏联社会主义制度模式，在很大程度上是在当时特定的国际形势下作出的必然选择。这样就容易理解，如果有人把这种制度模式作为社会主义制度的唯一模式，在国际国内形势变化以后，或在别国的不同条件下，不能对这种制度模式不断作出正确的调整，当然也就无法像苏联创建社会主义制度时那样发挥出其应有的作用。

第二节　苏联社会主义制度模式的主要成就和不足

正如前面提到的，列宁发展了马克思主义经济危机整体论，提出社会主义革命不一定首先在最发达的资本主义国家里取得胜利，而是将在帝国主义链条中最薄弱的环节实现，并领导俄国发动了十月革命，在苏联建成了第一个社会主义国家，后来斯大林又继续领导苏联创建了苏联社会主义制度模式。应该看到，苏联从沙俄继承来的经济遗产是十分落后的。1913年俄国的工业总产值只占世界工业总产值的2.6%，相当于美国的6.9%，英国的22%，德国的17.2%，法国的40.3%。第一次世界大战又使俄国工业下降了36%。[①] 除资本主义工业外，其余基本上都是封建统治下的犹如汪洋大海的极其落后的小农经济。

斯大林指出："苏维埃政权不能长久地建立在落后的工业的基础上，只有不仅不逊于而且过一个时候能够超过资本主义各国工业的现代大工业才能成为苏维埃政权的真正的和可靠的基础。"[②] 然而，苏联实现社会主义大工业的发展道路是十分艰难的：原有的经济十分落后，财力、物力匮乏，苏联又没有像英国、美国、德国发展重工业时那样，或者靠巨额借款或者靠掠夺其他国家，或者同时采取这两种办法，苏联是靠自力更生来实现工业化的，这显然是一条"需要有重大的牺牲"、"应该公开和自觉地忍受这种牺牲"[③] 的道路。

---

① 顾海良主编：《马克思主义发展史》，中国人民大学出版社2009年版，第322页。
② 斯大林：《列宁主义问题》，人民出版社1964年版，第446页。
③ 同上书，第448页。

斯大林在具体分析苏联当时的状况，在国民经济得以恢复的基础上，决定有计划地全力推进工业化。他一方面采取了集中力量发展重工业，建立既能保证强大国防、又能改造整个国民经济的物质技术基础的方针；另一方面也采取了限制、排挤资本主义成分的办法，确立社会主义经济的统治地位。通过对国民经济实行高度集中的计划管理，国家高度集中地使用有限的经济资源，对经济实践中产生的问题用加强行政控制的办法来解决。这样便逐步形成了中央高度集权、排斥市场机制的经济体制的雏形。

苏联从 20 世纪 20 年代末开始实施五年计划，步入高速工业化的道路。"一五"计划是从两个可比较的方案中挑选出的速度最快的方案，刚被通过，全国各地就提出了"五年计划四年完成"的口号。"二五"计划的增长指标也定在一倍以上。两个五年计划都提前完成。苏联工业化的速度是惊人的，短短十年时间改变了苏联的面貌。应该说，苏联在新的生产单位快速建立，物力、财力极为紧张，合格的管理干部和技术人才明显不足的情况下，为了保证重点和战略的需要，中央运用集中的计划和行政手段管理经济是必要的。

在 1930 年召开的联共（布）十六大上，斯大林勾画了苏联社会主义制度模式的基本轮廓，这就是：（1）资产阶级和地主阶级的政权已经被推翻，工人阶级和劳动农民的政权已经建立；（2）生产资料已经从资本家那里夺过来并转为工人阶级和劳动农民群众所有；（3）生产的发展所服从的不是竞争和保证资本主义利润的原则，而是计划领导和不断提高劳动者物质和文化生活水平的原则；（4）国民收入的分配不是为了保证剥削阶级及其寄生仆役发财致富，而是为了不断提高工农的物质生活和扩大城乡社会主义生产；（5）劳动者的物质生活状况的不断改善和劳动者的需求（购买力）的不断增长，成为扩大生产的日益增长的源泉，保证劳动者免遭生产过剩的危机，免受失业增长的痛苦和贫困的痛苦；（6）工人阶级和劳动农民是国家的主人，他们不是为资本家而是为自己工作。这些标志着苏联社会主义制度模式的要点，尽管本身还不够完善，在实施中也发生这样那样的偏差，但它们的确立确实对发展生产和富裕人民产生了巨大成效，不仅对苏联本国而且对世界经济危机的克服都起到重大抑制作用。

特别值得提到的是，在苏联社会主义制度模式下，为了加速科学技术的发展，提高工人阶级和劳动群众的文化水平，斯大林提出了"在改造时期，技术决定一切"的口号，强调在劳动者中开展文化的普及教育。20 世纪 30 年代苏联利用资本主义处于经济危机，大量科技成果、设备急需寻找国际市场的大好时机，积极引进外国的技术和设备。因此，苏联的教科文事业发展十分迅速。

十月革命后，苏联文盲人口仍然占全国总人口的 50%—60%。针对这种落后情况，苏联实行了四年制的普及教育；在农村和工人新村，又实行了七年制义务教育，使千百万劳动群众及其子女获得了受教育的机会，掌握了科学文化知识。第二个五年计划完成时，在 9—49 岁年龄段，识字居民已达到 87.4%。到 1929 年年底，城市产业工人中的文盲基本上扫除，到 1931 年 5 月，莫斯科已成为一个无文盲的城市。①

1932 年，在农村的扫盲学校共招收 1500 万人，其中 1100 万人的文化水平有了一定的提高。到了 1959 年，全苏联人口普查资料表明，苏联劳动人民不识字的现象已基本上消灭。自 1920 年至 1940 年，约有 5000 万原来是文盲的成年人识了字。② 1913 年沙俄时代仅有 1.16 万名科技工作者，到 1940 年，苏联拥有科技工作者数目达 9.83 万人，比 1913 年增长了 7.4 倍。1947 年底，苏联政府宣布已经掌握了原子武器的秘密。1953 年 8 月，苏联在北极圈的弗兰格岛爆炸了氢弹，其设计方法比美国更先进。③

苏联社会主义制度模式第一次把马克思主义经济危机整体论的科学社会主义思想变成了现实。马克思、恩格斯曾指出，他们提出未来的社会制度问题的根据是"共产主义是从资本主义中产生出来的，它是历史地从资本主义中发展出来的，它是资本主义所产生的那种社会力量发生作用的结果"④。随着资本主义生产方式的发展，资本主义社会内社会分工日益加深、各种经济联系不断加强，从而使得生产越来越具有社会性质。生产力不断社会化的性质，客观上要求由社会来占有生产资料并调节整个国民经济。但是，生产资料的资产阶级所有制，妨碍着生产力社会化性质客观要求的实现，这就是生产社会性与私人资本主义占有之间的矛盾，这种矛盾是资本主义生产方式中的基本矛盾。这种矛盾的日趋激化，频繁引发经济危机，使资本主义方式越来越成为生产力发展的桎梏。

---

① 顾海良主编：《马克思主义发展史》，中国人民大学出版社 2009 年版，第 344 页。
② 参见［苏］A. M. 普罗霍罗夫主编《苏联百科手册》中的"科学"、"文化建设与文学艺术"部分，山东人民出版社 1988 年版，第 361—658 页。
③ 顾海良主编：《马克思主义发展史》，中国人民大学出版社 2009 年版，第 344—345 页。
④ 《列宁全集》第 31 卷，人民出版社 1985 年版，第 81 页。

　　如果不解决这个矛盾，经济危机的周期性爆发会使生产力不仅不能得到发展，而且还会遭到破坏。要解决这个矛盾，就只能用生产资料公有制代替资产阶级的私有制。然而这个"取代"的过程，必然引起资产阶级的殊死反抗，而且他们往往首先把刺刀提到日程上，对无产阶级进行镇压。这就迫使代表先进生产力的无产阶级在共产党的领导下，举行无产阶级革命，推翻资产阶级政权，实行无产阶级专政。生产资料公有制的建立，动摇了人剥削人的经济基础，这就为实现按劳分配，消除两极分化，逐步克服经济危机创造了前提。

　　在这个艰苦斗争的过程中，要处理好各种复杂的矛盾和关系，以赢得斗争的胜利，无产阶级必须以马克思主义经济危机整体论的科学社会主义思想作指导。十月革命胜利后建立的社会主义基本制度，正反映了这种社会发展的客观规律，因此具有历史的必然性和普遍意义。苏联社会主义制度模式中体现的马克思主义经济危机整体论的科学社会主义思想是正确的，它不仅在苏联而且在世界都对解放和发展生产力，克服经济危机起到了革命的、进步的作用。

　　关于苏联社会主义制度模式中所包含的具体做法，大体可分为四种情况：一是正确的。这种做法反映了社会主义的本质利益关系，符合生产力发展的要求、适应克服经济危机的需要；二是在当时历史条件下是适合的、甚至是必要的，因此起过积极作用，但随着时间的推移、条件的变化，必须及时进行改革，否则就会僵化；三是原本就是违背社会主义本质的错误的东西，当时就影响了社会经济的发展，现在更需要加以纠正；四是在苏联条件下是合适的，搬到其他国家去就不合适了。在当时的苏联社会主义制度模式中，这四种情况，第一种和第二种是主导的方面。

　　正因为苏联社会主义制度模式在其所处的斯大林时代，对于解放发展生产力、克服经济危机从主流上看是好的，近几年来俄罗斯对斯大林时期持正面评价的人高达一半以上。2007 年 1 月，由俄罗斯列瓦达研究中心与美国学者共同对俄罗斯 44 个地区进行了调查，最新资料显示超过一半的人认为斯大林是"英明的领袖"；2007 年 6 月，在普京总统关注下通过的俄罗斯教科书中称"斯大林是苏联最成功的领导人"①。2007 年，俄罗斯科学院世界历史研究所舒宾教授写道："俄罗斯工业化现代化进程决定性

①　转引自顾海良主编《马克思主义发展史》，中国人民大学出版社 2009 年版，第 352 页。

的阶段是在 30 年代斯大林执政时期。斯大林体制确实具有严酷性，其严酷的程度甚至比资本原始积累阶段也毫不逊色。但只有这样才能集中掌握对于建设工业基础必需的资源，并奠定了苏联工业体制进一步发展的基础。"①

2007 年 4 月俄共中央主席团《关于伟大的十月社会主义革命 90 周年》的决议指出："共产党人领导的苏联社会认识到斯大林关于必须在十年之内跨越主要资本主义国家用了不少于一个世纪才走完的那条历史道路的思想极为重要。土西铁路、第聂伯列宁水电站、马格尼托戈尔斯克钢铁联合企业成为体现在劳动中的忘我精神的象征。由于苏联人民的群众性的英雄主义和忘我牺牲精神，苏联才变成了一个强大的工业化大国"；"牢固的经济基础和政治基础，生产资料公有制的确立，为苏联人民取得伟大的卫国战争的胜利奠定了可靠的基础"②。

当今俄罗斯青年对苏联时期的态度，也发生了从强烈的负面的评价到强烈的肯定评价的变化。俄罗斯一些社会学家经研究指出，目前曾在苏联度过儿童时代的青年中间，弥漫着一种情绪："我想返回苏联，那是我生命中最好的时光。"据《俄罗斯记者周刊》报道，留恋苏联时代渐渐成为30 岁年龄人群中不断扩大的现象。1970 年以后出生的青年经历了两种社会制度的生活，走过了对苏联的极端排斥，到思想认识发生重大转变，又开始怀念苏联的心路历程。全面地了解当今俄罗斯青年一代对斯大林和苏联社会主义制度模式的重新评估，对客观地评价苏联社会主义制度模式是有重要参考价值的。

总体来看，苏联社会主义制度模式的成就首先表现在，适应了建立在经济文化相对落后基础上的社会主义国家求生存、求发展的迫切需要。俄国走向资本主义道路晚于西方，同西方发达国家相比，生产力水平低，经济文化落后。因此苏联必须超常规地发展，苏联社会主义制度模式恰恰适应了这种需要。事实表明，从 1928 年到 1940 年，苏联新建 9000 个大型工业企业，整个工业生产能力增长了九倍。联合国《世界银行》在关于世界工业化分析的总报告中指出："相当清楚的是，苏联在工业化方面取得了巨大进展。根据西方经济学家的计算，苏联国内生产总值平均每年增长

---

① 转引自顾海良主编《马克思主义发展史》，中国人民大学出版社 2009 年版，第 352 页。
② 同上。

率从1929年到20世纪50年代中期为6.7%，1953—1965年为6.1%，1966—1970年为5.3%"① 这个报告还把二战后20年间苏联工业化的发展与世界其他国家作了比较对照，指出：在工业化国家中，除了日本和德国以及所有非市场经济国家，增长速度都没有苏联快，增长持续时间也没有苏联长。②

苏联社会主义制度模式的成就还表现在，它体现了不同于资本主义制度的新型社会制度的特点，显示了社会主义在发展初期的优越性。从社会主义的根本任务是发展生产力的角度看，从衡量一种社会制度是否具有优越性要看其是否能解放和发展生产力的角度看，应该肯定苏联社会主义制度模式的历史作用和进步性。由于建立了公有制，劳动者摆脱了在资本主义制度下遭受剥削的命运，摆脱了生产劳动过程中不平等的遭遇，体现出劳动者翻身做主人的新特点，对于在世界范围内克服经济危机起到了不可低估的作用。

特别是，在这种体制模式下，苏联有力量打败德国法西斯，体现了社会主义的强大生命力。德国法西斯发动侵略战争后，西方资本主义国家如法国等一些国家先后被法西斯打得一败涂地，遭受惨重的损失。可是，苏德战争爆发后，德国法西斯却遇到苏联的坚决抵抗和毁灭性的打击，这是德国法西斯最后遭到灭亡的决定性原因。正如丘吉尔所说："与英国和美国的巨大资源相比，尤其是与俄国巨大的努力相比，我们所实施的一切战役规模都是不大的。"③

事实确实如此，苏德战争爆发的半年内，苏联就有110万共产党员奔赴前线，其中包括500名加盟共和国党中央至区委会的各级党组织的书记。1941年7—11月，苏联从西部地区向东部地区共迁移1523个大工厂，向后方转移人员1000多万，保证了重工业生产的实力。卫国战争的最后三年，苏联每年能够生产4万架飞机，3万辆坦克，12万门大炮，45万支机关枪，300多万支步枪，200多万支冲锋枪，10万门迫击炮。1945年1月，苏军的装备同德军相比，占绝对优势。在整个第二次世界大战中，德军损失兵员1360万人，其中73%损失于苏德战场。④

---

① 转引自顾海良主编《马克思主义发展史》，中国人民大学出版社2009年版，第353页。
② 同上。
③ 同上书，第354页。
④ 顾海良主编：《马克思主义发展史》，中国人民大学出版社2009年版，第354页。

苏联社会主义制度模式的成就，尤其表现在为世界社会主义国家的发展提供了一个可资借鉴的发展模式。苏联作为世界上第一个社会主义国家，它创立的社会主义最初模式，对其他社会主义国家的建设必然有借鉴意义。这对欧亚社会主义国家社会主义制度的巩固、社会经济的发展、社会主义阵营的建立和力量的壮大都产生了巨大影响。这种影响连美国反共政论家布热津斯基也说："这种趋势不可避免地促使新创立的几十个原殖民地国家最初采用各种各样社会主义建国方针。其中不少国家最初是从苏联的经验中寻求灵感，并把苏联的经验当作仿效的样板……在 50 年代和 60 年代许多第三世界国家赞颂苏联模式是实现现代化和社会主义的最佳最快的途径。""苏联社会主义制度的表面胜利逐渐产生的重要影响，几乎把 20 世纪变成了一个以共产主义的崛起和影响为主的时期……正是由于共产主义传播到中欧和中国，才从根本上改变了世界政治格局。共产主义成为知识界议论的主要话题，并似乎代表了历史发展的吉兆。"①

鉴于苏联社会主义制度模式所取得的成就，美国作家安娜·路易斯·斯特朗曾写道，斯大林"从 1928 年开始在单独一个国家里，在一个为敌人的世界所包围的经济技术落后的农民国家里，开始建设社会主义。当他开始的时候，俄国是一个农业和文盲的国家；当他结束的时候，俄国已经成为世界上第二个工业强国。他两度这样建设了俄国：一次在希特勒入侵之前，再一次是在战争的废墟上。这要永远归功于他。他是这项宏伟工程的工程师"。当然，"这是历史上一个翻天覆地、生气勃勃的伟大时代，也许是最伟大的时代。他不仅改变了俄国的生活，而且也改变了全世界的生活。它产生了千百万英雄，也产生了某些恶魔。比较渺小的人今天可以回顾时代并且列举出它的罪恶。但是，那些在斗争中生活过来的人，甚至许多因斗争而死去的人，却曾经忍受了祸害，认为这是建设的一部分代价"②。

1963 年 3 月 5 日联邦德国《世界报》在总结斯大林毕生活动时写道，在列宁逝世以后，斯大林取得全部领导权时，"俄国还和沙皇时代一样是一个农业国家。当他在三十年后逝世的时候，苏联已成为在世界上排名第

————————

① ［美］布热津斯基：《大失败——二十世纪共产主义的兴亡》，军事科学院外国军事研究部译，军事科学出版社 1979 年版，第 14 页。

② ［美］安娜·路易斯·斯特朗：《斯大林时代》，石人译，世界知识出版社 1979 年版，第 176、2 页。

二的工业强国"。"西方几乎花了二百年的时间才做到的事情……在俄国几十年不长的时间里用残酷的办法、坚定的意志实现了。总而言之，这是现代史中最伟大的经济和社会改革"①。应该说，这些评价是符合历史事实的，是公正的。

当然，作为世界上第一个社会主义制度模式，苏联社会主义制度模式不可避免地存在很多不足。这主要表现在：经济上，单一的所有制形式，过分集中的、排斥市场经济的计划经济，造成了经济运行机制的日趋僵化。过分强调优先发展重工业、忽视农业和轻工业，造成了国民经济各部门比例失调，市场供应紧张，特别是消费品缺乏，货币不稳定，严重影响了人民群众生活水平的提高。政治上，少数领导人专权，缺乏民主监督机制，官僚主义严重，法制不健全，甚至存在破坏民主集中制原则，破坏国家法制等弊端。在党政关系上，以党代政，党政不分，没有处理好党政关系、中央与地方关系以及党群关系，同时机构臃肿，行政人员过多，党的领导干部和国家机关工作人员严重脱离党员和群众，等等。正是因为有这些不足，苏联又没有随着时代变化对这些不足进行有效及时的改革，而是使这些不足愈演愈烈，所以才导致了在20世纪90年代的最终解体。

第三节　社会主义制度创建的影响

十月革命后苏联社会主义制度创建和第一次世界大战，标志着一个新时代的开始。这个时代是社会主义制度创建和发展的历史时期。一方面，资本主义国家经过第一次世界大战，元气大伤，而且资本主义无所不包的世界体系还被冲开了一个大缺口，在地球六分之一的土地上创建了与之大不相同的社会主义制度。从此，在资本主义各种固有的矛盾之外，又新加了资本主义与社会主义的矛盾，使资本主义更加处于腹背受敌的境地。从此，世界上再也没有资本主义可以安稳统治的一统天下了。

另一方面，新兴的社会主义国家，虽然面临着许多初生的困难，但很快就站稳了脚跟，显现出解放和发展生产力、克服经济危机的巨大力量，以辉煌的成就，宣告了马克思主义经济危机整体论的正确性，预示了整个

---

① 〔俄〕罗伊·麦德维杰夫：《让历史来审判》，赵洵等译，人民出版社1983年版，第225页。

世界的发展和未来。影响所及，人们心向往之，效而行之，各国人民的革命斗争很自然地更加迅猛地发展起来。在第一次和第二次世界大战前后的数十年里，又有不少国家的社会主义制度创建起来，两种不同社会制度渐成并存之势。尽管这时的社会主义制度还比较弱小和不够成熟，但已展现出了巨大的发展潜力。它们的创建引人思考，也催人探索。

一　社会主义制度创建在第一次世界大战前后的影响

十月革命社会主义制度在苏联的创建，在第一次世界大战前后，很快开辟了殖民地、半殖民地民族解放运动的新时代。殖民地、半殖民地的民族解放运动，由于这种运动直接威胁到资本主义的统治，已成为世界社会主义运动的一部分。中国、朝鲜、印度尼西亚、印度、伊朗、土耳其等国也先后出现了规模空前的这样的民族民主革命运动。

1919 年，朝鲜爆发的反对日本资产阶级的"三·一"人民大起义，标志着朝鲜民族解放运动进入一个新的阶段。1919 年 3 月 1 日，汉城的工人、学生、市民举行 30 万人的游行示威，高呼"打倒日本帝国主义"、"朝鲜独立万岁"等口号，向日本资产阶级及其走狗发起猛烈进攻。同一天在平壤、仁川、南蒲、元山等地和许多农村也举行了群众性的游行示威。日本资产阶级动员一切力量疯狂地镇压朝鲜人民的爱国斗争，派出大批军警逮捕、枪杀游行群众，3 月 1 日仅汉城一地就逮捕上万名的爱国者。

为了回击日本资产阶级的疯狂镇压，3 月 5 日，汉城的工人和其他爱国者举行了武装起义，同日本资产阶级的军警进行英勇搏斗。同一天平壤的工人也举行了武装起义。接着武装起义发展到全国各地。在全国 218 个郡中有 211 个郡举行了武装起义，参加斗争的群众达 200 万以上。但由于起义群众缺乏统一领导，加上资产阶级的叛卖活动，轰轰烈烈的"三·一"人民大起义，被日本资产阶级采取极其残酷的手段镇压下去。朝鲜爱国者 8000 人被屠杀，52000 人被逮捕。"三·一"起义有力地打击了日本资产阶级的统治，锻炼和教育了人民，是朝鲜民族解放运动的转折点。从 1920 年起，许多工业中心成立了马列主义研究小组。1925 年 4 月，朝鲜共产党成立。

十月革命社会主义制度在苏联的创建，推动了印度尼西亚人民反对荷兰殖民统治的民族独立斗争。1920 年 5 月建立了印度尼西亚共产党，从此，民族解放运动有了新的发展。1920 年泗水码头工人大罢工，1921 年糖业工人总罢工，1923年爪哇铁路工人大罢工，沉重地打击了荷兰殖民主义者的统治，扩大了印度尼西亚共产党的影响，推动了印度尼西亚民族解放运动的发展。

在十月革命社会主义制度在苏联的创建的推动下，印度人民反抗英国殖民统治和争取民族独立解放运动发展起来。1918年爆发了纺织工人大罢工。1920年到1922年初，印度民族解放运动出现了新的高潮。仅1921年，工人罢工多达390次，农民运动也轰轰烈烈地开展起来。面对着印度出现的蓬勃发展的民族解放运动，英国殖民主义者采取反革命两手策略，一方面进行政治欺骗；另一方面实行武力镇压。由于敌人力量的强大，加上缺乏无产阶级的领导，使印度民族解放运动出现了低潮。

第一次世界大战后，英国军队占领了整个伊朗。1919年8月英资产阶级同伊朗王朝签订了英伊条约，使伊朗实际上变成了英国的殖民地，因而激起了伊朗人民的反帝怒潮。1920年，伊朗各地发生了反对英殖民主义者、争取民族独立的武装斗争。伊朗北部的阿塞拜疆省爆发了武装起义，建立了民族政府。在吉兰省，由伊朗共产党同以库切克汉为代表的地主资产阶级集团结成抗英统一战线，成立吉兰共和国。后由于资产阶级叛变，在英国和伊朗政府军队的镇压下革命遭到了失败。

第一次世界大战前，土耳其是一个封建帝国，第一次世界大战爆发后，它加入德奥帝国主义集团方面作战。大战后土耳其面临着被协约国帝国主义列强瓜分的危险。1919年，土耳其爆发了反对帝国主义武装干涉、争取民族独立的资产阶级革命。1923年成立了以基马尔为首的资产阶级政府，建立了资产阶级专政。此后不久，这个政府在对内对外政策上转向反动，又投入帝国主义怀抱，使土耳其又变成了半殖民地。

第一次世界大战前后，中国一步一步地由封建社会变成了一个半殖民地半封建的社会。外国资产阶级同中国封建主义勾结起来，压迫和掠夺中国人民。从鸦片战争到五四运动，灾难深重的中国人民，为了反抗帝国主义和封建主义的双重压迫，进行了70多年不屈不挠的英勇斗争，但都先后失败了。惨痛的历史经验表明，中国人民要革命，中华民族要解放，必须有新的思想武器，即马克思主义经济危机整体论，必须走新的革命道路，即俄国十月革命创建社会主义制度的道路。

1917年，十月革命一声炮响，给中国送来了马克思主义经济危机整体论。十月革命社会主义制度在苏联的创建，帮助了全世界的也帮助了中国的先进分子，用马克思主义经济危机整体论作为观察国家命运的工具，重新考虑自己的问题。走俄国人的路——这就是结论。在十月革命创建社会主义制度的影响下，中国人民空前觉醒，产生了大批赞成俄国革命的具有初步共产主义思想的知识分子。从 1918 年下半年，马克思主义经济危机整体论开始在中国传播。

李大钊在早期传播马克思主义经济危机整体论方面作出了重要贡献。1918 年 7 月，李大钊发表了《法俄革命之比较观》，对十月革命的本质，作了比较深刻的说明，指出十月革命与法国资产阶级革命的区别。同年 11 月，他又发表了《庶民的胜利》和《布尔什维主义的胜利》，热情地歌颂了十月革命给人类社会带来的新曙光。1919 年 5 月间，他为《新青年》编辑出刊了《马克思列宁主义研究专号》，并发表了《我的马克思主义观》，还在他主编的《少年中国》杂志中宣传马克思主义论著和介绍有关社会主义的文章。陈独秀主编的《新青年》杂志以及《每周评论》等进步刊物，经常介绍十月革命和宣传马克思主义经济危机整体论。此外，全国各地的具有初步共产主义思想的知识分子，广泛地进行宣传马克思主义经济危机整体论的革命活动。

在十月革命创建社会主义制度和马克思主义经济危机整体论传播的影响下，1919 年中国爆发了反帝反封建的五四运动。五四运动爆发的基本原因，是国外资产阶级对中国的加紧侵略和北洋军阀政府对内残酷压迫、对外妥协投降所造成的民族危机。它的导火线是 1919 年 1 月"巴黎和会"上帝国主义掠夺中国真相的大暴露和中国外交的失败。英、美帝国主义控制下的"巴黎和会"，不仅蛮横地拒绝中国人民维护国家领土主权的正义要求，反而决定把德国在山东的特权让给日本。对于这样一个宰割中国所谓的"和平条约"，中国的北洋军阀政府竟然准备签字承认。

消息传来，群情激奋。5 月 4 日，北京学生 3000 多人高呼"外争国权，内惩国贼"的革命口号，举行示威游行，要求惩办亲日派卖国贼。接着全国各地学生纷纷响应。学生的爱国运动，遭到北洋军阀政府的残酷镇压。6 月 3 日，反动政府在北京大规模逮捕学生，激起了全国人民的极大愤怒。中国工人阶级挺身而出，站在斗争的最前线，爱国运动进入一个新的阶段。从 6 月 3 日起，全国各地相继举行政治罢工，运动迅速发展，遍及 20 多个省，100 多个城市，形成一个规模空前的全国范围的革命运动。在广大群众的压力下，北洋军阀政府不得不释放被捕的学生，撤销三个亲日派卖国贼曹汝霖、章宗祥、陆宗舆的职务，并不得不拒绝在"巴黎和约"上签字。五四爱国运动获得了胜利。中国工人力量的兴起，推动了具有初步共产主义思想的革命知识分子，使他们决心在工人中间进行宣传工作和组织工作。中国工人运动和中国社会主义运动进入了一个新的时期。

毛泽东在五四运动前后，就开始了他的革命活动。毛泽东于1893年12月26日出生于湖南省湘潭县韶山冲的一个农民家庭，从青年时代起就立下了改造中国的崇高理想。1918年，他和蔡和森、何叔衡等在长沙团结一批进步青年，组织了革命团体"新民学会"。五四运动爆发后，毛泽东在湖南组织、领导各阶层人民的反帝反封建斗争，有力地支援了北京和全国各地的革命运动。1919年7月，毛泽东在湖南主办了《湘江评论》。这个刊物对推动当时的革命运动和促进马克思主义经济危机整体论在中国的广泛传播起了很大作用。1919年秋，毛泽东领导了湖南人民驱逐反动军阀张敬尧的斗争。1919年底，他第二次来到北京。在此期间，一面积极开展革命活动，一面进一步刻苦研究马克思主义经济危机整体论的经典著作和十月革命创建社会主义制度的历史经验，为使马克思主义经济危机整体论与中国的实际相结合而进行了巨大的工作。

根据十月革命创建社会主义制度的经验和马克思主义经济危机整体论的理论，1920年夏，中国马克思主义者便积极投入了筹建共产党的工作。1921年7月，在共产国际的积极帮助下，各地共产党筹备小组选派代表，在上海召开了中国共产党第一次代表大会。代表包括毛泽东、董必武、陈潭秋、何叔衡、王尽美、邓恩铭、李达、李汉俊、包惠僧、刘仁静、张国焘、陈公博、周佛海等13人。共产国际曾派代表出席了会议。大会确定以布尔什维克为榜样来建立中国共产党，即建立一个以马克思列宁主义为指导的，以实现共产主义为最终目标的无产阶级政党。大会讨论了党的基本任务、党的组织原则和党的领导机构等问题。大会通过了中国共产党的第一个党章，选举了党的中央领导机关，庄严地宣告了中国共产党的诞生。中国共产党的成立在中国历史上具有划时代的伟大意义。正如毛泽东所说："中国产生了共产党，这是开天辟地的大事变。"① 中国共产党的成立，给灾难深重的中国人民带来了光明和希望。她像光芒四射的灯塔，照亮了中国革命的胜利航程。

---

① 毛泽东：《唯心历史观的破产》，《毛泽东选集》第4卷，人民出版社1991年版，第1514页。

二 社会主义制度创建在第二次世界大战前后的影响

在马克思主义经济危机整体论数十年传播和十月革命苏联创建社会主义制度示范效应的作用下，20 世纪30—40 年代，资本主义世界的经济危机和政治危机空前加剧，在此基础上爆发的第二次世界大战引起了新的强大的革命风暴；社会主义运动取得了重大发展，争取和平、民主的斗争，以及被压迫民族和被压迫人民的革命斗争赢得了伟大的胜利。

由德、意、日法西斯挑起的第二次世界大战，给许多国家的人民造成深重的灾难。这是人类历史上最大规模的一次战争。在共产国际的号召和各国共产党的领导下，全世界无产阶级和各国人民组成了广泛的国际反法西斯统一战线，加速了世界人民反法西斯战争的胜利进程。特别是苏联人民伟大卫国战争的胜利、中国人民抗日战争的胜利，战胜了德、意、日法西斯，削弱了英、法帝国主义势力。社会主义制度在欧、亚一系列国家的创建以及亚、非、拉民族解放运动的高涨，使战后世界形势发生了根本的变化。社会主义阵营结成，社会主义运动在世界范围从守势转向攻势，马克思主义经济危机整体论和社会主义制度创建的影响空前壮大。

第二次世界大战期间，法西斯德国发动侵苏战争，几乎动用了整个欧洲的人力和物力，妄图一举消灭社会主义苏联。但是社会主义的苏联，并没有被消灭掉，相反，法西斯国家却遭到了覆灭的下场。社会主义制度经受战争的考验，证明了它有无比的优越性和强大的生命力。这次战争的胜利为被压迫人民和被压迫民族的解放开辟了更加广阔的道路。反法西斯第二次世界大战的胜利，促使帝国主义殖民体系进一步瓦解，为殖民地半殖民地被压迫民族和被压迫人民的解放斗争，造成了极为有利的条件，从此之后，社会主义运动和民族解放运动，风起云涌，不断高涨。

第二次世界大战后初期，各国人民为巩固和扩大革命胜利成果而斗争。苏联人民在斯大林为首的联共（布）中央领导下，经受了战争的严峻考验。战后，他们依靠社会主义制度的优越性，自力更生，奋发图强，重建家园，迅速地恢复了国民经济，提前完成了发展国民经济的第四个五年计划（1946—1950 年），工业总产量超过战前水平，农业生产得到恢复和发展，粮食产量达到战前水平。在科学技术上也取得重大成就，掌握了制造原子弹的秘密，打破美帝国主义的核垄断局面。与此同时，社会主义制度在欧、亚一系列国家创建，组成了民主和反帝国主义阵营，国际阶级力量的对比，发生了不利于资本主义的重大变化。

社会主义制度的创建活动，促进了亚非拉地区民族解放运动的不断高涨。战后，整个亚洲兴起了强大的民族解放运动。中国共产党领导下的人民武装力量空前壮大，解放区也有了很大的扩展。朝鲜、越南等国人民相继创建了社会主义制度。马来亚、缅甸、菲律宾等国人民在共产党领导下，积极开展了革命斗争。战后在北非许多地区爆发了反帝群众运动。就是被帝国主义视为自己后院的拉丁美洲的人民，也并不是顺从帝国主义的奴隶，他们纷纷起来反对美帝。在民族解放运动风暴的打击下，帝国主义殖民体系进一步瓦解。

在社会主义制度创建活动的影响下，资本主义国家的工人运动也蓬勃展开。第二次世界大战后，由于垄断资产阶级加强了对工人阶级的残酷剥削，也由于帝国主义统治集团在政治上采取各种反动措施，镇压工人运动，从而引起了各国工人运动的高涨。据统计，在美国，1945 年罢工 4750 次，共有 350 万工人参加，1946 年罢工 4700 次，共有 460 万工人参加；1947 年和 1948 年两年期间，每年参加罢工人数都在 200 万人以上。在英国，从 1946—1949 年，平均每年有 50 万工人参加罢工斗争。[①] 在法国、意大利、日本以及其他资本主义国家，工人的罢工运动，此起彼伏，不断展开，严重挫败了垄断资产阶级的反动政策，打退了反动势力的进攻。

在第二次世界大战中，德、意、日法西斯国家被打败，英、法帝国主义也被严重削弱。战前，德、意、日是世界上比较强大的资本主义国家，由于在战争中被打败，人力和物力遭到惨重损失，原有的殖民地，也丧失净尽，本国国土被占领，受美国的控制。战前，英国还是资本主义世界的强国，但是在战争中被打得焦头烂额，从此便一蹶不振，国际地位大为降低。法国在战争中被法西斯德国占领，战后靠美国的支持才得以重建其资产阶级统治。美国是在第二次世界大战中唯一没有受到损失、反而更加强大的资本主义大国，但也无力阻止世界各国人民在马克思主义经济危机整体论指导下创建社会主义制度的活动。

第二次世界大战期间，波兰人民在共产党的领导下，英勇地展开了反法西斯的武装斗争。1944 年 7 月，波兰人民在反法西斯战争胜利的形势下组成"民族解放委员会"作为临时行政权力机构，并且宣布了政治上和经

---

① 编写组：《国际共产主义运动史》，辽宁人民出版社 1980 年版，第 379 页。

济上的民主改革纲领。1945 年 1 月，根据波兰人民的意志，"民族解放委员会"改组为临时政府。1945 年 6 月，波兰临时政府又扩大为全国性的统一的临时政府。1947 年 1 月，波兰举行战后第一届议会选举，各民主政党都参加了选举。在这次选举中，以波兰工人党为首的各民主党派联盟取得胜利。同年 2 月，波兰工人党领袖贝鲁特当选为总统，社会党领袖西伦凯维兹当选为总理，正式创建了社会主义制度。

1939 年希特勒德国占领捷克斯洛伐克后，在捷克斯洛伐克共产党领导下人民组织游击队开展斗争。1944 年 8 月，捷克斯洛伐克人民举行了反对希特勒法西斯的武装起义。这次起义迅速蔓延全国各地，解放了三分之二的国土，击退德军的军事进攻。1945 年 5 月，捷克斯洛伐克人民在布拉格举行胜利的武装起义，在苏联红军的配合下，解放了布拉格。同年，建立了以捷共为领导的联合政府。1946 年 5 月，捷克斯洛伐克举行第一届国民议会的选举，捷共领袖哥特瓦尔德当选为联合政府总理，创建了社会主义制度。

匈牙利在第二次世界大战期间，是希特勒德国的仆从国。在匈牙利共产党领导下，1944 年 5 月成立反法西斯阵线。1945 年 4 月，随着世界人民反法西斯战争的胜利，匈牙利人民在苏联红军的配合下解放全境，同年 11 月召开第一次国民议会。1946 年 2 月，匈牙利宣布废除君主制，成立人民共和国。同年 3 月，匈牙利共产党同民主党派结成"左翼联盟"，广泛发动群众同国内外反动势力作斗争。1947 年 8 月，匈牙利举行了新的国民议会选举，以共产党领袖拉科西为首组织了政府，创建了社会主义制度。

南斯拉夫人民在第二次世界大战期间，英勇地进行了反法西斯斗争。1941 年 4 月，德、意法西斯对南斯拉夫进犯，侵略者占领并瓜分了南斯拉夫国土，人民处于水深火热之中。南斯拉夫人民在以铁托为首的南共中央领导下，对凶恶的法西斯，独力奋战，英勇杀敌，表现了崇高的爱国主义精神，建树了不朽的功勋。南斯拉夫人民从 1941 年起，经过四年艰苦的解放战争，终于在 1945 年 5 月取得了祖国的解放。1945 年 8 月，南斯拉夫反法西斯民族解放会议改组为人民议会。1945 年 11 月 29 日，南斯拉夫议会正式宣布成立南斯拉夫联邦人民共和国，创建了社会主义制度。

阿尔巴尼亚从 1939 年 4 月被意大利法西斯占领时起，就开展了人民反法西斯抵抗运动。1941 年 11 月，阿尔巴尼亚共产党宣告成立，抵抗运动进入了一个新阶段。1943 年 9 月，意大利投降后，德国法西斯取代意大利侵占了阿尔巴尼亚所有的大城市和港口，阿尔巴尼亚人民又进行了反对德国侵略者的英勇斗争。在共产党领导下，阿尔巴尼亚人民经过长期抗击意、德侵略军的游击战争，终于在 1944 年 11 月解放了全部国土。1945 年 12 月，举行全国第一次普选。1946 年 1 月 11 日人民议会正式宣告成立阿尔巴尼亚人民共和国，创建了社会主义制度。

1941 年 3 月，保加利亚反动统治集团加入德、意、日法西斯国家的行列。同年 6 月，保加利亚人民在共产党领导下开始进行游击战争。1943 年 8 月，创建了爱国反法西斯统一战线组织"祖国阵线"全国委员会。与此同时，共产党把四处分散的游击队统一为人民解放起义军。到 1944 年夏，这支人民的武装已发展到拥有 13 万人的强大队伍。1944 年 9 月，保加利亚人民武装在苏联红军的支援下解放了索非亚，推翻了法西斯保皇政府，成立了祖国阵线政府。1945 年 11 月，保加利亚选出国民议会。1946 年 9 月举行全民投票，废除君主政体，建立人民共和国。9 月 15 日，保加利亚人民共和国正式宣告成立，创建了社会主义制度。

第二次世界大战期间，罗马尼亚是法西斯德国的附庸。罗马尼亚国内资产阶级政党和地主阶级的政党，都采取了支持法西斯的反动政策。只有罗马尼亚共产党坚定不移地领导人民进行英勇斗争。1941 年 9 月，罗共发表了关于团结国内民主力量同法西斯作斗争的宣言和纲领。1943 年 1 月，在罗共倡导下建立了"爱国阵线"，1944 年 6 月，罗共制订了推翻国内法西斯独裁政权的武装起义计划。1944 年 8 月，罗马尼亚人民在罗共正确领导下，通过武装起义推翻了罗马尼亚法西斯政府。但是资产阶级窃取了政权，代表城乡资产阶级利益的罗马尼亚民族自由党和民族农民党，依靠国内外反动势力的帮助，组成了反动政府。为了保卫革命胜利果实，推进人民民主革命，罗马尼亚共产党领导并团结了一切革命力量继续同反动势力作斗争。1945 年 3 月，罗马尼亚人民在罗共领导下终于推翻了资产阶级反动政府。1947 年 12 月 30 日，罗马尼亚人民共和国宣告成立，创建了社会主义制度。

1945 年 5 月，希特勒德国战败，宣告无条件投降。苏、美、英、法四国根据波茨坦协定分区占领德国，首都柏林也由四国分区管制。1947 年、1948 年美、英、法先后将三国占领区合并，1949 年 9 月成立德意志联邦共和国。1949 年 10 月 7 日在苏联占领区建立了德意志民主共和国，创建了社会主义制度。

在亚洲，1945 年 8 月，金日成领导朝鲜人民抗日武装力量，解放了朝鲜北部领土。1946 年 2 月，于平壤召开朝鲜北部各抗日民主政党、社会组织、地方人民委员会代表会议，共同决定建立北朝鲜的中央政权机构"北朝鲜临时人民委员会"，并一致推选金日成任委员长。这样，在北朝鲜就建立了以工人阶级为领导的、以工农联盟为基础的人民民主政权，并进行了一系列民主改革。从 1946 年年底开始，朝鲜人民首次用民主选举方式产生从中央到地方的各级人民政权机关。1948 年 9 月朝鲜最高人民会议在平壤开幕，通过了人民宪法，选出最高人民会议常任委员会，9 月 9 日，组成以金日成为内阁首相的中央政府，宣告了朝鲜民主主义人民共和国的成立，创建了社会主义制度。

1945 年 8 月日本投降后，印度支那共产党领导越南人民实行武装起义，在越南全国各地先后建立起人民革命政权。8 月 16 日，越南召开了有各民主党派、人民团体、少数民族、宗教组织等代表参加的国民大会。会上，一致通过建立以胡志明为首的越南民族解放委员会。胡志明颁发了总起义令，武装起义遍及全国。人民武装力量解放了河内、顺化、西贡等各大城市，傀儡皇帝被推翻，革命获得成功。在越南"八月革命"胜利的基础上，9 月 2 日河内 50 万群众举行集会，热烈庆祝越南人民解放的光辉节日，胡志明在河内巴亭广场发布《越南独立宣言》，正式宣告越南民主共和国的成立，创建了社会主义制度。

在以毛泽东为首的中国共产党的领导下，中国人民经过长期艰苦卓绝的斗争，终于在 1949 年 10 月 1 日建立了中华人民共和国，创建了社会主义制度。中国革命是伟大的十月社会主义革命的继续。中国革命的胜利是继十月革命和反法西斯战争胜利之后，人类历史上最伟大的事件，也是第二次世界大战后，社会主义运动中最重大的事件。它进一步打破了资本主义的东方战线，使世界上一个幅员广大、人口众多的国家得到解放，由原来的资本主义的后方变成反对资本主义斗争的前线，并且走上社会主义道路，增强了反资本主义阵营的力量。

中国革命的胜利是马克思主义经济危机整体论在一个半封建半殖民地国家的伟大胜利。旧中国是一个经济十分落后的东方大国，政治极为腐败，灾难深重，内忧外患，情况复杂。中国共产党在领导中国人民的革命斗争中，把马克思主义经济危机整体论的普遍真理与中国革命的具体实践相结合，形成了伟大的毛泽东思想。毛泽东思想是马克思主义经济危机整体论在中国革命中的运用和发展，是中国半个多世纪以来革命斗争经验的结晶，是中国化的马克思主义。在毛泽东思想的指导下，中国人民创造了在半封建半殖民地国家创建社会主义制度的典型，为亚非拉被压迫民族树立了争取社会主义胜利的榜样，从而极大地提高和增强了他们的战斗意志和胜利信心。

　　上述 11 个国家的社会主义制度，都是从 1944 年到 1949 年期间陆续建立起来的。这些国家和苏联、蒙古人民共和国一起，在战后初期形成了强大的社会主义阵营，改变了国际上阶级力量的对比。它们一方面依据马克思主义经济危机整体论，在本国改变了不断导致经济危机的资本主义生产分配关系，另一方面也有力支持了资本主义国家的广大人民的社会主义运动，使资本主义国家的生产分配关系发生了有利于工人阶级利益的转变。这正是第二次世界大战至苏东剧变以前的相当长时间里，经济危机之所以能在世界范围内得到缓解的根本原因。

第 七 章

马克思主义经济危机整体论推动的
对资本主义制度的冲击

第一节　工人阶级斗争的冲击

在马克思主义经济危机整体论的推动下，人类社会在 19 世纪中叶以后逐步进入了无产阶级发动社会主义革命，改变资本主义的生产分配关系，建立社会主义和共产主义新社会的历史时期。随着马克思主义经济危机整体论的传播，社会主义运动的高涨，社会主义制度的创建，工人阶级力量不断壮大，资本主义面临着越来越大的冲击。正是在工人阶级与资产阶级两种政治势力、社会主义与资本主义两种思想体系和两种社会制度并存竞争和反复较量的过程中，资本主义不得不进行不同程度的调整和改良，以缓解经济危机，延缓其被社会主义制度取代的命运。

对于资本主义制度的冲击，首先来自工人阶级的斗争。早在马克思主义经济危机整体论形成以前的 19 世纪 30—40 年代，欧洲就开始爆发声势浩大的工人运动，把斗争的矛头直接指向资产阶级的统治和资本主义制度。其中最著名的有：1831 年和 1834 年法国丝织工人起义，1836—1848 年英国工人掀起的宪章运动，1844 年德国西里西亚纺织工人起义。这三次大规模的工人运动虽然都失败了，但它们开辟了工人阶级反对资产阶级斗争的新时代，表明工人阶级已经不是作为资产阶级的附庸，而是作为一支独立的政治力量登上了历史舞台；工人阶级和资产阶级的斗争在西方主要的资本主义国家上升到了重要地位。

与早期的工人斗争相比，这三次工人运动具有以下新的特点：一是抛弃了破坏机器等原始斗争的手段，而采取群众性的罢工、示威游行，直至武装起义的最高斗争形式，工人阶级的组织性和团结斗争的精神明显增强。二是斗争目标已不限于革命民主主义，也不仅仅是为了改善工人的生活条件，而是直接代表工人阶级提出自己的政治要求。例如，法国里昂丝织工人在起义中明确提出争取民主共和国、维护工人阶级利益的主张，起义工人被马克思誉为"社会主义的战士"①。德国西里西亚工人起义明确提出反对资本主义私有制，反对资本主义剥削这个根本问题。英国的宪章运动虽然采取和平请愿和群众示威的形式，却是上百万工人和其他劳动群众向资产阶级政权的进攻，被列宁誉为"世界上第一次广泛的、真正群众性的、政治上已经成型的无产阶级革命运动"②。

　　马克思主义经济危机整体论诞生并推动各国共产党建立以后，国际工人运动获得了科学的指导思想和坚强的组织保障，全世界的工人阶级和其他劳动人民进一步觉醒，自觉地开展反抗资本主义剥削和统治的革命斗争，探索建立替代资产阶级旧社会的新社会。从此以后，资产阶级面对此起彼伏、波澜壮阔的国际工人运动和工人阶级解放斗争，不得不对资本主义剥削和统治进行调整和改良，以防止经济危机加剧导致资本主义制度崩溃。

　　19世纪70年代以后，随着资本主义由自由竞争阶段向垄断阶段过渡，西方主要国家的社会矛盾逐渐激化，阶级斗争日益尖锐。经济繁荣使资产者特别是垄断资本家聚敛了巨额财富，而工人群众却遭到更加残酷的剥削，经受着饥饿、伤病、失业的摧残。在第二国际和各国工人阶级政党的组织和领导下，欧美工人阶级相继开展反对资产阶级的斗争，国际工人运动蓬勃高涨。面对新的重大威胁，各国垄断资产阶级主动或被动地拿出高额垄断利润的一部分，以改善工人的劳动条件和生活状况。同时，他们还扩大选举权，普及义务教育，让工会组织和工人政党合法化，以缓和工人阶级与资产阶级的对立与冲突。在各种主客观形势的逼迫下，社会福利保障制度在西欧一些国家开始建立，普选制在主要资本主义国家逐渐推行，某些社会主义政党通过议会选举，获得了一定的选票和议席。"铁血宰相"俾斯麦在德国建立社会保障制度时承认，伤残和养老保险是"消除革命"的投资。③

　　恩格斯在《英国工人阶级状况》一书的1892年德文第2版序言中也

---

① 《马克思恩格斯全集》第1卷，人民出版社1956年版，第486页。
② 《列宁选集》第3卷，人民出版社1995年版，第792页。
③ 转引自靳辉明、罗文东主编《当代资本主义新论》，四川出版集团·四川人民出版社2005年版，第14页。

谈道：“过去带头同工人阶级作斗争的最大的工厂主们，现在却首先起来呼吁和平与协调了。”出现这种所谓“怪现象”的原因在于，“企业规模越大，雇用的工人越多，每次同工人发生冲突时所遭受的损失和营业困难也就越多。因此，工厂主们，尤其是大的工厂主们，就逐渐感染了一种新的精神。他们学会了避免不必要的纠纷，默认工联的存在和力量，最后甚至发现罢工——发生得适时的罢工是实现他们自己的目的的有效手段”；工厂主“所有这些对正义和仁爱的让步，事实上只是一种手段，可以使资本加速积聚在少数人手中并且压垮那些没有这种额外收入就活不下去的小竞争者”[1]。

20世纪上半期风起云涌的工人阶级斗争对资本主义制度产生了更加巨大的冲击。1914年爆发的第一次世界大战，削弱了英、法、德、意等帝国主义国家的势力，在帝国主义的薄弱环节——俄国，诞生了世界上第一个社会主义国家，打破了资本主义世界的一统天下，人类从此进入了资本主义与社会主义并存和斗争的新时期。

1929年爆发的史无前例的世界经济危机，再次给资本主义世界以致命的打击。这场危机波及整个西方的银行业、工业、商业以及本来就处于困境中的农业。危机期间，欧美国家的经济损失高达2600多亿美元，工业生产下降了37.2%，数万家银行倒闭，数十万家企业破产，3000万人失业。一方面因生产过剩而毁掉产品，另一方面广大人民却饿死、冻死在街头。严重的经济危机激化了社会矛盾和阶级冲突，英、法、美等国工人阶级的革命倾向上升，知识分子的政治态度纷纷向左转。

在美国，成千上万的工人打着“我们不愿饿死，必须战斗”的口号举行示威游行，农民抵制政府强制拍卖农村的措施，数十万退伍军人为要求生活津贴向政府请愿；在1932年的选举中有100多万人投票反对资本主义，其中十多万人投了共产党的票。有人说当时美国的形势是“革命就在拐弯处”。胡佛总统几乎绝望地说：“我们已经到了山穷水尽的境地，我们已经无能为力。”[2]

正是在这种背景下，罗斯福入主白宫后被迫推行了一系列政府干预经

① 《马克思恩格斯选集》第4卷，人民出版社1995年版，第420—421页。
② 转引自靳辉明、罗文东主编《当代资本主义新论》，四川出版集团·四川人民出版社2005年版，第15页。

济的挽救措施，并对工人阶级和其他劳动人民的要求作出了一定的让步。这些政策主要包括：以赤字财政、增发国债的方式筹集调节经济的基金；以增发贷款、建立存款保险制度来支持银行并刺激经济增长；以规定限额和产品价格来调节工商业；以规定农业限产措施及收购并销毁部分农产品来挽救农业危机；以兴办公共工程来扩大就业，提高社会购买力。这就是具有资产阶级改良主义色彩的罗斯福"新政"。英国则通过"产业合理化"，重点工业部门的垄断联合等方法，来提高工业品的竞争力，并对伦敦的客运实行国有化，邮政、电信也收归国家经营。而德国、意大利等国家，则通过扩军备战，以经济军事化的方式来组织和干预国民经济。

第二次世界大战结束之后不久，社会主义由苏联一国发展到欧亚多国，并组成了一个强大的社会主义阵营。其领土面积占世界陆地面积的1/4以上，人口约占世界总人口的1/3，工业产值占世界的2/5。1957年苏联人造地球卫星先于美国上了天。与此相反，资本主义世界则因为1929—1933年的世界性经济危机、30年代的大萧条、两次世界大战给人类造成的前所未有的深重灾难而威信扫地。在这段马克思主义经济危机整体论广泛传播的年代里，资本主义国家的工人阶级斗争时时高涨，对资产阶级的统治构成了严重的威胁。

20世纪50—70年代，是战后西方国家经济发展的"黄金时期"，也是工人阶级频频掀起斗争浪潮的时期。据统计，1951—1975年，发达资本主义国家每年的罢工次数在1.2万—2.6万次之间，参加罢工人数有800万—2000万人，损失的劳动日有0.5亿—1.1亿个。[①] 这一时期工人阶级斗争的主要目标是增加工资、改善生活条件和劳动条件，争取"工人参与权"等，斗争成效也比较显著。例如，1968年法国爆发的"五月风暴"和1969年意大利爆发的"热秋"事件，都震动了资产阶级的统治秩序，1960年日本岸信介内阁和意大利塔姆布罗尼政府的倒台以及1974年英国希思政府的下野等，都与当时强大的罢工浪潮有关。

此外，以工人阶级为主力军的民族解放运动也蓬勃兴起，最终摧毁了帝国主义的殖民体系；不少新独立的国家选择了"非资本主义道路"，出现了各种牌号的社会主义。在这些强大攻势面前，资本主义世界处于风雨

---

① 转引自靳辉明、罗文东主编《当代资本主义新论》，四川出版集团·四川人民出版社2005年版，第16页。

飘摇、忙于应付的被动局面，不得不对理论和政策进行调整，对垄断资产阶级的剥削和统治有所约束和限制。他们虽然不敢承认马克思主义经济危机整体论的科学性，但为了避免资本主义在经济危机中崩溃，还是以其他名义对资本主义的生产分配关系作了不少改变，例如，以推行凯恩斯主义的名义，对国民经济中的生产分配关系进行了有利于工人阶级的调节和干预，建立了比较完善的社会福利和保障体系，进一步扩大选举权，允许工人参与企业管理等。

在西欧和北欧，在马克思主义经济危机整体论和工人斗争的冲击下，还出现了一些与过去支持自由放任原始资本主义不同的占主导地位的理论观点，这些理论观点包括：（1）由于大萧条的影响，一代经济学家失去了对市场"自发能力"的信念，认为国家应该在市场运作中扮演更重要的角色；（2）国家的作用除了纠正市场失灵之外，还应致力于实行"社会正义"、"社会平等"，提供必要的社会福利；（3）承认劳工组织的作用。

即便到 20 世纪 90 年代末，西方国家每年通过税收集中起来的国民收入大约占国内生产总值的三分之一左右，其中欧盟国家已经接近 50%。在这部分集中起来的国民财富中，大约 50% 用于贫困救济、失业补贴、医疗补贴、养老金发放、教育等社会福利开支。公共支出在国内生产总值中所占比重，德国约为 47%—48%、法国为 51%、美国为 35%、日本为 33%。① 由于这些措施在一定程度上改变了资本主义的生产分配关系，工人阶级和其他中下阶层的生产、生活条件比战前有了较大的改善，西方国家的阶级矛盾和阶级斗争在不同程度上有所缓和，经济危机有所缓解。

从根本上讲，战后西方国家的经济危机的缓解是马克思主义经济危机整体论和工人斗争的冲击促成的。如果没有马克思主义经济危机整体论推动工人斗争和社会主义运动兴起，资产阶级由其剥削、压迫工人阶级，榨取剩余价值的本性所决定，必然要不断强化对工人阶级的压迫和剥削，促使资本主义基本矛盾不断深化，造成越来越严重的经济危机。正是在马克思主义经济危机整体论推动工人斗争和社会主义运动兴起的冲击下，一方面，社会主义国家的出现，使资本主义面临着一个强有力的竞争对手。另一方面，社会主义在资本主义国家内部得到越来越多人的支持，经过 30

① 靳辉明、罗文东主编：《当代资本主义新论》，四川出版集团·四川人民出版社 2005 年版，第 17 页。

年代经济大危机的沉重打击，资本主义元气大伤，资本主义世界面临的形势异常严峻。战后越来越多的国家加入社会主义阵营，资本主义国家内部反资本主义的浪潮此伏彼起。资本主义国家这才面对现实，不得不对自身存在的诸多问题进行调整和改良，以适应时代发展的要求和与社会主义竞争的需要。当代资本主义国家之所以热衷于建设形形色色的"福利国家"，一个重要原因就是，在西方国家的许多人看来，"福利国家常常是同共产主义的吸引力进行斗争和为共产主义模式提供另一种民主选择的最有效的办法"①。如果没有马克思主义经济危机整体论推动工人斗争蓬勃发展，资本主义国家所有涉及改变资本主义生产分配关系的措施都不可能出现，即便采取凯恩斯的理论实行国家干预，也不会允许工人阶级参加国家和企业事务的管理，增加工人阶级福利，最多是按照马尔萨斯的办法，提高食利者阶层和政府官僚阶层的收入，以增加有效需求。那样的话，经济危机只能日益严重，而根本不可能得到缓解。

第二节　社会主义成就的冲击

在马克思主义经济危机整体论的推动下，从 1917 年十月革命胜利以后，人类社会也进入了一个社会主义与资本主义共处竞争的平行发展时期。两种社会制度在相互排斥、相互斗争、相互竞争、相互借鉴之中走完了 20 世纪的历程。在两种社会制度近百年的平行发展中，资本主义制度除了受到本国工人阶级把马克思主义经济危机整体论作为理论武装进行革命斗争的冲击以外，还受到社会主义国家把马克思主义经济危机整体论作为指导思想取得经济成就的冲击。我们看到，资本主义一方面排斥社会主义、扼制社会主义，另一方面则为了自身的生存和发展不得不借鉴、吸收社会主义的重要成就。这也是当代资本主义的自身发展轨迹在二战后发生重大变化，经济危机一度有所缓解的一个重要原因。

正如前面提到的，作为一种对资本主义制度的替代，社会主义制度是在马克思主义经济危机整体论的推动下产生的。1917 年俄国无产阶级取得

---

① ［美］布热津斯基：《大失败——二十世纪共产主义的兴亡》，1999 年纽约版，前言，转引自靳辉明、罗文东主编《当代资本主义新论》，四川出版集团·四川人民出版社 2005 年版，第 17 页。

了十月革命的胜利，在俄国建立了人类历史上的第一个社会主义国家。随后，在第二次世界大战结束之际，又有中国等十几个国家走上了社会主义道路。在短短的几十年中，社会主义制度显示了她的蓬勃生机和巨大的优越性，这使资本主义各国为之震惊。

在20世纪30—50年代，社会主义的成就对资本主义制度形成了三次比较大的有效冲击。第一次是在20世纪30年代，苏联社会主义制度建成初期成就的冲击。整个30年代，苏联成功地完成了第一个和第二个五年计划，第三个五年计划也顺利展开。经过十年的努力，社会主义苏联的经济实力和人民生活水平有了很大的提高。在经济实力上，1913年俄国的工业在欧洲仅排第四位，列世界第五位；而到1940年，苏联的工业产值已经超过英、法、德三国，跃居欧洲第一位，世界第二位。苏联从1925—1940年，仅用15年时间就跑完了主要资本主义国家用50年到100年走过的历程。①

这期间，苏联工业年均增长约为10%，而美国只有2%。在人民的生活水平方面，从1935年1月1日起，苏联全部废除了食品的定量配给，开始敞开供应。工人的实际工资1940年比1913年增长5倍。苏联还是世界上第一个也是当时唯一一个实行七小时工作制的国家。农民的货币收入也明显增加。1937年同1933年相比，平均增加了2.58倍；每户农民的口粮标准由1933年的1000公斤增加到1937年的2358公斤。② 同时，国家还为人民修建了大批新住宅，兴办了大量的学校、图书馆、电影院、疗养院、幼儿园等。社会主义制度以众多的事实显示出了优越性。

英国著名的坎特伯雷大主教休勒特·约翰逊到苏联进行实地考察后于1939年撰写了《六分之一的社会主义世界》一书，其中不无赞誉地写道："所有的人保证都有工作，不存在失业，消灭了经济危机，物价稳步降低，工资增长了"，"所有工人每年至少有两周照领工资的休假，保证所有的人都得到免费医疗，工人们生病时与上班时一样照领工资，妇女在生育前后离职不上班期间照领全部工资"③。比利时的劳动者在1937年也对苏联的社会主义成就给予了高度的评价。他们说："苏联建立20年来所给予全世

---

① 胡连生、杨玲：《当代资本主义的新变化与社会主义的新课题》，人民出版社2000年版，第208页。

② 同上。

③ 转引自高放《社会主义的过去、现在和未来》，北京出版社1982年版，第117—118页。

界的，比以前20个世纪的文明所给予的还要多。"①

20世纪40年代，社会主义在苏联的成就再次对资本主义制度形成了冲击。1939年，希特勒法西斯统治下的德国挑起了第二次世界大战。他们势如破竹，几乎没费多大力气就横扫了欧洲，打败了法国，使英国岌岌可危。希特勒一度称霸欧洲大陆，占领了欧洲14个国家。1941年，希特勒德国又倾巢出动，大举进攻苏联，妄图消灭苏联的社会主义制度。当时，西方媒体对苏联能否顶住希特勒的铁蹄普遍持悲观态度。他们把苏联的社会主义国家说成是"纸糊的房子"，是"冒险的试验"②。

然而，实践证明社会主义国家是强大的，有力量的。由于苏联建成了社会主义，它拥有雄厚的物质基础来对付战争。1940年苏联生产了1500万吨生铁，1830万吨钢，16600万吨煤，3100万吨石油，3830万吨商品粮。所以苏联在1942—1944年，每年能平均生产3万多辆坦克、火箭炮和装甲车，近4万架飞机，近12万门大炮，近45万架重机枪，300多万支步枪，10万门迫击炮。仅1944年就生产了24000多万颗炮弹、炸弹，74亿粒子弹。③强大的经济实力和武器装备足以战胜武装到牙齿的法西斯强盗。

坚信马克思主义经济危机整体论的社会主义苏联，全体人民空前团结，坚不可摧，所向无敌。在整个卫国战争中，广大党员、军队指战员，全体人民发扬了英勇牺牲的革命英雄主义精神。前方将士英勇顽强，不怕牺牲，后方的人民成功地完成了工业东迁和改组，确保战争所需的物资和兵员源源不断地投向前线。在战争中，虽然有成千上万的共产党员壮烈牺牲，但党的队伍却由1941年的380万人增加到1945年的580万人。④最后，英雄的社会主义苏联不仅没有被摧毁，相反，苏联红军攻占了德国首都柏林，消灭了德国法西斯。第二次世界大战的结局是，三个法西斯国家覆灭，英、法资本主义强国被削弱，整个资本主义体系衰落；而社会主义国家则强大起来。战后社会主义国家由1个扩展到13个，形成了社会主义世界体系。

---

① 转引自胡连生、杨玲《当代资本主义的新变化与社会主义的新课题》，人民出版社2000年版，第209页。

② 同上。

③ 同上书，第209—210页。

④ 同上书，第210页。

20 世纪 50 年代，社会主义的成就第三次对资本主义制度形成了大的冲击。第二次世界大战以后，与资本主义世界一蹶不振形成鲜明对照的是，苏联和各新兴社会主义国家充满生机，欣欣向荣。社会主义各国的工业生产增长的速度大大超过资本主义国家。1957 年，社会主义各国的工业生产比 1937 年增加了近四倍，而同期资本主义各国的工业生产只增加一倍。社会主义各国的工业产值已约占全世界工业总产值的 1/3。苏联已经成为仅次于美国的第二经济强国，并于 1957 年先于美国发射了人造地球卫星。[①]

中国当时的发展也形成了对资本主义制度的冲击。在工业方面，1957 年我国工业总产值比 1952 年增长了 128%，五年内平均每年增长 18%。1952—1957 年我国共生产钢 1667 万吨，等于旧中国从 1900 年到 1948 年 49 年间钢的总产量 760 万吨的两倍多。在农业方面，1957 年农业总产值比 1952 年增长了 25%，平均每年增长 4.5%；1957 年粮产量达 3900 亿斤，比 1952 年增长了 19%。人民生活水平也有了明显提高。1957 年同 1952 年比较，全国消费基金增长了 36.8%，全国职工平均工资达 637 元，比 1952 年增长 42%，农民收入增长将近 30%，1957 年全国储蓄存款比 1952 年增加了两倍多。[②]

马克思主义经济危机整体论推动社会主义取得成就形成对资本主义的有效冲击的同时，资本主义则呈现病入膏肓之态。这不能不使资本主义的统治者引为深思。正是在这样的冲击下，当代资本主义开始研究社会主义，借鉴吸收社会主义的成就。早在 20 世纪 30 年代资本主义经济大危机期间，英美等国便有人开始研究社会主义，提出借鉴、吸收社会主义成就的问题。美国俄克拉荷马州的奥斯卡·阿默林格当时曾向美国国会的一个小组作证，说有一个平时很保守的牧场主告诉他，美国应该来一次像俄国那样的革命。当时，美国的知识分子开始向左转。许多著名文化人公开拥护共产主义，主张向俄国佬学习。[③] 在民众情绪的影响下，当时美国的罗斯福总统虽然没有明确说出要借鉴社会主义的某些做法，但他推出的政策纲领已经说明了一切问题。

---

① 胡连生、杨玲：《当代资本主义的新变化与社会主义的新课题》，人民出版社 2000 年版，第 210 页。

② 同上书，第 210—211 页。

③ 刘绪贻主编：《当代美国总统与社会》，湖北人民出版社 1987 年版，第 27 页。

　　当时，罗斯福曾大声疾呼："我们生活中所享受的各种奢侈品，要有多少人在阳光照耀的田野上，在黑暗的矿坑中，在熔炉的酷热下，在无数工厂的织机和纺车旁劳动，才能把它们创造出来，供我们使用和享受。"因此，要关心和寄希望于那些压在"经济金字塔底层的被遗忘的人"①。在担任纽约州长时，罗斯福还向州议会反复陈述："州政府责任之一，是照顾那些陷入逆境以至没有别人帮助就连生存必需物资也得不到的公民。这一职责是每个文明国家都公认的。""政府对这些公民理应给予帮助，这不是施恩，这是社会义务。"②

　　罗斯福在另一次演说中还指出："我们现在的任务不是再生产更多的商品，而是使现有经济组织适应于为人民服务。""政府必须迅速干预并保护公众利益。"③ 与这些思想相一致，罗斯福在任总统期间推行了"新政"。正如前面提到的，"新政"采取的措施包括，国家加强了对经济的干预力度，使经济运行开始处于"有政府状态"和有序状态；国家推行了社会保障制度，开创了社会救济事业；国家制定并实施了劳工立法，确立了劳资集体谈判制度，最低工资和最高工时标准，较大幅度地提高了工人的经济地位和政治地位。

　　虽然没敢承认，但从罗斯福的言论及其所推行的"新政"来看，罗斯福无疑是受到了马克思主义经济危机整体论和社会主义成就的某种影响，从而借鉴了马克思主义经济危机整体论和社会主义的某些价值观。我们至少可在提高工人阶级政治经济地位等方面，看到马克思主义经济危机整体论和社会主义的痕迹。当时，一些反对罗斯福新政的保守派人士曾这样抨击"新政"："在国内生活的各个方面以自由反对潜滋暗长的社会主义。"④要"制止滑向社会主义"⑤。这也从侧面证明，从罗斯福新政开始，西方资

---

　　① ［美］塞缪尔·罗森曼编：《富兰克林，D·罗斯福公文与演说集》第1卷，纽约兰登书屋1938年版，第76、625页。转引自胡连生、杨玲《当代资本主义的新变化与社会主义的新课题》，人民出版社2000年版，第212页。

　　② 同上。

　　③ 同上。

　　④ 《纽约时报》1952年9月13日。转引自胡连生、杨玲《当代资本主义的新变化与社会主义的新课题》，人民出版社2000年版，第213页。

　　⑤ ［美］赫伯特·S.帕默特：《艾森豪威尔和美国十字军》，纽约1972年版，第162页。转引自胡连生、杨玲《当代资本主义的新变化与社会主义的新课题》，人民出版社2000年版，第213页。

本主义开始借鉴社会主义的成就。

第二次世界大战结束后，发达资本主义各国普遍开始进行自我调整。这种调整的重要特征之一，便是借鉴、吸收社会主义的成就。20 世纪 40 年代，英国第一个搞起了从摇篮到坟墓的福利主义。随后，瑞典等北欧国家也纷纷仿效。法国则率先搞起了国家对经济的计划调节。同时，奥地利、意大利、法国又掀起了国有化的浪潮。德国则率先搞起了劳资共同决定制度。当代资本主义各国的上述种种政策调整，自然不是凭空的、偶然的。资本主义各国的统治者清楚地看到，与他们平行发展着的社会主义欣欣向荣、蒸蒸日上，显示出了极大的优越性和挑战性。如果资本主义再不进行调整，在社会主义的鲜明对比下，将难以继续统治下去，更不用说克服经济危机了。

所以，他们开始借鉴社会主义的做法：社会主义实行计划经济，他们通过计划调节和国家干预来使经济运行有序化；社会主义使所有公民生活都有保障，他们则搞起福利主义；社会主义让人民当家做主，他们则搞起了共同决定制度；社会主义实行生产资料公有制，他们则在一部分大企业中搞国有化。试图通过吸收社会主义的成就，克服资本主义的一些弊端。英美等国的一些资产阶级人士实际上也都隐含地承认借鉴社会主义成就这一点。

有的美国学者甚至提出："马克思的确仍在影响着当代历史和经济学观点。"[1] "应当重新考虑社会主义关于计划与市场的传统看法"，"可能采取的能推进社会主义前进的措施和行动实际上是很广泛的"[2]。"重大的社会问题和经济问题最终将在社会主义制度内，在全体美国人民共同地和艰苦地追求一种美好生活的过程中，得到认真对待。"[3] 这说明，当代资本主义各国的自我调整都受到了马克思主义经济危机整体论和社会主义成就冲击的某种影响，也重新考虑了经济危机的根源以及从更深层次上克服经济危机的方法。

进入 20 世纪 70 年代，承认马克思主义经济危机整体论和社会主义具

---

① 《华尔街日报》1991 年 11 月 26 日。转引自胡连生、杨玲《当代资本主义的新变化与社会主义的新课题》，人民出版社 2000 年版，第 213 页。

② 英《晨星报》1992 年 2 月 20 日。转引自胡连生、杨玲《当代资本主义的新变化与社会主义的新课题》，人民出版社 2000 年版，第 214 页。

③ 哈罗德·弗里曼：《美国应该走向社会主义》，《每月评论》1979 年 9 月号。转引自胡连生、杨玲《当代资本主义的新变化与社会主义的新课题》，人民出版社 2000 年版，第 214 页。

有吸引力的资产阶级人士依然存在。英国著名历史学家阿·汤因比在 20世纪 70 年代中期承认，社会主义有很强的生命力，代表了历史发展的一种趋势。他说："我希望 21 世纪建立一个在经济方面是社会主义的，而在精神方面是自由主义的全球人类社会。"①

以色列的基布茨和莫沙夫的发展，可以说是第二次世界大战以后资本主义借鉴社会主义成就的典型。在基布茨中，财产公有，人人劳动，各尽所能，按需分配，民主选举基布茨领导人。资本主义的国家为何有这样的基布茨呢？据山东大学曲厚芳同志赴以考察后介绍：他所参观的基布茨社长讲，二战时，在苏联的犹太人接受了共产主义思想，带回了共产主义小册子，想建立一个平等、自由的、没有剥削的农业合作社，这就是基布茨。从中可见资本主义对社会主义文明成果的借鉴。②

资产阶级的统治者们之所以试图通过借鉴社会主义的成就来克服经济危机，这主要是因为自社会主义诞生以来在马克思主义经济危机整体论推动下取得了巨大成就，面对这些成就，资本主义各国的统治者们开始研究社会主义，寻找面对社会主义成就冲击的对策。在这个过程中，资产阶级的有识之士对社会主义和资本主义逐步形成了比较客观的认识。比较有代表性的是美国经济学家劳克思和胡特。他们在《比较经济制度》一书中提出了这样三个命题：（1）认为社会主义制度有其一些独特的优越性。（2）认为资本主义制度有其难以避免的一些弱点和劣势。（3）认为社会主义和资本主义各有所优，各有所劣，最好各取所优。③ 由于这样的观点广泛存在和被接受，他们对马克思主义经济危机整体论和社会主义成就的冲击，采取了一定程度的借鉴态度，才在二次世界大战以后至苏东剧变以前的一段时间里，使资本主义的发展轨迹发生了某种有利于缓解经济危机的变化。

第三节　国际环境变化的冲击

第二次世界大战结束以来，国际环境发生了很大变化，这些变化也对资

---

① 哈罗德·弗里曼：《美国应该走向社会主义》，《每月评论》1979 年 9 月号。转引自胡连生、杨玲《当代资本主义的新变化与社会主义的新课题》，人民出版社 2000 年版，第 214 页。

② 胡连生、杨玲：《当代资本主义的新变化与社会主义的新课题》，人民出版社 2000 年版，第 214 页。

③ 樊期曾主编：《现代科技革命与未来社会》，中国人民大学出版社 1998 年版，第 14 页。

本主义制度有很大的冲击。在这些变化中，有的是因为马克思主义经济危机整体论的影响扩大形成的，因而对经济危机的缓解有正面的积极作用；有的是因为马克思主义经济危机整体论的影响减弱引起的，因而又对经济危机产生了加剧的负面作用。无论哪种作用，都表明马克思主义经济危机整体论是根治经济危机的重要理论，违背和放弃这一理论，都将使经济危机不断加深，给经济发展和人民生活带来灾难性后果。

一 两极格局建立和瓦解的变化

纵观二战后的世界政治和国际关系，人们头一个会想到的就是马克思主义经济危机整体论推动形成的"两极格局"。以1945年2月的《雅尔塔协议》为标志，世界分成了以美国为首的西方资本主义阵营和以苏联为首的东方社会主义阵营，再加上一个广大的"中间地带"。美国、苏联两个超级大国远远超出其他任何国家的巨大实力。以及它们各自代表的社会制度和意识形态的对抗性质，是大半个世纪的历史中最具决定性意义的事实。第二次世界大战以前，美国已是世界头号资本主义强国，虽然那时美国领土是在美洲土地上扩大，美国势力主要是在南北美洲扩张。二战后，美国大大增强了它影响世界的能力。它不仅拥有绝对的经济优势，还垄断着原子武器。

苏联在马克思主义经济危机整体论的推动下建立了社会主义制度，通过二战前和战争中加速推行的工业化，业已成为巨大的工业强国。虽然战争的牺牲和毁坏十分严重（牺牲2000多万人，占总人口的约1/10），但到1950年即第四个五年计划末，工业总产量的指数超过1940年的71%；煤产量达到25000万吨；钢产量超过2500万吨。[①] 红军人数众多，战斗力强，在征服德、意、日法西斯的过程中显示了强大的力量。苏联第一颗原子弹于1949年爆炸。东欧社会主义各国的建立，中国及亚洲其他社会主义国家的崛起，在一段时间内使"东方集团"保持了凯歌行进的态势。

两大集团在军事防务上、经济上和金融上互为敌手地组织起来，而对外战略及其政策的一切目标都服务于压倒乃至消灭对方的总目标。东西方对抗作为主要矛盾，在几十年时间内，一直支配着全人类的重大事务，支配着世界的基本格局，左右着人们的行为方式和思维方式。这在人类历史上是不曾有过的。对整个西方来说，社会主义制度的壮大，苏联的咄咄逼人的攻势，

---

① 李琮主编：《当代资本主义论》，社会科学文献出版社2007年版，第501页。

一直是首要的威胁和制定战略的出发点。

两个集团所拥有的核武器，构成了相互之间的重大制约。1945 年 7 月，美国成功地试爆了世界上第一颗原子弹；一个月以后，美国空军在日本广岛、长崎投掷下两颗原子弹，对战争进程起了重大影响。它的对手苏联在 40 年代末 50 年代初打破美国的核垄断，成为第二个拥有这种大规模杀伤毁灭性武器的国家。尽管到 20 世纪 80 年代末世界上有核国家和有能力成为有核国家的据说已超过 20 个，但两个超级大国始终握有全世界 95% 以上的核武器。

这一事实改变了世界大国斗争的形式，也改变了西方国家战略家们对安全、稳定、和平、秩序等问题的见解。这是因为，一件可产生 2000 万吨梯恩梯当量的热核武器（它是广岛投下的那个原子弹当量的 100 倍），单是它的热辐射和冲击波（且不说它引起的放射性污染），就可彻底毁灭 200 平方公里的地区，严重破坏 500 平方公里的地区，部分破坏 2500 平方公里的地区。这不能不使人们考虑发生核战争的后果。

早在 1963 年古巴导弹危机美、苏核对峙的最危险的时刻，美国的核武器贮存量已能够重复摧毁各社会主义国家 750 次，苏联拥有的核武器则能重复摧毁北大西洋地区 450 次；它们都能在那时就把整个地球和全人类摧毁几十次。B－52 型轰炸机携带的原子弹每枚当量高达 2400 万吨梯恩梯；单就破坏力量而言，一架 B－52 飞机上装的爆炸物比以往人类史上所有战争中所用的全部爆炸物当量都大。[①] 发动战争的代价越小，"红利"越大，战争就越有可能爆发；反之，战争的前景越可怕，战争的可能性越小。从 1945 年以来，尽管出现了多次局部战争、常规战争、"低烈度战争"，但从未形成社会主义国家与资本主义国家之间的世界大战，尤其是拥有核武器的敌对工业化区域之间没有大战，这显然是与核武器的巨大毁灭力分不开的。这也就使得资本主义国家为了避免战争，缓和与社会主义国家的矛盾，对国内工人阶级也采取了较多让步措施，导致经济危机有所缓解。

20 世纪 80 年代末以来的东欧国家剧变和苏联解体，不仅是国际共产主义运动和左翼力量的严重挫折，也宣告了二战后数十年的两极格局最终瓦

---

① ［美］戴维·霍罗维茨：《美国冷战时期的外交政策——从雅尔塔到越南》第 23 章，"推翻力量均势"，上海人民出版社 1974 年版。转移自李琮主编《当代资本主义论》，社会科学文献出版社 2007 年版，第 501—502 页。

解，马克思主义经济危机整体论的影响减弱。唯一能与美国及整个西方抗衡的社会主义大国苏联再也不是社会主义的了，甚至本身已不再构成一个统一的民族国家。它的政治制度及领导层的大幅度转变，经济转轨的严重困难及经济生活的深刻危机，不断扩大和加剧的各民族之间的摩擦乃至战争，都意味着俄国至少短期内已不再能够成为西方国家的竞争对手。东欧国家的转向更使资本主义发源地的西欧获得了新的发展动力。德国在统一后、尤其在苏联分裂后重又成为欧洲一流强国；对整个西方世界而言，东西方矛盾即使还存在，也已不再占据中心位置，社会主义已不再是最大的威胁，于是金融资本势力膨胀，工人阶级政治经济地位降低，引发了2007年美国的次贷危机、2008年的全球性金融危机和现在仍在延续的欧债危机和美债危机。

二　国际政治经济秩序的变化

在马克思主义经济危机整体论的推动下，世界各国人民不仅在第二次世界大战中直接摧毁了法西斯轴心，而且也间接打击、破坏了资本主义的殖民主义体系。宗主国的削弱，亚、非一些国家参与盟军的作战，国内新资产阶级和知识分子阶层的成长，苏联革命和建设的成就与影响，尤其是中国及亚洲若干国家踏上社会主义道路——所有这一切，以不同的形式，沿着不同渠道，推动着广大的不发达地区的非殖民化运动、民族独立和解放运动的兴起。尤其是五六十年代，曾经完全是受奴役受剥削受压迫的亚、非、拉广大区域显示出前所未有的革命和解放浪潮，改变旧的国际政治经济秩序，对资本主义制度也造成了巨大的冲击。从战争结束到20世纪80年代初已有92个国家宣告独立。①这种国际政治经济环境的变化，是对资本主义国家减轻对世界各国工人阶级的剥削压迫、缓解经济危机有正面作用的。

但是应该说，这种冲击是比较有限的，因为有很多不同制约因素在共同起作用。第二次世界大战以后至今，从整体上看，国际分工和国际经济联系不但没有削弱，反而扩展到了前所未有的广度和深度。国际经济体系的规模日益扩大，新的国际经济组织广泛兴起，还出现了各种新型的国际经济协作和开发形式。在此基础上国际分工有了新的重大发展。二战后社

---

① 参见《各国概况》，世界知识出版社1979年版，第1553—1564页；《世界经济统计手册》，中国社会科学出版社1981年版，第18页。

会生产力和科学技术的长足进展，使过去的世界城市和世界农村区域间以自然资源为基础的分工大大削弱，而以现代工艺技术为基础的分工大大发展起来。

国际分工愈来愈趋向于世界范围的工业分工。发达资本主义国家逐步加强技术密集型的产业，而把资本密集型、尤其是劳动密集型的某些产业转移到中等发达国家和不发达国家。这样，一方面扩大了南北方原有的差距，产生了新的矛盾，另一方面使代表不同产业的各国经济之间有了一种相互依赖和相互作用的关系，也使世界经济的层次化、结构紧密化更加明显。从宏观上看，二战后几十年来，资本、技术、知识、货物、资源和人才的国际范围的流动已远远超过历史上任何时期。

发达国家通过办厂、投资、转让技术等方式，向不发达国家转让工业化方式，反过来，不发达国家的许多优秀人才也大量涌入发达国家。在苏联、东欧国家剧变后的今天，发达国家的贷款和资金更以史无前例的规模涌入那一地区。世界各国有意或无意地都卷入世界经济发展的洪流，受其影响或制约。经济是基础，政治则是经济的集中表现。今天的世界，因之出现了经济的政治化和政治的经济化趋势；国际关系和国际政治的几乎所有重大问题（如安全、秩序、冲突、战争）都与经济交织在一起（如外债问题、资源问题、贸易保护主义问题），权力、主权、均势、公正等政治性词汇离开了增长、自立、发展等范畴便往往失去了意义。相互依存的确是一个被人们越来越多地加以使用的范畴。这些因素错综变化的结果，在苏东剧变以后的一段时间里，在世界各国特别是西方资本主义国家，出现了马克思主义经济危机整体论影响减弱，资本主义势力上升，引发危机的资本主义基本矛盾重新走向深化的现象。

第 八 章
马克思主义经济危机整体论
与其他理论的比较

第一节 马克思主义经济危机整体论的优势和作用

目前在中国经济学界，一种比较流行的观点是，把马克思主义经济危机整体论称为激进的经济学，把西方经济学称为建设的经济学，认为对于经济危机问题，马克思主义经济危机整体论最多只是"病理学"，西方经济学的有关理论才既是"病理学"又是"治疗学"，所以我们在经济危机的研究中，只应用西方经济学或只创新发展西方经济学就可以了，马克思主义经济危机整体论只讲了经济危机的危害和后果，与应对和克服经济危机问题无关，它的一套话语体系应该完全放弃不用。这种说法是不符合实际的，也是不利于全面深入研究经济危机问题的。

正如前面提到的，马克思主义经济危机整体论的创立具有社会历史必然性：近代资本主义的发展为马克思主义经济危机整体论的产生准备了物质前提；工人阶级的成长和斗争为马克思主义经济危机整体论的产生奠定了阶级基础；人类优秀的文化成果学说的发展为马克思主义经济危机整体论提供了思想来源。马克思主义经济危机整体论揭示了经济危机的制度根源，反映了工人阶级和其他劳动人民的意志和要求，是指导工人阶级和其他劳动人民正确地开展革命斗争、从根本上克服经济危机，成功地建立社会主义制度、顺利地进行社会主义建设并最终实现共产主义的思想武器。这是马克思主义经济危机整体论区别于其他任何经济学所独具的优势和作用。

一　马克思主义经济危机整体论的独具优势

经济危机是自资本主义生产方式占统治地位以后早就出现的现象，但在相当长的一段时间里，经济危机的存在是被西方主流经济学竭力回避的。19 世纪后期产生的西方经济学的基本理论——边际效用论和均衡价格论，都是在撇开经济危机问题的条件下来从事经济研究的。20 世纪 30 年代后期以来出现并被西方经济学界普遍接受的凯恩斯主义经济学等，虽然把经济危机问题引入了经济学领域，但又只把经济危机看成是人们主观心理因素造成的后果，虽然提出了一些缓解危机的政策措施，仍然无法从根本上说明经济危机的产生与治理。

与西方经济学不同，马克思主义经济危机整体论始终高度重视经济危机问题。任何社会现象只有作为问题才能成为对象，而对以问题（或批判）眼光看待资本主义社会现实的马克思主义经典作家来说，资本主义经济制度所特有的问题性使得经济危机现象一开始就成了他们关注的焦点。与很多西方经济学家只关注经济危机政策和技术层面问题不同，马克思主义经济危机整体论同时关注了经济危机的"政治"方面，以及作为制度基础的权力结构（人们以对"物"即生产资料的占有为中介所形成的统治—服从命令—服从关系结构）。所以研究经济危机问题，如果不能遵循马克思主义经济危机整体论的研究方法和基本原理，就很可能走向片面和形而上学。

研究资本主义历史可以发现，早在 18 世纪末和 19 世纪初便有周期性生产过剩危机的初步征象。但是，那时资本主义生产方式，实质上还只限于在英国或西欧范围内。因此，还没有出现全球性的经济危机，全球性的经济危机是自 19 世纪开始的。要能发生普遍的生产过剩危机，劳动产品必须成为商品，商品生产形式必须成为主要形式，劳动力本身也要变成商品。只有当劳动产品成为商品和社会中财富的分配用货币来进行时，才能出现生产过剩危机的可能性。但是，劳动产品变成商品仅仅能造成危机的抽象的可能性。

西方经济学家常常按照流通领域中的事件，如交易所的恐慌、银行倒闭等来确定危机的开始。而在马克思主义经济危机整体论看来，生产领域中的事件才是决定性的因素。马克思指出："危机的一般的、抽象的可能性，无非是危机最抽象的形式，没有包含危机的内容，也没有包含危机内容丰富的起因。卖和买可能彼此脱离。因此它们是潜在的危机。……但是，使危机的这种可能性变成危机，其原因并不包含在这个形式本身之中……世界市场危机必须看作资产阶级经济一切矛盾的现实综合和强制平衡。因此，在这些危机中综合起来的各个因素，必然在资产阶级的每一个领域中出现并得到阐明。我们越是深入地研究这种经济，一方面，这个矛盾的越来越新的规定就必然被阐明，另一方面，这个矛盾的比较抽象的形式会再现并包含在它的比较具体的形式中这一点，也必然被说明。"①

随着工人阶级作为独立的政治力量登上历史舞台，资产阶级统治地位受到了威胁，西方主流经济学放弃了对于经济危机深层原因的研究。它的各种理论顽固地宣称资本主义社会制度的生产领域没有矛盾，是终极的永恒的社会形态。资产阶级的立场使西方经济学害怕指出使资本主义在其特有的内部运动规律作用下遭到革命性崩溃的力量。而这样，它也就给自己堵塞了理解危机本性的道路。因为，周期性重复的危机和资本主义在历史发展中不可避免崩溃的基本原因，同样都是生产的社会性同资本主义占有形式之间的矛盾。正是由于这种矛盾，必然造成贫富两极分化和生产者享受不到自己创造的剩余价值，因而资本主义市场便不能按照资本对增值其价值的要求扩大容量。

恩格斯指出："市场的扩张赶不上生产的扩张。冲突成为不可避免的了，因为它在把资本主义生产方式本身炸毁以前不能使矛盾得到解决，所以它就成为周期性的了。资本主义生产产生了新的'恶性循环'。"② 周期性重复的生产过剩危机是资本主义社会制度全部矛盾的爆发。社会性的生产同资本主义占有制之间的这个基本矛盾是危机的总根源。危机就是把所积累的扩大再生产的尖锐矛盾作暂时的强制解决。然而，资本主义的基本矛盾不仅仍然保存着，而且由于每次危机的结果而更加深刻，并且必然要导致新的生产过剩危机的产生。

列宁结合资本主义发展到垄断阶段出现的新现象研究了经济危机问题。和马克思、恩格斯研究自由竞争资本主义一样，列宁研究垄断资本主义时，也是从生产力和生产关系的对立统一入手，始终抓住生产社会化和资本主义私人占有之间的矛盾这个中心环节。列宁认为，垄断的产生是资

---

① ［德］马克思：《剩余价值理论》第2册（下），人民出版社1975年版，第581—582页。
② 《马克思恩格斯全集》第20卷，人民出版社1971年版，第300页。

本主义基本矛盾尖锐化的结果，而垄断产生后，一方面使生产社会化有了高度发展，以致国际化了，另一方面又使占有成为极少数人的垄断私有，这样就使资本主义基本矛盾进一步尖锐化，并突破国界，在世界范围内展开。所以国家垄断资本主义和国际经济危机的出现，都进一步表明资本主义必然要被社会主义取代。他说：伴有经济危机等灾难的国家垄断资本主义"是社会主义的入口，是历史阶梯上的一级，从这一级就上升到叫做社会主义的那一级，没有任何中间级"①。

战后国家垄断资本主义的发展轨迹证实了列宁的论断。在国家垄断资本主义条件下，资产阶级国家由于掌握了巨额资本，这使得国家干预国民经济的能力空前加强，并出现了主张由国家干预经济活动的凯恩斯主义理论。在这种理论指导下，西方国家作出了在不改变资本主义经济制度的前提下，通过国家干预克服经济危机的尝试。应当承认，国家干预在相当程度上克服了私人垄断在发展社会生产力和容纳已经发展起来的生产力方面的局限性，从而在一定时期内推动了资本主义生产的快速发展。从 20 世纪 50 年代起至 1973 年是资本主义经济发展的"黄金时代"，与战后国家垄断资本主义对经济加强宏观调控有很大关系。

但是，在马克思主义经济危机整体论看来，国家垄断资本主义本质上是资本主义私有制的一种特殊形式，同时，国家垄断资本主义又是靠人为的措施刺激经济增长，使资本主义基本矛盾受到抑制而不能充分展开。因此，国家垄断资本主义对资本主义经济发展的推动作用不仅是有限的，而且到一定时候必然会逐步弱化它的推动作用以致拖延和阻碍生产力的发展。1973 年以来，资本主义经济出现"滞胀"的艰难局面，并不是偶然的，正是战后国家垄断资本主义过分依赖对经济进行国家干预长期积累的恶果。战后国家垄断资本主义反危机措施，使危机得不到充分展开，不能充分发挥危机的淘汰过剩生产能力和多余产品的应有功能，以致使已有的生产和消费的矛盾得不到应有的解决。

不仅如此，当危机来临时，资产阶级国家为了摆脱危机，总是进一步加紧推行各种膨胀政策，在生产大量过剩的情况下，固定资本的投资在危机期间依然进行，生产能力不但没有降低，反而进一步极大地增长着。这

---

① ［苏］列宁：《大难临头，出路何在？》，《列宁选集》第 3 卷，人民出版社 1972 年版，第 164 页。

从暂时的效果来看，可以通过固定资本投资来增加对生产资料的需求，以带动整个社会生产的回升和发展。但从长远的效果和本质上看来，它却使生产和消费的矛盾不断积累起来，因为这种矛盾的暂时解决，是靠进一步扩大生产能力来实现的，因此，到了一定限度会使生产和消费矛盾更尖锐，从而钳制住生产和经济的发展。与此同时，国家垄断资本主义长期推行的反危机的膨胀政策，又必然造成通货膨胀，加剧通货膨胀和物价上涨，从而相对地甚至绝对地削弱劳动群众的购买力，缩小了有支付能力的需求，阻碍经济的进一步发展。由此可见，国家垄断资本主义所采取抑制基本矛盾的反危机措施，必然会造成"停滞膨胀"的恶果。

不断出现的经济危机和停滞膨胀表明，战后私人垄断和国家垄断的发展，是资本主义对生产力发展客观要求的一种适应性调整，这种调整一方面在一定时期和一定程度上促进生产力的发展，另一方面又有阻碍经济发展的效应。这表明资本主义垄断制的历史局限性，因为资本关系不管如何发展，本质上仍是资本主义私有制，因而不能解决资本主义基本矛盾。垄断制的发展，特别是国家垄断资本主义的发展，只是表明资本主义基本矛盾需要解决，并为解决这一矛盾提供了线索，这就是需要以马克思主义经济危机整体论为指导，用社会主义经济制度取代资本主义经济制度。

经济学理论是一种社会科学，社会科学主要研究社会现象和社会规律，必然要涉及人与人、人与社会、国家与国家之间的相互关系，它追求的真理总是服务于人类社会某一人群的利益和价值。马克思主义经济危机整体论，由于代表的是创造财富主体的劳动人民的利益，劳动人民的财富创造活动是生产力发展的最重要动力，所以这种经济学理论具有最强的科学性和最大的包容性。在一定意义上，它追求真理所服务的利益或价值，也是全社会大多数人的根本利益和价值。然而，其他非马克思主义经济学的有关学说，虽然也揭示了社会和经济中的某些真理、某些规律，却只是以少数人的利益和价值为目的的。它们的这种性质，使它们在研究经济危机问题时不能不具有较多的片面性和非科学性。马克思主义经济危机整体论结合生产来研究流通、分配和消费的理论，可以增强用于研究经济危机的经济学理论的科学性，更具包容性地揭示经济危机根源，并为寻找克服经济危机的标本兼治方法奠定理论基础。

二　马克思主义经济危机整体论的历史作用

正如前面提到的，就马克思主义经济危机整体论的历史作用来说，目前经济学界流行的观点是，马克思主义经济危机整体论最多只是有关经济危机问题的"病理学"，西方经济学的有关理论才既是有关经济危机问题的"病理学"，又是有关经济危机问题的"治疗学"，只有新古典经济学，最多再加上凯恩斯的理论，才是可以治理经济危机的理论。并且历史上每次经济危机都只是在新古典经济学和凯恩斯主义经济学等西方经济学理论起作用的条件下得到了克服。这是不符合实际的。

新古典经济学和凯恩斯主义经济学只是讲了市场交换机制和政府干预在克服经济危机中的作用，都没有论述生产分配关系中工人阶级地位提高和实体经济发展在其中可以起到的根本作用。在历史上，历次经济危机之所以能够得到缓解，在有些时期和阶段，还能使经济得以复苏和发展，根本原因并不像西方经济学界宣传的那样，只是遵循凯恩斯主义经济学等理论扩大了财政支出和加强了对经济的管制，或只是遵循新古典经济学等理论稳定了货币供给和放松了对经济的管制，而是在于马克思主义经济理论广泛传播以后，资本主义国家阶级力量对比在相当长的一段时间里发生了有利于工人阶级和实体经济发展的变化。

尽管马克思主义经济理论诞生之后遭到了资本主义社会统治阶层的百般抵制和歪曲攻击，还是影响了人们对资本主义制度的认识。在马克思主义经济理论广泛传播之前，雇主和工人大都信奉西方古典自由主义的理论，把各自已有财产的产权看成是不可改变的"天赋人权"，把社会的两极分化看成是理应如此的自然现象。以为按照自然规律（人们把市场经济运作看成是自然规律），个人的财产权利不可能由劳动贡献决定。按照市场交换形成的自然法则，没有非劳动生产要素的劳动者即使劳动贡献很大，也只能得到维持最低基本生活费用的工资；有资本的人即使劳动贡献小，也有权按照资本的贡献得到全部利润；有土地的人即使不劳动，也有权按照土地的贡献得到全部地租。这些都是自然的、不应调节、不可改变的。于是，在对资产者的非劳动生产要素产权的优先保护下，西方社会的不平等发展到了极端的程度。轰轰烈烈的工业革命所带来的好处，绝大部分为少数资本家和暴发户所获得。封建社会制度固有的不自由、不平等以及贵族的特权被消除后，新的特权、不平等、不自由和人身依附现象又出现了，实体经济出现了停滞不前的状态。

马克思主义理论诞生以后，不管人们公开如何表白，实际上都广泛认识到了这一理论所阐明的如下道理：（1）社会和经济的发展最终要依赖于生产力的发展，在生产力的诸因素中，劳动者的劳动是"主体"和"财富的一般可能性"。（2）资本主义私有制使广大劳动者的劳动成果产权与他们本人发生了"异化"。（3）广大劳动者劳动成果的异化，不能适应社会化大生产发展的要求，必然要被某种可以使广大劳动者的劳动成果产权回归他们的社会主义制度所取代。于是人们不再把市场交换单一机制形成的资本主义经济关系看成不可改变的"天赋人权"或自然规律的结果，工人运动汹涌澎湃，社会主义思想也得到了广泛的传播，要求革命和改良的历史浪潮形成对当时的原始资本主义私有制的猛烈冲击，使这种按照西方经济学"天赋人权"理论建立的经济关系全面崩溃。

正如本书第六、七章所述，随着马克思主义经济危机整体论的传播，在 20 世纪，从世纪之初到四五十年代，首先在俄国，接着在欧亚两洲一些国家的无产阶级和劳动人民争得了革命的胜利，掌握了国家政权，其中也包括我们中国，建立起了社会主义制度。它们改变了世界上社会和政治力量对比，改变了世界的总面貌，为社会主义制度的推广——反对剥削和压迫、反对垄断和强权、反对殖民主义、反对帝国主义，提供了强有力的推动力。这些国家社会主义制度的建立，不仅在当时的历史环境下推动了这些国家的经济发展和人民富裕，也为资本主义国家劳动人民争取自身权益、民主地改造资产阶级社会、提高资本主义社会中人们的福利水平及其社会保障质量，在资本主义生产分配关系中注入社会主义因素，创造了必要的国际环境。

在西方资本主义发达国家，自由放任的市场经济被政府干预的混合市场经济（以美国为典型）所取代，欧洲战后建立了福利市场经济或社会市场经济。19 世纪后期至苏东国家剧变之前，尽管很多国家还没有建成社会主义，有些国家的社会主义运动出现了较大的错误和波折，但总的来看，各国的阶级力量对比都发生了变化，多数劳动者拥有和可以控制的财产在增多，工人阶级受压迫、受剥削的状况有所缓解，工人阶级的政治地位和平等权利有所改善，社会各阶层之间的平等协商和利益分享有所增加，多数劳动者劳动所得产权的壮大确实促进了各国的实体经济发展。

在新的经济关系下，西方经济学天赋人权理论倡导的自由放任原始资本主义私有制被打破，劳动成果产权出现了向劳动者本人回归的趋势，其具体表现就是，在一个相当长的历史时期内，尽管现在世界各国都在越来越多地用资本替代劳力、用机器替代人工，国家和个人财产越来越多，劳动收入却在国民收入中占约75%，且有比例上升趋势，用西蒙·库兹涅茨的话说就是："人们可以在上述现代经济增长的一世纪中（这个时间可持续一个半世纪而不致使历史趋势有大的变更），劳动收入的份额上升了，大约从55%上升为75%；而资产收入则下降了，大约从45%降为大约25%。"① 因此，第二次世界大战以后的某些时期，一些资本主义国家的经济危机才有了相当程度的缓解。

由于周期性的经济危机反复出现，世界各国已从最初的放任不管转变为积极采取各种措施来试图克服，但有的时候取得了比较明显的效果，有的时候则效果并不明显，有的甚至还导致了经济衰退。这些都是和马克思主义经济危机整体论起作用的程度密切相关的。西方经济学的凯恩斯主义理论等只是关于克服经济危机治标方面的理论，马克思主义经济危机整体论则是主张对于经济危机标本兼治的理论。只注意经济危机体制、政策层面上的原因而忽视制度层面上的原因，是无法从根本上克服经济危机的。细节在一定条件下决定全局，只注意制度层面上的原因而不注意体制、政策层面上的原因，也会因小失大。对于经济危机只治标不治本，危机只能缓解而不能化解，要在危机中求发展在治标的同时必须治本。

在18世纪到19世纪期间，资本主义经济曾经有过前所未有的增长，但是那时资本主义的经济增长是以牺牲人的全面发展为代价的，是物对人的统治，人仅仅成为创造物质财富的手段，人成为物的奴隶，于是导致了经济危机的周期性爆发，阻碍了经济社会的科学发展。马克思主义经济危机整体论强烈地批判了资本主义经济增长非人道的社会弊端，提出要建立以每个人的自由、平等和全面发展为基本原则的社会主义社会，科学论证了在未来社会主义社会，不是物对人的统治，而是物为人的全面发展这一目的服务。当各国经济向马克思主义经济危机整体论指明的方向调整以

① ［美］西蒙·库兹涅茨：《各国的经济增长——总产值和生产结构》，常勋等译，商务印书馆1985年版，第76—78页。

后，才使经济危机的危害有了缓解，继续有了增长。

战后各资本主义国家依据凯恩斯主义经济学等理论所采取的应对措施，一方面在一定时期和一定程度上可以缓解经济危机，另一方面又因没有解决生产分配领域的基本矛盾有阻碍经济发展的效应，为以后的更大危机埋下了种子。马克思主义经济危机整体论推动社会主义运动兴起所引发的工人阶级地位提高和实体经济发展，对20世纪以来历次经济危机的克服，都起到了其他学说无法起到的标本兼治作用。

第二节　凯恩斯主义有关经济危机的理论

凯恩斯主义有关经济危机的理论，是在特定历史条件下形成的。马克思主义经济危机整体论的发展及其在国际范围内的迅速传播，十月革命后社会主义制度的创建和世界社会主义运动的高涨，震撼着整个资本主义制度。在第一次世界大战结束以后资本主义各种矛盾极其尖锐化的条件下，1929—1933年爆发了资本主义历史上最严重、最持久、最广泛的经济危机。整个资本主义世界的失业人数达到四五千万人。资本主义的经济危机与政治危机交织在一起，在主要资本主义国家都相继出现了反对资产阶级统治的阶级斗争高潮。

在20世纪30年代资本主义世界经济危机期间，西方经济学界中要求实行政府调节经济的呼声越来越高，凯恩斯既不是最早提出这种主张的人，也不是最早建议采用财政手段来应付经济危机的人。1931年6—7月，凯恩斯出席了在美国芝加哥大学召开的哈里斯基金圆桌会议，同主张运用财政措施调节经济的美国资产阶级经济学家们交换过看法。当时，凯恩斯仍是侧重于依靠中央银行的利息率政策来调节经济，不重视财政政策的作用。[1] 1933年，即《通论》出版前三年，美国总统罗斯福实施了"新政"。"新政"以加强国家垄断资本主义的一系列措施来应付严重的失业问题。"新政"主要是受当时美国社会上要求政府干预经济的思潮的影响，受罗斯福政府周围的一批美国经济学家的影响，而不是

---

① 参看［英］戴维斯《新经济学和旧经济学家们》，衣阿华大学出版社1971年版，第121—122页。转引自厉以宁《中译本前言》，载［英］凯恩斯《就业利息和货币通论》，徐毓枬译，商务印书馆1963年版，第7页。

受凯恩斯的影响。[①]

　　1932 年，美国十所大学和布鲁金斯学会的 24 名著名经济学家就已联名向政府建议，主张加强政府在财政金融方面的调节，包括运用政府资金和实行公共工程计划，以解决失业问题。美国经济学家雅可布·怀纳后来写道：运用财政措施调节经济的模式，"我至少早在 1931 年夏天就已利用了，并且我不认为我是从凯恩斯那里得到它的"，"这种思想当时在我们的学院环境中是经常遇见的"。[②] 凯恩斯虽然在 1934 年 6 月拜访过罗斯福，但这次拜访并没有对罗斯福政策的制定产生重大的作用；罗斯福政府智囊团的重要成员特格维尔证实了这一点，他把所谓"新政"的实施归功于凯恩斯的影响的说法称作"凯恩斯派的神话"[③]。

　　可见，凯恩斯正处在马克思主义经济危机整体论迅速传播、世界社会主义运动高涨、资本主义的经济危机与政治危机交织在一起的时代。在这个时代，对经济危机产生遏制所用的首先是马克思主义经济危机整体论促成的世界社会主义运动高涨，在这个运动逼迫下，资本主义国家才被迫采取了很多有助于缓解经济危机的国家干预经济生活的具体措施，然后才有了凯恩斯主义有关经济危机的理论。所以，把一切经济危机的缓和都说成是依据了凯恩斯主义有关经济危机的理论，或都说成是采取了凯恩斯主义有关经济危机的理论所主张的政策措施，是不符合历史事实的。

　　不过，应该承认，凯恩斯和他以前的西方经济学家还是有所不同的，即他是承认资本主义国家会发生经济危机这一事实的。从 19 世纪末到 20 世纪 30 年代，在西方经济学中占统治地位的是以马歇尔为代表的新古典学派的"市场均衡"理论，确信市场机制的自动调节，能够使经济趋于均衡。根据这个理论，在市场自动调节、充分利用生产因素的条件下，资本

---

　　① 参看［英］戴维斯《新经济学和旧经济学家们》，衣阿华大学出版社 1971 年版，第 151—152 页。转引自厉以宁《中译本前言》，载［英］凯恩斯《就业利息和货币通论》，徐毓枬译，商务印书馆 1963 年版，第 7 页。

　　② ［英］怀纳：《关于我在 1936 年对凯恩斯〈通论〉的书评》，载莱卡契曼编《凯恩斯的〈通论〉：二十年的报导》，纽约 1964 年版，第 264 页。转引自厉以宁《中译本前言》，载［英］凯恩斯《就业利息和货币通论》，徐毓枬译，商务印书馆 1963 年版，第 8 页。

　　③ ［美］特格维尔：《民主主义的罗斯福》，花园城 1957 年版，第 374 页。转引自厉以宁《中译本前言》，载［英］凯恩斯《就业利息和货币通论》，徐毓枬译，商务印书馆 1963 年版，第 8 页。

主义经济"根基稳固"、"内部协调"。新古典学派以萨伊定律为圭臬，认为供给会创造它自身的需求，即"总供给＝总需求"，把生产过剩经济危机仅仅看作是偶然的、暂时的、局部的反常现象，以此来否定普遍意义的生产过剩经济危机。但是，20世纪30年代空前的、震骇资本主义世界的经济大危机，使新古典学派的理论完全破产了。凯恩斯不得不面对经济危机的现实，不能不涉及经济危机理论。

凯恩斯的代表作《就业利息和货币通论》在说明决定某一特定时期的就业和收入水平时，连带地对经济循环即经济危机作了一些解释。因为所谓经济循环不外乎就是就业、收入和产出的整个水平的一种周期性波动。凯恩斯主义有关经济危机的理论是"有效需求不足说"经济危机理论。凯恩斯认为，决定周期性经济危机的自变量最主要的只有三个：（1）边际消费倾向；（2）资本边际效率，即企业家对资产的未来收益的预期；（3）流动偏向以及由此所导致的投资乘数的变化。这就是说，三个基本心理规律决定了周期性的经济危机。在凯恩斯看来，收入增加，消费也增加，但消费增加比收入增加得较少，因此一部分钱没花掉，不用于投资，而用于储蓄，从而使"总需求＜总供给"，导致经济危机和严重失业。在这里可以看出，萨伊定律否定一般生产过剩的经济危机，凯恩斯则用边际消费倾向心理规律否定萨伊定律，承认生产过剩，失业严重，并断言这个规律引起经济危机。

但是，凯恩斯特别强调资本边际效率的作用，认为危机发生的主要原因是资本边际效率的突然崩溃。他从资本边际效率的循环变动而引起投资变动中，来寻找其经济循环的原因和本质。在他看来，利率也是决定投资的因素之一，对经济衰落初期的金融危机常发生剧烈的作用，但这种作用却比较"粘住"而稳定；消费倾向也比较固定而不大变动；所以，这二者都不是循环变动的主要原因。在三个独立变量（资本边际效率、利率和消费倾向）中，对经济循环产生重大作用的，是资本边际效率。

凯恩斯写道："此三者之变动，在商业循环中各有作用。但我认为商业循环之所以可以称为循环，尤其是在时间先后上及期限长短上之所以有规则性，主要是从资本边际效率之变动上产生的。虽然当资本之边际效率改变时，经济体系中之其他重要短期因素亦随之而变，因之情况更趋复杂，更趋严重，但我认为商业循环之主要原因，还是资本之边际效率之循环性变动。"①

凯恩斯在阐明了危机发生的主要原因以后，进一步说明了危机周期发生的原因，也就是进而解释高涨、危机、萧条、复苏这个周而复始的"商业循环"。凯恩斯认为，解释商业循环运动，"最好从经济繁荣（boom）之后期，'恐慌'之来临说起"②。在繁荣扩张时期，投资迅速增加，对未来的信念坚定，资本边际效率上升，就业逐渐增加，都以为经济活动必将长久兴盛不衰。由于乘数的效果，新投资每有增加，都刺激消费需求，结果收入更为增加。但同时也出现了各种经济压力，资本边际效率因而下降，高度的资本边际效率受到两个不同方向的压力：（1）由于原料或劳力不足与瓶颈状态之扩大，而发生新资本资产的生产成本的增加；（2）由于资本资产迅速完成，以致产量逐渐增加而使收益降到预期以下。

然而，只要乐观的态度不变，对未来的信念不移，则资本边际效率仍会维持在相当水平之上。但好景不长，不久就发现这种高收入不能持久。生产成本逐渐增加，来自竞争投资的产品涌向市场。生产成本与竞争的这种情况，终于战胜了乐观心理，疑虑与悲观的气氛便继而发生，于是资本边际效率突然崩溃。"资本之边际效率宣告崩溃时，人们对于未来之看法，亦随之而变为黯淡，不放心，于是灵活偏好大增，利率乃上涨。资本之边际效率崩溃时，常连带着利率上涨，这一点可以使得投资量减退得非常厉害；但是事态之重心，仍在资本之边际效率之崩溃。"③

危机爆发以后，由于投资和消费都迅速下降，利率突然高涨，生产必然急剧收缩。由萧条到复苏需经过相当长的一段时间，"不是这次是1年，下次是10年，而是颇呈规则性，总在3年至5年之间变动"④。这段时间所以这么长，是由于资本边际效率的恢复，必须在资本相对的稀少性恢复时才能出现，这不是短时间可以实现的。从固定资本来说，耐久物经过使用消耗与折旧，由过剩变为稀少，需要经过一段时间，"这段时间之长短，也许是一时代资本品之平均寿命的函数，而且这函数关系很稳定"⑤。

其次，"过剩存货"被市场吸收也需要一定时期；当危机发生时企业

---

① ［英］凯恩斯：《就业利息和货币通论》，徐毓枬译，商务印书馆1963年版，第267页。
② 同上书，第268页。
③ 同上书，第269页。
④ 同上书，第270页。
⑤ 同上书，第271页。

家必须考虑：按照现时的低价出售的损失大呢，还是储藏它的损失大呢？如果储藏费（包括堆栈费和利息）小于损失，他宁愿将货存储一段时间，待价而沽。一般说来，由价格下跌，生产减少，直到剩余存货被吸收，也需要大约三年到五年的时间。最后，从运用资本来说，它（指生产过程中的资本，如原料、材料等等）在萧条时期也要经过负投资到再投资，这也需要时间。

固定资本、过剩存货和运用资本经过一段时期以后，其稀少性得以恢复，边际效率得到提高。恰好在这时，由于在萧条时期收入的减少，收入动机和业务动机对货币的需求减少。即使投机动机对货币的需求还高，从前两种动机所放出来的货币供给则大大增加，于是利息率降低。利息率降低，结果成本降低。随着资本边际效率的上涨、成本的降低和需求的变化，有组织的投资市场气氛活跃，投资增加。随着投资的增加，由于在收入减少时期个人的边际消费倾向接近于1，就业乘数很大，使生产、收入和就业激增，经济周期步入高涨阶段，直到在有组织的投资市场上资本边际效率再行崩溃，于是生产过剩的经济危机就这样一次又一次重演。

资本边际效率的崩溃是经济收缩的主要原因，资本边际效率的恢复是经济复苏的必要条件，而其中企业家信心的恢复最为重要，但也是最困难的。当收缩稍微开始以后，利用适度的货币政策（增加货币），可以降低利率，但企业家的信心如不恢复，则资本边际效率仍会处于极低的水平，所以利率的降低，亦不足以刺激投资。凯恩斯把企业主的投资预期心理看得特别重要，认为决定资本边际效率大小的最主要因素是资本家的心情及对投资未来收益的预期，实际上，最终把企业主的心理变幻看作是经济循环的根本原因。

在凯恩斯主义有关经济危机理论中，投资乘数也有很重要的作用。大致说来，投资乘数在经济循环的扩张时期会降低，在收缩时期会上升。这一循环变化适于经济循环作相反方向的变动，所以可称之为"反循环变化"（anti-cyclical change）。这就是说，同一数量投资的倍数力量随就业与收入之增加而逐渐减少。收入与就业每增加一单位，其所需投资愈来愈多，以投资来提高经济活动的途径愈来愈困难。投资促使收入加倍增加的效果愈来愈小，在繁荣的顶峰，其效力达到最低点。在收缩之际，乘数随收入与就业之减少而逐渐上升。

整个说来，凯恩斯主义有关经济危机的理论把有效需求不足，其中包括消费性需求不足和投资性需求不足，看作是经济危机的根源，也就是把经济危机的产生归因于三大基本心理规律的作用；把资本边际效率的周期变化说成是经济周期变化的主要原因，把决定是否继续投资的企业主说成是周期变化的主宰者，根本否定生产社会化和生产成果的资本主义私人占有形式之间的矛盾是经济危机的真正根源。但比起马歇尔理论为代表的新古典经济学理论来说，还是有一些进步，对经济危机的治理也确实提出了一些政策、体制、操作方面有一定合理性的建议。在坚持马克思主义经济危机整体论的基础上，吸收凯恩斯主义有关经济危机理论中的合理因素，对于应对经济危机来说，是有一定用处的。

首先，我们看到凯恩斯主义有关经济危机的理论摒弃了新古典经济学的自由放任理论，倡导国家干预经济生活。新古典经济学认为资本主义经济依靠市场机制的自发调节便可实现充分就业均衡，因而主张自由放任、自由经营，反对国家干预经济。凯恩斯则认为，资本主义经济通常处在"小于充分就业"的均衡状态，在没有政府干预经济生活（即自由放任）情况下，不能达到充分就业，因而主张扩大政府机能对经济进行干预，认为这是可以使现行经济制度免于"全部毁灭"的唯一办法。人们通常称新古典经济学为自由放任主义，称凯恩斯经济学为国家干预主义，就是强调了凯恩斯主义有关经济危机理论的这一内容。马克思主义经济危机整体论认为克服经济危机需要解决社会化生产与生产资料资本主义私人占有之间的矛盾，国家干预作为解决这种矛盾的办法之一，应该说是可以使用的。

其次，凯恩斯主义有关经济危机的理论摒弃了传统西方经济学把资本主义看成完美无缺的社会，承认资本主义还有失业和分配不均等"缺陷"。新古典经济学从萨伊定律和完全竞争两个假定前提出发，认为在产品价格、工资和利息率具有充分伸缩性的市场机制的自发调节下，储蓄支配投资，整个资本主义经济能够自动实现充分就业均衡，而不存在失业和普遍意义的生产过剩经济危机，因此强调其战略目标为稳定物价。凯恩斯经济学则承认资本主义失业问题严重，除了传统经济学也承认的摩擦失业和自愿失业以外，还有非自愿失业。因此，把保证充分就业、消除经济危机和增大经济增长作为经济政策的首要目标。马克思主义经济危机整体论认为克服经济危机需要解放劳动、解放劳动者，让劳动者能够享受到自己的劳动成果，凯恩斯主义有关经济危机的理论注重增加就业和经济增长的主张，在某种程度上是有助于达到这种效果的。

最后，凯恩斯主义有关经济危机的理论摒弃了萨伊定律，提出了自己的凯恩斯定律。新古典经济学遵循"供给会创造它自身的需求"这一萨伊定律，否认危机和失业。凯恩斯主义有关经济危机的理论则突出"有效需求原理"，相反地宣扬需求会创造它自身的供给，承认危机和失业严重，并把发生的原因归结为边际消费倾向、资本边际效率、流动偏好三大心理规律和货币数量所决定的有效需求不足。同时，新古典经济学以充分就业均衡的假定为前提，对单个经济单位的经济行为进行分析，采取的是微观个量分析方法，即进行单个商品、单个厂商、单个消费者的经济行为的微观经济分析。凯恩斯主义有关经济危机的理论则以宏观经济为分析对象，用总量分析代替个量分析。它研究各个经济总量（总产量或国民收入总量、总消费、总就业等）的变动及其相互关系，特别是总支出所产生的收入效应。马克思主义经济危机整体论认为经济危机的产生，既有供给方面的原因，也有需求方面的原因；对经济危机的治理既需要从微观方面改变资本主义的企业制度，又需要从宏观上改变资本主义的政府制度和自由放任的经济政策。凯恩斯主义有关经济危机的理论对于需求的分析、对经济总量的分析，都有许多在运用马克思主义经济危机整体论分析经济危机时可以借鉴的内容。

可以说，凯恩斯主义有关经济危机的理论在理论、方法、政策诸方面都背离了传统的新古典经济学。尽管不像有些学者宣传的，所有资本主义经济危机都是在这种理论和政策下得到缓解的，在资产阶级经济学说发展史中，它确实标志着一个新的里程碑，对其各国应对经济危机政策的改变，以及对经济危机理论的发展，都产生了远大于其他资产阶级经济理论的影响。

但是，从根本上说，凯恩斯主义有关经济危机的理论同在此以前的资产阶级庸俗经济学并没有根本的不同，它们在立场上都站在资产阶级一边，维护资本主义制度，反对无产阶级革命；在理论观点上都坚持资产阶级庸俗经济学的基本理论，认为现代资本主义社会中的各种"病症"不是由资本主义基本矛盾造成的，不是来自资产阶级和无产阶级的对立以及前者对后者的剥削。如果没有马克思主义经济危机整体论推进社会主义运动蓬勃兴起，凯恩斯主义有关经济危机的理论最多对经济危机只能在短期内起到一定的治标效果，是不可能在长时间内缓解经济危机的。

第三节　新自由主义经济理论的演变和作用

与马克思主义经济危机整体论不同的经济理论中，影响较大的除了凯恩斯主义以外，新自由主义也是一种。新自由主义经济理论有着复杂的历史渊源，与古典经济学有联系也有区别。古典经济学的历史起源是欧洲的自然法则和人本主义思想，倡导自由放任的经济主张。作为一个比较完整的经济理论体系，它最初产生于18世纪的英国，并且在19世纪70年代以前，一直是西方经济学界占支配地位的理论。

这种古典经济学理论在西方资本主义世界中，同时是占统治地位的资产阶级自由主义思想体系和意识形态的重要支柱，它始终与社会政治、经济实践紧密地结合在一起。以古典经济学为重要理论支柱的自由主义，一般称为古典自由主义。以新古典经济学为重要支柱的新自由主义又叫"新保守主义"，它产生于19世纪后期，流行于20世纪，代表了这个历史时期国际垄断资产阶级新的利益要求。[①]尽管新自由主义和古典自由主义经济学各自都有很多各种理论，可以被贴上各种形形色色的不同标签，但归纳起来，它们都具有如下共同特点，即：坚决维护资本主义私有制，强调资产者的自由发展，反对资产者的发展应受到来自社会、国家在思想上、政治上和经济上的约束。

古典经济学家有关自由放任的主张，是在同封建专制主义的激烈斗争中产生和发展起来的。所以，它不仅是对新时代的思想反映，而且也表现为对封建专制主义理论的全面批判。它代表了当时那些在经济上富有成就，但政治上无权无势的资产阶级市民阶层实现经济自由、社会解放以及参与国家管理的要求。古典经济学的思想为这些人在同贵族等级、高级僧侣、专制君主、封建社会制度、重商主义经济制度以及同东正教教会的斗争中提供了思想武器。在1688年的英国革命、1775—1783年的美国独立战争和1789年的法国资产阶级大革命中，古典经济学的自由主义思想获得了广泛的传播。1689年英国的《权利宣言》、1776年美国的《独立宣言》、1789年法国的《人权·公民权宣言》以及法国资产阶级大革命的"自由、平等、博爱"的口号中，均包含着古典经济学的自由主义主张。

---

① 参阅顾钰民、伍山林《保守的理念：新自由主义经济学》，当代中国出版社2002年版。

古典经济学的自由主义思想来自许多资产阶级学者，如英国的洛克（1632—1704 年）、边沁（1748—1832 年），法国的孟德斯鸠（1689—1755 年）、卢梭（1712—1778 年），德国的莱辛（1729—1781 年）、席勒（1759—1805 年）、洪堡（1767—1835 年）和康德（1724—1804 年）等人都曾提出并宣传过古典经济学自由主义的部分主张，但作为一个理论体系的古典经济学，主要是由英国经济学家亚当·斯密（1723—1790 年）和大卫·李嘉图（1772—1823 年）等创立的。

在古典经济学创立的时代里，自由、民主和平等这三大口号是并列的，争取自由的斗争与争取平等的斗争是结合在一起的。古典经济学自由主义思想的传播和随之而来的革命，打破了封建贵族和高级僧侣们把持的国家政权对社会生活的全面统治。在政治上，直到 20 世纪初为止，古典经济学自由主义在绝大多数欧洲国家成功地贯彻了它的一些主张。例如，将专制王权改变成为君主立宪制，后来进而将其改造成议会共和国或议会君主制。在经济上，资产阶级和新的资本主义生产关系摆脱了封建束缚，得到了充分和自由的发展。

但是后来，随着历史条件的变化以及自由、民主和平等观念的发展，上述那三个目标之间的一致关系开始破裂，彼此之间有时甚至发生了矛盾和冲突。资本主义制度建立后，随着古典经济学自由放任主张的推行，西方社会资产者和无产者的矛盾开始显露并日益尖锐。轰轰烈烈的工业革命所带来的好处，绝大部分为少数资本家和暴发户所获得，大量原来的手工业者沦为无产者，生活和社会地位每况愈下。封建社会制度固有的不自由、不平等以及贵族的特权被消除后，新的特权、不平等、不自由和人身依附现象又出现了。

其具体表现是，只有那些拥有财富、受到良好教育、拥有优越经济地位的资产者才能真正享用他们的经济自由、政治自由的权利。国家所保障的公民的基本权利成为只保障那些拥有生产资料、私有财产的占有者特权的代名词。19 世纪和 20 世纪初表面上的自由国家实际上是阶级国家，其社会亦是阶级社会。

在这个社会里，占统治地位的资产阶级凭借其经济权势而掌握了政治上的权利，并且利用其特权来压制无产阶级和工人运动，从而在政治、社会、尤其在经济利益方面贯彻他们的主张。主宰经济生活的资本家只对能增加其财富的生产率感兴趣，根本不关心工人的处境。广大劳动人民，特别是工人阶级，并没有得到真正的自由和幸福，实际上过着比从前更为悲惨的生活。一个伦敦工场里吃不饱的公民分享到的英国文明，并不多于一个奴隶在古代雅典享有的部分。工人阶级的政治自由和经济自由都受到新兴资产阶级的打压和侵害，垄断企业使工人沦为一种可悲的工具，过着比往昔黑奴还要凄惨的生活。由此可见，政治自由本身并不能成为完全自由的保证，一个经济上不自由的工人阶级，其命运自然也就完全掌握在他人手中了。

19世纪后期，马克思主义经济危机整体论的诞生，为无产阶级和劳动大众争取自由和民主提供了锐利的思想武器。在马克思主义经济危机整体论和其他思潮的影响下，19世纪的工人运动汹涌澎湃，社会主义思想也得到了广泛的传播，要求革命和改革的历史浪潮猛烈地冲击着自由资本主义的统治体系。人类社会进入20世纪之后，欧洲的古典经济学自由主义运动便陷入了危机，在来自左翼的社会主义和共产主义，来自右翼的改良主义和法西斯主义的多重夹击下，依据古典经济学建立的自由放任资本主义陷入了濒临崩溃的境地。

与马克思主义经济危机整体论不同，和马克思同时代的新自由主义所依据的新古典经济学的创始人，如杰文斯、门格尔、瓦尔拉斯和马歇尔等，面对工人阶级已经登上政治斗争舞台的新形势，不敢再提对资产者比较不利的劳动价值论，也不再主要关注产权关系和经济发展问题，而是着力研究如何克服当时的供需矛盾问题，把实现资源的静态最优配置当成了经济研究的主题，提出了边际效用论、一般均衡论、局部均衡论等有关将价值和价格相等同的理论。这些理论或者主要研究人与物的关系，如边际效用论；或者主要研究物与物的关系，如一般均衡论和局部均衡论。在不得不涉及人与人之间的产权关系时，则将劳动者作了拟物化的处理，即将其描述为与非劳动生产要素没有区别的"劳动"。只从需求者的主观评价方面说明静态资源最佳配置的状态，不从供给者的劳动贡献奖励方面说明动态资源最优发展状态，继续论证了自由放任资本主义的合理性。

但是，新古典经济学的理论已掩盖不住使自由放任弊端暴露殆尽的现实，资产阶级通过其他理论还是认识到了，他们不能再像过去那样无视劳动人民的状况了。他们从自身利益所面临的威胁与危险中看到了社会改良的必要性。因为社会不平等已经达到了这样的程度，除非采取某些积极的步骤，否则社会组织就会彻底崩溃。他们试图通过国家机器来调整这一社会现实，以保障西方社会的继续发展，再也不敢一味地"自由放任"下去了。

俄国十月革命的胜利与法西斯主义的崛起，更加重了西方资本主义社会的危机。虽然资产阶级在这种新的挑战面前部分地修改了自己的纲领，但从总的情况来看，它并没有有效地医治好资本主义社会制度固有的瘤疾。1929 年开始的西方经济大萧条，把富兰克林·罗斯福这位资产阶级政治家推上了历史舞台，他实行的"新政"主要是对当时紧迫的社会现实问题的应急措施，这是西方国家从古典自由主义转向凯恩斯政府干预主义的里程碑式的事件。凯恩斯的理论为"新政"的合理性提出了理论根据。凯恩斯认为，经济繁荣和充分就业只有通过采取考虑周密的公共政策才能得到保证。换句话说，只有通过国家对经济生活的干预才能达到社会繁荣，而政府进行干预的政策首先是投资的社会化，即有意识地通过国家预算的不平衡方式，获得基金来兴办公共工程，从而弥补私人投资的不足。

凯恩斯干预政策理论的另一个内容是货币管理，也就是按照经济需要，用收缩和膨胀的政策来规定货币的价值。他强调，国家为了公民的福利，有采取积极（干预）行动的义务，这实际上就是把国家干预作为社会福利和个人福利所不可缺少的部分了。除了私有企业制度的"向上进取精神"之外，几乎没有什么事务是国家所不能干预的了。

第二次世界大战后，面对现代工业社会的经济、社会等方面造成的新问题，提出的新挑战，新自由主义修改了古典经济学自由主义的旧纲领，使这一思想体系变得更庞杂，概念也变得更为模糊了。但是，无论自由主义思想体系怎样千变万化，其维护资本主义私有制的这一根本核心没有变。它提出的社会平等和民主法治，主张国家对经济生活在一定程度上的干预，甚至主张在一定范围内对企业实行国有化或鼓励工人拥有财产，其目的并不是要消灭资本主义私有制，而是为了弥补它的缺陷，使它能够继续生存下去。

20 世纪 70 年代以来，在美国和西欧大部分国家的经济生活中首先出现的"滞胀"现象虽然从根本上动摇了凯恩斯主义的理论基础，但并没有因此减缓各资本主义国家政权对经济生活和社会生活领域的干预步伐。如今，可以说没有一个现代西方国家的政府是不去积极干预经济生活的。他们用说一套，做一套；对内一套，对外一套的办法，把新自由主义作为一种对内维护资产阶级统治地位、对外推行强权政治和霸权主义的工具来使用。

　　从新自由主义经济理论和古典经济学的关系可以看出，自由主义思想体系是在同封建专制主义的激烈斗争中产生和发展起来的，它适应了当时社会经济发展的需要，对推动社会的向前发展曾起到过积极的进步作用，成为人们同落后、反动的封建专制主义斗争的有力思想武器。只是到了社会主义革命时期，各种资产阶级自由主义才开始具有消极甚至反动性质。究其原因，在于这种学说反封建的历史使命已经完成，它已蜕变为一种维护资产阶级单方既得利益，反对劳动者勤劳致富的理论意识形态工具，当代与它对立的也已不是代表封建贵族的理论，而是代表最广大人民根本利益的马克思主义经济危机整体论。也就是说，当资产阶级新自由主义学说向马克思主义经济学理论进行挑战和攻击时，它已把自己置于与历史发展潮流相悖的位置上了。

　　马克思主义经济危机整体论并不像信奉新自由主义的资产阶级学者所攻击的那样，它并不是什么极权主义或专制主义学说。从严肃的政治哲学角度着眼，马克思对于自由、对于争取全人类的解放等方面的理论观点的阐述是更严谨、更科学的。马克思、恩格斯在《共产党宣言》中曾指出："代替那些存在着阶级和阶级对立的资产阶级旧社会的，将是这样一个联合体，在那里，每个人的自由发展是一切个人的自由发展的条件。"[①] 由此看来，马克思主义经济危机整体论的出发点和最终理想，就是每一个人的个人自由与自由发展。这种真正意义上的自由以及实现这一自由的社会主义途径，与自由主义思想体系主张的资产阶级单方自由及资本主义私有制有着本质的区别。这一点，是我们应该看到的。

　　新自由主义经济理论所提出的各种主张，都是为了维护垄断资产阶级利益的。他们一方面虚假地承认工人阶级也应有财产、也可以创业；另一方面又极力反对工人按劳动贡献获得工资、参与利润分享，积累创业的资本。在他们的理论里，工人的工资只不过是和其他物品没有区别的生产成本，提高工资，等于提高资本家的费用，即资本家购买"劳动生产要素"必须支付更多的资本。这样，最终必然导致产品价值的提高，价格上升。价格上升重又激起提高工资的要求，如果提高工资的要求实现的话，它又将引起一次新的价格上升。

――――――――

　　① 《马克思恩格斯选集》第 1 卷，人民出版社 1972 年版，第 273 页。

但是，新自由主义经济理论这种工资价格螺旋循环的理论，是建立在新古典经济学没有劳动价值论的不科学的价格理论基础之上的。运用马克思的劳动价值论可以看出，商品的价值——它的货币表现就是价格——是由制造商品所需的必要劳动时间决定的，它不取决于资本家付给工人的工资量。工资量可以有高有低，只要社会平均劳动时间不变，商品价值也不会变。因此，提高工资在市场经济条件下不一定会推动价格上涨。而价格上涨的真正原因却是资本家的利润欲。资本家总是力求避免提高工资而损害利润。为了维护或甚至提高利润，资本家就要提高价格，如果新自由主义者谈的是利润价格螺旋循环，那倒比较正确。

如果说，古典经济学的论辩对手主要是对生产力发展贡献不大的封建贵族的话，那么，新自由主义经济理论则是一种赤裸裸地把反对社会主义和工人运动规定为自己的任务的学说，它处处试图打压对生产力发展也有很大贡献的除企业家以外的其他社会阶层的利益，极力诋毁社会主义公有制，是一种比古典经济学具有更大片面性的理论。这种理论的一个明显作用，就是在 20 世纪 70 年代以来，推动西方各主要资本主义国家劳资矛盾重新走向深化，贫富两极分化加剧，最终引发 2007 年的美国次贷危机和现在仍在延续的全球性金融危机、欧债危机、美债危机。

新自由主义的各派学说，既是有一定学术价值的经济理论，又是垄断资产阶级右翼的意识形态，反映了这一阶级在国家垄断资本主义新的条件下的意向和要求。从它们的政治主张来看，都有反社会主义、反马克思主义的特点。新自由主义的现代货币学派、供给学派、理性预期学派等，都以老早就已经提出的萨伊定律为圭臬，而且仍在徒劳论证回到十八九世纪自由放任、自由竞争的复旧梦幻，所以都是地地道道的保守派。他们理论的根本缺陷，是完全舍象资本主义生产关系，撇开生产关系和生产力的矛盾，侈谈诸如国家、所有制、工资等问题，还完全回避了一个要害问题：国家干预或自由经营、国有化或私有化、减税、削减社会福利开支等等，是否有利于生产力的发展？是否有利于最广大人民群众的根本利益？

面对新自由主义经济学向社会主义和工人阶级的进攻，我们应当摆事实，讲道理，积极迎战，捍卫工人阶级所争得的成果，保卫社会主义制度。垄断资产阶级是没落的阶级，最终是要灭亡的。它现在借助各种新自由主义理论攻击社会主义和工人阶级，似乎不可一世，但必将会因违背历史潮流而败下阵来。这个阶级及其政府的倒行逆施，必然激起人民群众的反对。例如，资本主义国家的社会保障制度，限制解雇、罢工权利等立法，是劳动人民数十年顽强斗争所争得的，现在垄断资产阶级借助新自由主义理论企图取消它们来加强垄断统治，攫取最大限度的利润，必然引起人民群众的反抗，引起社会不安。事实上，在西方一些国家已经出现了一系列罢工和骚乱，美国"占领华尔街"的抗议活动就是典型代表，已经迫使这些国家的政府不敢进一步实施极右派的要求，社会支出仍然是国家预算的最重要的部分。可见，只要劳动人民团结起来，垄断资产阶级借助新自由主义经济理论的进攻是可以击退的。

当然，对新自由主义经济理论政治倾向的反驳，并不意味着不可以吸收或借鉴它们经过研究获得的某些有用的、比较符合实际的成果。它们主张充分依赖和尽力发挥市场机制的作用，这反映了资本主义经济发展要求减少国家干预，调整国家干预的内容和方向，保证市场机制正常地发挥作用，注意发挥地方和企业的积极性和主动性。我们在运用马克思主义经济危机整体论应对经济危机时，为防止政府过度干预引发经济失衡和通货膨胀是可以借鉴的。即便是对于哈耶克这样的新自由主义的代表人物，也不应当采取全盘否定，一棍子打死的态度，因为他毕竟是个学者，有一定的学术水平，研究了社会科学特别是经济学的许多问题，如经济、社会、政治制度的相互关系问题，市场、竞争和价格机制、停滞膨胀、效率与平等诸问题，还对凯恩斯主义进行了尖锐的批判。甚至在其《通向奴役的道路》这本著作中，在对社会主义者提出了挑战的同时，分析了很多国家过度干预可能引起的问题，也需要我们给予关注和研究。

我们主张，对待新自由主义经济理论，应当像列宁指出的那样，不要"匍匐在资产阶级科学面前"，而是"睁开眼睛来看资产阶级科学，注意它，利用它，批判地对待它，不放弃自己完整的和确定的世界观"①，取其精华，去其糟粕，为我所用。

---

① ［苏］列宁：《非批判的批判》，《列宁全集》第 3 卷，人民出版社 1959 年版，第 581 页。

第 三 篇

馬克思主義経済危機整体論的
応対危機方法

第 九 章

西方金融危机和债务危机的原因分析

第一节 西方金融危机和债务危机的直接原因

2008年9月随着美国第四大投资银行雷曼兄弟公司破产，发生于2007年的美国次贷危机演变为金融危机并迅速向全球扩散。几年来，虽经各国政府和央行前所未有的干预，避免了世界经济出现更严重的萧条，但是金融危机和由此导致的经济衰退仍在困扰着全球经济。目前全球经济复苏的基础并不稳固，无论是近期发生的美债危机还是欧债危机，都表明世界经济仍然充满各种不确定性。马克思主义经济危机整体论不但直面资本主义市场经济中的问题，而且创建了可以用于全面分析西方金融危机和债务危机问题的独特视角。把对西方金融危机和债务危机产生原因的分析建立在马克思主义经济危机整体论的基础上，才能提出应对危机和促进发展的科学方法。

马克思主义经济危机整体论是一种结合整个经济过程来研究经济危机的理论，关注了社会总资本再生产的生产、流通、分配和消费的全貌，当然包括对于西方经济学关注的流通领域金融危机和债务危机直接原因的分析。在引发目前西方金融危机和债务危机的美国次贷危机中，金融衍生工具和资产证券化等各类金融创新是各方最为关注的焦点之一。可以说，从直接原因方面来说，正是由于金融创新偏离了其规避风险的基本初衷，而被过度地用做牟取短期利润，才导致风险在不同层面上被催生、掩盖和放大，最终酿成美国次贷危机的爆发并恶化升级成为现在的西方金融危机和债务危机。本节将先在马克思主义经济危机整体论的基础上，仅从流通领域分析导致美国次贷危机及其引发的西方金融危机和债务危机的直接原因。

一 金融创新及其引发的次贷危机和金融危机

从直接原因方面看，2007 年美国次贷危机之所以会产生，并不断爆发与升级为金融危机和债务危机，次级抵押贷款及其证券化产品的层层衍生和创新成为投资者追逐短期利润的主要载体，起了很大作用。

金融创新由来已久。1912 年，美籍奥地利经济学家约瑟夫·熊彼特在其名著《经济发展理论》中首次提出了创新的概念，即把生产要素和生产条件的新组合引入生产体系，建立一种新的生产函数，以获取潜在的利润，主要包括新产品的开发、新生产方式或技术的采用、新市场的开拓以及新的管理方法或组织形式的推行等。金融创新则是在金融领域内建立起新的生产函数，通过各种要素的重新组合和创造性变革引进新事物，运用新的方法和技术解决金融问题，不断提高自主创新能力和风险管理水平，从而更好地满足金融消费者和投资者日益增长的需求。金融创新主要包括金融产品创新、金融技术创新、金融制度创新、金融机构创新以及金融市场创新等。金融创新在社会生产和经济增长过程中具有客观必然性，它是一个社会金融活动发展到一定阶段后的必然结果。同时，相对于传统的金融交易活动和组织管理来说，创新是一种变革和进步，它冲破了与现代金融发展不相适应的管制与束缚，引用先进的科技成果，创造出许多新颖的、能满足国内外资金供求者不同需求的金融工具和交易，提高了金融市场效率，增强了金融对经济的推动力和渗透力。

从创新的时间特征来看，金融创新主要分为以下四个阶段：一是 20 世纪 60 年代以规避税收与政府法规为主的产品创新。二是 20 世纪 70 年代以适应全球化和转移风险需要的产品创新，这一阶段产品创新的动力主要来自投资者日益增加的风险管理需求。三是 20 世纪 80 年代以规避各种金融风险为主的产品创新。这一阶段仅仅转移风险已不能满足投资者的需要，新的金融产品被推出以满足投资者防范和管理金融风险的需要，其中 20 世纪 80 年代初在美国出现的期权、股指期货以及期货期权等产品引领了全球金融衍生产品的快速发展，极大地促进了金融市场发展。四是 20 世纪 90 年代以后产品创新的全面发展，市场间形成激烈竞争。

从产品创新的路径来看，金融创新的发展经历了一个从市场融资需求到投资与风险管理需求为主的变化过程。早期的可转换优先股、可转换债券、认股权证等创新产品是为满足当时铁路、运河、电气等新兴产业的快速发展所带来的巨额资金需求，也就是为筹集公司发展和产业整合所需大量资金而开发的金融产品。随着资本市场规模的不断扩大，以共同基金为代表的投资者群体越来越大众化和机构化，金融产品创新的动力开始更多地来自投资者的投资需求和风险管理需求，比如规避市场风险（指数期货、货币期货、利率期货、互换、结构性产品）、降低交易成本和税收成本（共同基金、指数基金、互换）、提高金融资产流动性（资产证券化产品）以及突破监管限制（国际股票指数互换）等。

美国既是金融衍生产品的发源地，也是世界规模最大、创新最活跃的衍生产品市场，主导了国际金融衍生产品的发展趋势。美国金融衍生产品发展路径为：先产生汇率期货，之后产生利率期货，其后再发展股指期货，最后产生了各种期权和互换产品。一方面，创新是金融体系内部的"发动机"，是推动金融变革和发展的强大力量。创新不仅使金融机构的风险管理能力和赢利能力得以增强，而且提高了整个金融市场的运作效率，强化了金融在社会经济生活中的地位和作用，把金融发展水平不断推向更高的层次。另一方面，它也引发了容易导致经济危机的更多风险和不确定性。

从引发目前西方金融危机和债务危机的美国次贷危机的起源看，住房抵押贷款标准的放松和住房抵押贷款产品的创新起了很大作用。这种创新在流通领域使得本来无力买房的人具备了置业的可能性，暂时缓解了资本主义基本矛盾，为美国房地产的发展与繁荣创造了条件。住房抵押贷款本应是在严格审批的基础上，向具有还款能力的优质客户发放的贷款。然而，在激烈的竞争压力和经济利益的驱动下，美国房贷发放机构创造性地向资信条件较差的次级借款人提供了贷款，而且随着房市的扩张与膨胀，次贷发放机构的风险防范意识不断下降，并创新出了形式多样的次贷产品。如仅付利息抵押贷款（Interest Only）、"负摊销"抵押贷款（Negative Amortization）、选择性可调整利率抵押贷款（Option ARM）和"零首付"贷款等。这些产品均具有初期还款压力较小、后期还款压力陡增的特征，它们在强有力地开拓房贷需求的同时，也孕育着风险和危机的爆发。

从次贷产品本身的设计来看，各种创新形式埋下了危机爆发的种子。其一，基于借款人群自身所固有的特征及问题，次级贷款和AIt - A贷款都存在较大的违约风险与道德风险。数据显示，2004—2007年，约83%的选择性可调整利率贷款的借款者都是低收入或者没有档案的，所以此类贷款又被称为"说谎者贷款"（Liar Loan）。其二，次贷产品是在美国房地产市场繁荣和利率处于较低阶段发放的，难以抵挡系统性风险的冲击，一旦利率上升或楼价下跌，借款人无力还贷将直接致使金融机构的资金链断裂。其三，次贷产品的利率结构放大了贷款后期的信用风险，尤其是选择性可调整利率抵押贷款，购房者最初几年只需偿还非常低的"诱惑利率"（Teaser Rate）（通常为2%—3%，甚至1%），而当3—5年之后重新设定贷款利率时，购房者每月还款额将大幅度增加，甚至上涨数倍，这将延续违约率上升的态势，使次贷危机在短期内难以见底。

为了解决债权流动性问题，美国房地产金融机构通过与投资银行的合作，将持有的次贷债权从资产负债表中剥离，以此为基础资产发行住房抵押贷款支持证券（MBS）。根据瑞士银行资料，美国住房抵押贷款市场约60%的住房抵押贷款已经实施了证券化。通常，按照不同的风险收益结构，MBS、ABS等证券化产品的现金流又会被重新拆分组合，经特殊目的机构（SPV）以更加衍生和创新的形式——抵押债务权益（CDO）销售给各类投资者。CDO一般包括优先级（Senior Tranch）、中间级（Wezzanine Tranch）和股权级（Equjty Tranch），所有等级的证券都对应于同一个基础资产池，却具有不同的收益率与风险。CDO的类型繁多、结构复杂，使市场缺乏足够的透明度和流动性，造成CDO投资者对于产品本身知之甚少，不得不过分依赖信用评级机构给出的信用评级来作出投资决策。

从美国债券市场中MBS和ABS产品的发展来看，20世纪90年代中期以来，资产证券化产品规模迅速扩张，自2000年MBS在美国债券市场中始终保持最大的份额。截至2008年9月末，MBS余额和ABS余额已分别达到8.2万亿美元和2.8万亿美元，在整个债券市场中的占比分别达到26.9%和8.4%。从全球CDO市场的发行情况来看，2006年全球CDO发行额达5517.1亿美元，较上年大幅度增长103%，2007年次贷危机爆发后CDO发行规模有所回落，为5029.79亿美元。其中，以MBS、ABS、CDOs、CDS等结构性产品为标的抵押资产的CDO发行规模最大，2007年其占比达52.4%。[①]

次级债之所以能够生存和发展，主要依靠资产证券化这一金融创新手段。然而，金融创新只是对风险进行了转移与分散，却不能从根本上消除风险。所以无论是次级债还是更复杂的结构性衍生产品，都不会减少次级

---

① 本节以上数据参见次贷危机研究课题组《次贷危机正在改变世界》，中国金融出版社2009年版，第289、290页。

抵押贷款本身所蕴涵的违约风险。相反，由于交易方式的创新，潜在的风险还被掩盖并渐次放大了。经过数次创新的金融工具在不断转手过程中创造着巨大的风险，当创新链条上某个节点出现问题后，一系列危机将沿着证券化发展的路径接连爆发。

此外，由于证券化产品结构通常较为复杂，众多投资者可能对证券化产品并没有深入了解，而完全依赖信用评级进行投资决策。危机爆发后，整个金融市场陷入流动性紧缺和信用紧缩的处境中，而证券化产品对流动性极其依赖的特征使其完全丧失了再融资功能。这一连串恶性循环加速了金融危机的升级演化过程，削弱了金融机构有效应对危机的能力，给金融市场的稳定性造成严重的打击。因此，在次贷危机爆发和升级的整个过程中，资产证券化的层层创新成为过度追逐利润的一种载体和表现形式，促使偿付性风险、系统性风险和流动性风险以跨产品、跨市场、跨国界之势迅速放大传播。

美国次贷危机升级与蔓延的过程表明，金融创新是一把"双刃剑"。当金融创新完全脱离其避险的初衷，而只是被用做攫取超额利润时，就不仅不能转移风险，反而还会起到催生、掩盖和放大风险的作用。从流通领域的直接原因来看，正是对金融创新逐利性的无限推崇与过度滥用，致使风险在不同层面上不断孕育和累积，最终诱发了全球性的金融危机和目前的美债危机和欧债危机。

二　金融危机及其引发的美债危机和欧债危机

美国次贷危机爆发以后，美国金融业立即受到了普遍冲击，不只是美林、花旗、高盛等金融巨头深陷危机，华尔街大多数有名的金融机构都不可避免地沾染次贷风潮，美国金融业在经过百年繁荣后再次面临暴风雨的洗礼。同时，伴随着次贷危机的是全球股市的剧烈震荡下行。美国股市跟随着次贷危机的发展和美联储的"救市"行为跌宕起伏。虽然紧急降息和央行联手注资行动给股市带来了短期反弹，但整体上股市仍处于向下通道中。由于经济衰退没有任何结束迹象，投资者信心快速消退，纽约股市2009年2月23日再遭重挫，三大指数跌幅全部超过3%，道琼斯和标准普尔指数创下自1997年以来最低收盘纪录。①

---

① 刘明远、陈丰、王桂梅编著：《走进金融危机的深处》，金盾出版社2009年版，第7页。

在不长的时间内，先后出现了美国政府接管"两房"（房利美、房地美）和 AIG（美国国际集团）、雷曼兄弟申请破产保护、美林证券被收购、高盛和摩根斯坦利转为银行控股公司等引人关注的事件，而且这些机构的问题也远远超过人们的预期。许多企业的融资出现了很大的问题，像美国的汽车三巨头就因为融资的问题岌岌可危，最后是美国政府的援助，暂时缓解了他们的破产危机，但仍然无法从根源上减轻企业面临的风险。危机带来了惊人的损失。美国住房按揭贷款市场规模约为 10 万亿美元，其中 15% 为次级贷款，而这其中约有 50% 的次级贷款为浮动利率贷款，也就是 7500 亿美元，这就可以推算出美国住房按揭贷款市场的直接损失，由此衍生的对冲基金损失和其他金融市场损失更是不可估量。[1]

次贷危机虽然是在美国爆发和蔓延，但愈演愈烈的危机已经由单一的国家、单一的市场和单一的业务迅速向全球的金融市场和实体经济延伸并引发金融动荡，严重影响了欧盟、日本等经济体和国家的经济形势。这是因为，虽然布雷顿森林体系早已崩溃，美元也不再具有法定意义上的国际本位币地位，然而在目前的国际货币体系中，美国和美元依旧处于霸权地位。美国仍然是全球最庞大的经济体，其经济走势对整个世界经济依然有举足轻重的影响。

在国际市场上，绝大多数商品都是用美元来标价的，美元在国际贸易中是最常用的结算货币，这给进出口带来了极大的便利，使人们在相当程度上不用考虑汇率波动是否会带来损失。而且美元是除美国外其他国家必不可少的外汇储备货币，而要想获得美元，就需要为美国提供真实的商品和服务。所以，在以次贷为基础的金融创新过程中，涉及的不仅仅是美国的金融体，世界各国的金融体也普遍参与其中，如欧盟、日本等国的金融机构，这使得美国的次贷危机迅速从美国波及到世界其他国家，导致这些国家的经济增长率明显放缓。

美国次贷危机引发了一场全球性的金融动荡，致使世界经济举步维艰，英国自然也受到严重影响。根据英国统计局的数字，2007 年英国经济全年增长了 3.1%，然而，从 10 月到 12 月的增长率只有 0.6%。从 2008 年 9 月至 11 月，英国失业人口上升至 192 万，比前三个月增加了 13 万多。前英国央行经济学家加贝估计，此轮经济危机可导致 400 万人、也就是总

---

① 徐明主编：《透视危机》，经济科学出版社 2009 年版，第 334 页。

劳动人口的 13% 失业，比撒切尔夫人执政前期的失业率还高。受次贷危机的影响，2008 年 7 月英国住房均价同比跌幅创七年来之最。

伦敦房地产研究机构曾发布报告，2008 年 7 月份英格兰和威尔士地区单套住房平均价格比 2007 年同期下跌 4.4%，降至 16.85 万英镑，跌幅高于 6 月份的 1.2%，为 2001 年开始该项统计以来的最大月度跌幅。英国抵押贷款协会数据还显示，2008 年有 4 万个家庭因无法支付房贷被赶出住房，创 12 年来最高纪录。该协会估计 2009 年这一数字为 7.5 万人，意味着每天有 200 个家庭或者说每超过 10 分钟便有一个家庭将失去住房。

德国最大银行德意志银行发布的 2008 年财报显示，由于受到金融危机的不利影响，公司在股票和债券交易领域损失惨重，2008 年第四季度净亏损高达 48 亿欧元（约合 62 亿美元），创下历史新高。德国第二大银行——德国商业银行，由于与债务相关的资产减记数额巨大以及不良贷款的保证金上升，致使该行 2008 年第四季度蒙受了高达 8.09 亿欧元（约合 10.2 亿美元）的亏损。

德国智库 Ifo 经济研究所在 2009 年 2 月份公布的世界经济调查结果显示，2009 年第一季度世界经济景气指数从上一季度的 60 点进一步大幅度下降至 50.1 点，成为该指数连续第六次下降，创出历史新低。2008 年 12 月，德国工业产出经季节调整后比上个月大降 4.6%，创近 18 年来最大降幅。对此，德国央行行长韦伯曾表示，德国正遭受全球金融危机的负面影响。由于金融危机和经济衰退导致全球贸易不断萎缩，德国 2008 年 12 月份出口继 11 月份大幅度下降 10.8% 后，继续下滑 3.7%，而德国批发与外贸协会甚至预计 2009 年德国出口将可能下降 8%，降幅高于该机构此前预测的 4%—6%。

受次贷危机的影响，法国银行股成为股市重灾区，各大银行股票市值大幅度缩水。2008 年 6 月 30 日，巴黎银行市值比去年同期缩水 37%，兴业银行市值减少 49%，农业信贷银行市值减少 56%。而诞生还不到两年的法国 Natixis 银行集团则由于受次贷危机影响进行了巨额资产减记，2007 年其利润比上年减少近半；2008 年 8 月 28 日该行公布的财报显示，由于上半年次贷危机造成了近 20 亿欧元的损失，银行整体亏损近 10 亿欧元。

2007 年因次贷危机造成资产损失数额排行榜上，前 11 家银行中就有 4 家法国银行：农业信贷银行（第三）、兴业银行（第六）、Natixis 银行（第十）和巴黎银行（第十一）。其中法国第一大银行巴黎银行受全球金融危机的影响，2008 年第四季度亏损高达 13.7 亿欧元（约合 17.2 亿美元）。受汽车业产值和半成品产值下滑拖累，法国 2008 年 12 月份工业产值较前月下降了 1.8%。实体经济的衰退导致了法国失业人数的增加，据统计，法国 2008 年 12 月失业人数增加了 4.5 万人至 211 万人。

在席卷全球的金融风暴冲击下，东欧国家的经济和金融体系也受到严峻考验。匈牙利 2008 年国内生产总值仅增长 0.3%，失业率则高达 8%，纯外债为 13589 亿福林（1 美元约合 236 福林），占全年国内生产总值的 51.3%。金融风暴爆发以后，波兰的失业率从 8.8% 迅速上升至 2009 年 2 月份的 10.5%，仅 2009 年 1 月份就有 16 万人失业，创下了自 1991 年以来单月失业人数的最高纪录。2009 年 1 月份捷克失业率也达 6.8%，创 2007 年以来的最高纪录。

欧盟统计局 2009 年 2 月 12 日公布的数字显示，经季节调整后欧元区 15 国工业生产 2008 年 12 月份环比下降 2.6%，同比下降 12%，是 1990 年开始有此记录以来的最大降幅。与 2007 年全年相比，2008 年欧元区工业生产平均下降 1.7%，欧盟工业生产下降 1.6%。由于欧盟许多国家都采取了积极的救市政策，所以欧盟多国 2009 年的财政赤字占 GDP 的比例都有"超限"。欧盟调查显示，2009 年成员国多数将面临巨额财政赤字。法国财政赤字占 GDP 的比例为 4.4%，爱尔兰、西班牙、德国和希腊的这一比例预计分别为 6.5%、5.8%、3% 和 3.7%。欧盟委员会审查了多个成员国的财政预算情况，以便决定是否对其采取相关行动，受审查的国家包括法国、德国、希腊、爱尔兰、马耳他、荷兰和西班牙等国。

在亚洲，日本的经济形势同样不容乐观。随着次贷危机向全球金融危机转变，以美国为中心的世界经济出现下滑趋势。受此影响，日本对欧美国家的产品出口明显减少。日本财务省 2008 年 12 月份公布的数据显示，日本 2008 年 11 月末贸易赤字为 2234.2 亿日元，为连续两个月出现贸易赤字。日本电器巨头的经营业绩也急剧恶化，2008 财年（2008 年 4 月至 2009 年 3 月）九大电器巨头的合计营业利润大降 56%。其中，据统计，索尼和东芝公司 2009 财年陷入营业亏损，两家的亏损额均在 1000 亿日元（约 89 日元合 1 美元）到 2000 亿日元之间；三洋电机的营业利润比上年水平下降 61%，仅为 300 亿日元。另外，2008 年，日本小型车、轿车、卡车和公交车的销量下滑了 500 至 508 万辆，是 1980 年以来的最低水平。而 2009 年 1 月的新车销售数字较一年前大跌 27.9%，是自 1974 年 5 月首次石油危机时销量按年大跌 45.1% 之后，最为严重的跌幅。①

在上述金融危机的冲击下，就流通领域看，西方各国有效需求不足，供给受制，资本缩水，企业赢利下降，政府和银行为了救助或自救大举借债，于是导致出现了美债危机和欧债危机。在美国，次贷危机首先是私债危机。私债危机发生后，为了救助，美联储和财政部先后深度介入，致使美联储的资产负债表扩大了数倍，财政赤字占 GDP 的比重和政府债务占GDP 的比重均创历史新高。于是，私债危机引发了主权债务危机，私债危机和主权债务危机并发。

在欧洲，从流通领域看，债务危机发生的原因与美国相似，也是金融危机发生以后，有效需求不足，供给受制，资本缩水，企业赢利下降，政府和银行为了救助或自救大举借债，只不过那里直接发生的就是主权债务危机。这集中体现了很多欧洲国家多年来财政赤字高悬并依赖它来拉动经济增长的发展方式。由于私人部门借债生产和消费的现象在欧洲也十分普遍，加之政府的主权债务多被私人机构购买并持有，致使主权债务危机迅速向私人部门转移，私债危机接踵而来。于是，那里也是主权债务危机和私债危机并发。

第二节　西方金融危机和债务危机的深层原因

正如前面提到的，在 2007 年由美国次级贷款违约引发的全球性金融危机尚未走出的时候，欧洲和美国又发生了主权债务危机。2008 年全球性金融危机爆发后，西方经济学家及其政府们，把这场危机伪装成一场金融震荡，利用巨额发债和超宽松货币发行向全世界转嫁危机，虽然使那场危机暂趋缓解，但并未触及产生危机的根源。可以说，现在的欧债危机和美债危机都是2008 年国际金融危机没有解决的资本主义深层矛盾的再次爆发。

与很多其他经济理论只关注金融危机和债务危机在流通领域中的政策和技术层面问题不同，马克思主义经济危机整体论同时关注了金融危机和债务危机在生产分配领域的"政治"方面，以及作为制度基础的权力结构（人们以对"物"即生产资料的占有为中介所形成的统治—服从命令—服

---

① 本节以上事实和数据除注明者外，都引自刘明远、陈丰、王桂梅编著《走进金融危机的深处》，金盾出版社 2009 年版，第 19—22 页。

从关系结构）。所以研究国际金融危机问题，如果不能遵循马克思主义经济危机整体论的研究方法和基本原理，就很可能走向片面和形而上学。本节将在马克思主义经济危机整体论的基础上，以此次危机的发源地美国为典型，对引发西方金融危机和债务危机的深层原因作出分析。

一　工人阶级地位下降

从 19 世纪中期以后，马克思主义经济危机整体论的广泛传播促成了社会主义运动大规模兴起，推动了工人阶级地位的提高和社会生产力发展，改变了整个世界范围内的阶级力量对比，各国的生产分配关系在很多地区、很多时期和不同程度上都发生了有利于工人阶级政治经济地位提高的变化，缓解了资本主义基本矛盾所造成的危害，从根本上抑制了经济危机。以美国为例，20 世纪初期在它取代英国成为世界头号工业强国的时候，其产业工人工会曾经拥有比较强大的力量，利用集体谈判为工人争取较大利益。第二次世界大战时期是美国工会力量最强大的时期，从 1930 年到 1945 年，美国工会会员占非农劳动者总数的比重从 11% 上升到 35%，[①] 达到顶点。

但是，随着世界社会主义运动出现较多失误，在 20 世纪 70 年代以后逐渐步入低潮以后，马克思主义经济危机整体论的影响也减弱了，在西方各国特别是美国，工会的力量一直处于衰落的状态。以美国为例，二战以后，随着纺织、石油、钢铁、重型机械、汽车等产业处于结构性衰退和技术升级，制造业雇佣工人人数下降，工会人数占全部劳动力的比重持续降低，1955 年是 34.7%，1970 年是 27.4%。自 20 世纪 70 年代以来，这种衰落的状况进一步加剧了。1985 年是 19%，1992 年已不到 16%，1996 年是 14.5%，达到战后以来的最低点。目前这种下降趋势仍在继续。

在美国传统的生产方式、产业结构和劳动联系逐渐被打破以后，工人阶级内部结构随之发生了深刻的变化，传统产业的工人逐渐走向分散，向新产业、新技术领域，向中小私营企业，向白领阶层和非全日制岗位转移，美国制造业的进一步萎缩导致工会会员比例持续下降。从地域上看，老工业中心工会会员比例较高，而新兴地区工会会员比例较低。拿美国南部的某些州来说，参加工会的劳工比例相当低，例如北卡罗来纳、南卡罗来纳、佛罗里达、密西西比等地尤其明显。从产业分布来看，新兴的、经

---

① 此处和以下本节数据和事实际特别注明者外，都引自或参考杨仕文《美国非工业化研究》，江西人民出版社 2009 年版，第 49—203 页。

济增长较快的产业，比如数据处理和计算机产业、快餐店和其他零售业、银行和金融业等，工会也很难把劳工组织起来。

美国社会经济发生的结构变化，直接体现于工会会员的变化，有人数的变化，有人员构成的变化，还有工会组织能力的下降，其社会政治经济地位也有所削弱。由于美国劳动者中工会会员比重的下降，罢工作为美国工人增加工资和福利的传统武器的地位下降，罢工的次数明显减少了，1980 年以后罢工次数下降更快，美国工人 1970 年罢工 381 次，1975 年235 次，1980 年 187 次，1985 年 54 次，1990 年 44 次，1995 年 31 次，1996 年 37 次。从 20 世纪 80 年代以来，工会会员在总就业中比例从24.7% 下降到 13.5%，这种下降不可谓不剧烈，工会力量被大大削弱。具体数据参见表 9 - 1 和表 9 - 2。

一般认为，导致工会力量削弱的直接因素有：（1）传统上工会力量强大的产业领域，比如汽车和钢铁产业，国内外竞争加剧，迫使企业进行裁员或者以裁减人员作为威胁，打压工会，要求其接受比较苛刻的条件，压低成本，使工会力量难以施展。（2）就业增长主要出现在工会力量并不占据主导的产业，特别是服务业。传统上，工会从工业获得力量，生产方式和工作的标准化便于组织工人。而在服务业，工人特别难以组织，工会化难以普及，主要原因可能在于工作类型的千差万别。（3）美国的就业向南部和西部转移，工会的力量在这些地区难以生根。因此工会的会员人数急剧下降。

表 9 - 1　　　　20 世纪 80 年代和 90 年代美国工会会员变化情况

年代	会员人数（千人）	会员密度（%）
1980	22377	24.7
1985	16996	18.0
1990	16740	16.1

资料来源：U. S. Department of Labor, "Report on the American Workforce", 2001, p. 78.

表 9 - 2　　　　20 世纪 90 年代美国的工会状况　（%）

1990	1991	1992	1993	1994	1995	1996	1997	1998	1999	2000
16.1	16.1	15.8	15.8	15.5	14.9	14.5	14.1	13.9	13.9	13.5

资料来源：Global Policy Network. "Overview of Current Economic Conditions in the U. S. ", posted to GPN on July 9, 2001 (http//www. globalpolicynetwork. org).

在技术进步和劳动生产率提高的作用下，在 20 世纪初，每名美国工
人一年的劳动时间为 3300 个小时，现在仅工作 1800 个小时，几乎下降了
一半。工人工作时间缩短，闲暇时间增多，本来可以有利于他们更新知
识，增加选择，提高社会地位，但是由于工会力量的削弱等各种制度性原
因，劳动力市场更加成了一个只有利于买方的市场，工人在提高实际工资
的谈判中连续失败，话语权不断丧失和弱化。这不能不说是 20 世纪 70 年
代以来，特别是 20 世纪 90 年代苏东剧变以来，资本主义生产分配关系发
生了不利于工人阶级地位提高的变化。

二　社会贫富分化加剧

随着工人阶级地位降低，西方各国特别是美国，社会贫富分化也加剧
了，这更是导致经济危机和金融债务危机的一个深层原因。在近几十年
来，西方各国特别是美国的经济结构发生了很大变化，就业重心由过去的
钢铁、汽车和建筑业等制造业转移到软件、金融、电信、保健、教育、保
险、咨询等服务行业。这些行业的总体趋向是要求从业人员受过良好的教
育，具有较高的专业技能和创造力。这些行业所创造的工作机会大多数是
知识型的白领工作，社会贫富分化本应更趋缓解。

但是，在世界社会主义运动步入低潮和工人阶级在生产分配领域地位
下降的大背景下，社会贫富分化在美国和西方的一些国家不仅没有缓解，
反而更加剧了。以美国为例，20 世纪 70 年代，经济结构变化中的工厂关
门使大量工人成为"流动工人"，为了缓解这种局面，各级政府采取措施
帮助这些工人适应高技术时代节奏更快的工作。其中一项便是工业官员帮
助工人获得再培训机会，使他们在失去工作后可以获得另一份工作。从
1981 年到 1986 年约有 1080 万人因工厂关门、购并和接管而失业，至少
510 万人属于长期失业。从 1975 年以来，美国共创造了 1000 万个新工作
岗位，其中多数（占 55%）为服务业岗位。[①] 1990 年的失业率为 5.3%，
1992 年为 7.8%，失业者包括管理人员和白领阶层。

尽管新工作岗位解决了一部分失业人员的再就业问题，但 1970 年以
来这些岗位给付的工资大部分都很低，是差不多按相当于贫困线水平给付

---

① James Frare, "Displaced Workers: Okies of the 80s", Personnel Administrator, January 1988, p. 42.

的。在不断深化的资本主义基本矛盾作用下，美国经济有两个加速器起作用：一个向上加速，一个更大的力量则向下加速。超过 330 万人（每 7 人中就有 1 人）生活在贫困线以下，每 4 个孩子就有 1 个生活在贫困之中，毫不奇怪，部分孩子和工人无家可归。

1990 年 12 月美国市长会议公布一份调查，几乎 1/4 的无家可归者有工作，但是工资很低，付不起房租。还有很多人居住条件十分拥挤，离无家可归只有一步之遥。[①] 中产阶级也好不到哪里去。多年以来，美国中产阶级的家庭收入停滞不前，高房价使多数年轻人不能存钱做首期付款，只有依靠各种贷款才能勉强购买。

工业就业的损失往往是连锁性的。根据一项由纺织工业作出的研究，制造业部门每损失 1000 个岗位，服务业部门还要损失 1000 个岗位，包括 17 个餐饮店岗位，13 个食品店岗位，11 个加油站岗位，6 个服装店岗位，3 个汽车经销店岗位，2 个工具商店岗位，2 个药店岗位，1 个体育用品店岗位，1 个珠宝店岗位，17 名医生岗位，5 位牙医以及难知具体数量的教师和政府雇员，等等。[②]

几十年来，美国的基尼系数从 1947 年（0.376）到 20 世纪 60 年代初期（0.364）变化不大，表明这时美国社会贫富差距变化不大或略有缩小。20 世纪 60 年代中后期（0.356）到 70 年代（0.355）基尼系数减小，也说明美国的贫富差距有所缩小或者没有恶化。但从 20 世纪 80 年代（0.365）开始，基尼系数增加较快，表明贫富差距明显加大，1997 年上升到 0.429。[③] 应该说，随着产业结构的升级发展，本应出现社会收入差距缩小，但是资本主义基本矛盾的深化却阻止了这种趋势，把收入差距引向了足以促使金融危机和债务危机爆发的不断加大。

印第安纳州雷克县就是一个典型的例子。自从 20 世纪 60 年代以来，雷克县的产业结构升级和日益加剧的贫困化是一致的。随着美国钢铁产业的衰落，1982 年该县 16% 的劳动力接受失业补助，失业率连续四年超过

① Peter Dreierand Richard Applebaum, "American Nightmare: Homelessness", Challenge, March/April, 1991, p. 48.

② Jim Dougherty and Mike Stout, "Reindustrialization from the Bottom up", Social Policy, Winter 1988, p. 50.

③ U. S Bureau of the Census, Current Population Report, pp. 60 – 203, "Measuring 50 Years of Economic Change, Using March Current Populahon Survey", U. S. Government Printing Office, Washington, DC, 1998, TableC – 14.

20%。到 1994 年，雷克县 8.1% 的人口接受抚养小孩赞助（AFDC），是全国水平的两倍，占印第安纳州接受 AFDC 人口的 20%。事实上，可以将该县产业结构升级的开始上溯到 20 世纪 60 年代。那个时候，很多制造业企业开始一系列裁员，其后几十年情形越来越恶化。最严重的裁员发生在 20 世纪 80 年代早期，当时钢铁产业开始认真对付多年来的缺乏效率、生产能力过剩和外国竞争。服务业稳步增长，但是比之于制造业仍然是其次的就业来源。雷克县在产业升级的阵痛和美国钢铁公司主导地位的遗失下走向衰微。①

还可以用另一个简单指标说明半个多世纪以来资本主义国家贫富差距的变化，这就是最富有的 1% 家庭收入占社会总收入的百分比。据法国经济学家热拉尔·杜梅尼尔和多米尼克·莱维统计，在西方国家，第二次世界大战以前，1% 最富有的家庭大约占有 16% 的总收入。这一比重在第二次世界大战期间迅速下降，到 20 世纪 60 年代，已经降到 8%，这一状态基本稳定地保持了 30 年。但在 20 世纪 80 年代中期，这一数字突然强力上扬，到 20 世纪末，已达到 15%。他们还考察了社会财富总额，得出的结论是，尽管有细微差异，但基本情形与收入总额的情况是一致的。那些最富有的家庭相对财富减少的现象在 20 世纪 70 年代表现得尤为集中。当时，最富有的 1% 家庭大约拥有全部家庭财富总额的 33%，然而，这个比率在几年内急剧减少到 20% 略强。到 20 世纪 80 年代，人们又看到了这一比例完全的恢复。②

三 "中产阶级"衰落

在马克思主义经济危机整体论的推动下，发达资本主义国家的工人阶级通过展开斗争，在生产分配关系的地位曾经有所提高，使得社会阶级结构发生了很大变化，其重要特征之一就是中产阶级的发展和壮大。人们一般认为，"中产阶级"构成发达国家的阶级基础，这使发达资本主义国家社会稳定而经济危机减少。不过这个情况在 20 世纪 70 年代以来世界社会

---

① David Brady and Michael Wallace, "Deindustrialization and Poverty: Manufacturing Decline and AFDC Recipiency in Lake County, Indiana 1964—1993", Sociological Forum, Vol. 16, No. 2, 2001, p. 330.

② [法] 热拉尔·杜梅尼尔、多米尼克·莱维：《新自由主义与第二个金融霸权时期》，载刘元琪主编《资本主义经济金融化与国际金融危机》，经济科学出版社 2009 年版，第 159 页。

主义运动步入低潮又有了很大改变。

根据现代化的一般规律，随着经济的发展，社会的收入结构将从"金字塔形"逐步转变为"橄榄形"，产生出一个中产阶级大众，成为缓和社会矛盾和促进社会稳定的基础。但中产阶级是一个历史概念，并没有统一明确的定义，过去一般指除开第一等级（天然贵族）和第三阶级（社会下层和穷人）之外，社会生活的多数，现在则既有职业的含义，也有收入的含义。在职业上主要是指具有专业技术的白领阶层，在收入上虽然并不像贫困线那样有一个确定的货币标准，但一般是指统计上处于中间区域的收入群体，如根据美国人口普查局，1991 年美国 20% 中间收入阶层的年收入是 2.9 万—4.3 万美元，不过很多年收入在 6.3 万美元以上的人也仍认为自己是中产阶级。

在美国，20 世纪 80 年代，家庭年收入 2 万—5 万美元为中产阶级；20 世纪 90 年代提高到 2.5 万—7.5 万美元；还有将 2.5 万—10 万美元定为中产阶级。从实质意义来说，中产阶级本来就是工人阶级的一部分，参与剩余价值的创造过程。但是从实际情况来看，他们多数拥有股票或者部分资产。而"知识"产权被广泛承认以后，他们大多拥有知识资产，部分研究者称之为"知本家"。这样，美国的社会结构可以这样划分：低收入者、中等收入者和高收入者。为了利用统计资料的方便，本书把中等收入者看成中产阶级。

在资本主义基本矛盾的作用下，自从 1973 年以来，美国出现了普遍的实际收入下降，不平等上升，中产阶级经济基础日益受到挤压（squeeze）现象。20 世纪 80 年代早期，已有人把这种现象称为出现了"中产阶级"衰落。20 世纪 90 年代初期的第一次服务业衰退则使大量白领和中层管理人员下岗，新增就业多是低报酬、无前途的工作，更加剧了这一现象。

"中产阶级"衰落主要表现在以下几个方面。第一，中产阶级失去就业安全感。第二，在社会财富分配所占份额日益下降。第三，中产阶级队伍在萎缩。在 20 世纪 80 年代，美国出现自 1929 年大危机以来最严重的住房危机，穷人住不起房，住房也日益成为中产阶级面临的问题。拥有住房的"美国梦"对于大部分中产阶级而言日益困难起来。战后联邦住房计划使住房拥有率从 20 世纪 40 年代的 43.4% 上升到 80 年代的 65.6%。此后持续降低，1989 年为 64%。受到冲击最大的还是 25 岁到 34 岁的年轻人，其住房拥有率从 1980 年的 52.3% 下降到 1989 年的 45.2%。住房价格从 1982 年以来几乎翻了一番。1973 年有孩子的中等收入的年轻人家庭花去 1/4 的收入进行住房贷款抵押,到 20 世纪 90 年代则要花去一半的收入,因此可以说住房问题的恶化是 2007 年美国次贷危机的前兆。

20 世纪 80 年代以来,信息技术革命和信息产业迅速崛起,在各个行业迅速普及,改变原有的生产流程和管理模式,极大地降低企业的营运成本,起初从事白领工作的中等管理阶层和中等收入阶层被计算机所取代。根据一份对就业岗位所作的统计,1989—1995 年,美国净增 660 万工薪就业岗位,高收入的管理和专业工作占 3/4,净增 12.7%;剩下的 1/4 是低收入岗位,净增 6.7%;中等收入岗位反而减少了将近 111.5 万个,降低 2.9%(见表 9 - 3)。

表 9 - 3　　　　　美国 1989—1995 年中产阶级就业岗位的变化

类别	1989—1995 年就业变化(千人)	变化率(%)
净增加的高收入工作	+5146	12.7
净增加的低收入工作	+2646	6.7
净增加的中等收入工作	−1115	−2.9

资料来源:Randy E. Ilg, "The nature of employment growth, 1989—1995", Monthly labor Review, Vol. 119, Issue6, Washington, June l996, http//global. umi. com/pqd – web.

在 1996 年 1 月初,AT&T 宣布重组业务,裁减管理人员四万人。这只是企业裁员之冰山一角。美国公司为了应对加剧的竞争压力,进行企业重组和裁员,尤其是裁撤白领人员。一项研究根据 1981—1996 年"下岗工人调查"(DWS),考察从 1981 年到 1992 年岗位损失的情况,发现尽管 1981 年到 1982 年与 1991 年到 1992 年岗位损失率相似,但是岗位损失的产业和职业组合却发生了变化。蓝领工人和制造业工人的岗位损失降低,而白领工人和非制造业产业工人的岗位损失上升。[1]

美国的中产阶级在战后的繁荣经济、逐年提高的薪资、对个人的信心、对雇主和政府的信赖,以及对国家和社区与每个人息息相关的理解基

---

[1] Henry S. Farber, "The Changing Face of Job Loss in the U. S., 1981—1995", Brookings Papers:Microeconomics, 1997, p. 59.

础上，曾经有所增加。这个中产阶级现在可以分成三个部分：老一辈中产阶级经历过经济大萧条和二战，并享受到战后繁荣安定；婴儿潮那一代中产阶级从小就生活富足，认为经济会持续繁荣，结果却碰到裁员风潮和工作不稳定；当代年轻中产阶级把社会不稳定和不安全感视为理所当然。对于当代的中产阶级，由于产业升级的进展，贸易夺走了下层的工作，科技接管了中层的工作，而原来从事这些工作的人，为了争夺仅存的低薪工作，与劳工阶层斗得头破血流。因此，薪资的中间值不断下降，贫富差距也在扩大。有钱人和穷人都比以前多，这表示中间阶层已经减少。简言之，原来不断扩大的中产阶级不仅已经停止增加，而且开始缩减。

在马克思主义经济危机整体论影响较大的第二次世界大战结束后到70年代早期，中产阶级队伍增加，整个社会收获丰厚。其后随着世界社会主义运动步入低潮，中产阶级队伍不增反降，中产阶级人口从占近70%下降到60%。而上层阶级变得更加富裕，中产阶级和下层阶级贫困化。对于蓝领工人来说，替换就业通常在低报酬的服务业。对于白领工人来说，替换岗位主要是日益增长的自封"顾问"，收益只是先前收入的一部分。这些情况被称为"岗位降级"。中产阶级所占份额下降，社会经济地位下降，这些变化加剧了经济的停滞和有效需求的不足，孕育着经济危机以致金融危机和债务危机的产生。

四　实体经济萎缩

马克思主义经济危机整体论认为，实体经济整个经济发展的基础，实体经济停滞和萎缩，必然引起整体经济的有效需求不足，经济增长乏力，如果这时再加上虚拟资本脱离实体经济发展而过度膨胀，就会引发金融危机和债务危机。从这个角度看，实体经济萎缩也是目前西方金融危机和债务危机的一个重要深层原因。

据统计，从1969年到1976年，整个美国实体经济有2230万就业岗位因为工厂倒闭、工厂州际和海外转移而消失。在20世纪70年代的十年时间，大约有3200万到3800万岗位消失，这等于1969年所有就业岗位的近39%。从产出看，从1979年到1985年，美国的纺织业和服装业分别下降了10%和20%，而在1973年到1975年和1979年到1981年衰退期间，钢铁和汽车产业产出下降厉害，受到沉重打击，后一次衰退尤甚。1977年汽车生产从前一次衰退中恢复，而钢铁工业还比1973年的水平低17%。

1985 年美国汽车生产比 1979 年低 5%，而钢铁生产比这些水平低 35%。

从就业来看，纺织业和服装业就业在整个时期持续下降，从 1973 年到 1985 年就业损失超过 20 万。在 1979 年前，钢铁工业就业持续下降，到 1979 年以后出现剧烈下降。到 1985 年钢铁工业就业仅仅是 1973 年水平的 40%。汽车工业就业显示出波动性下降，不过程度要缓和一些。在新英格兰，由于工厂倒闭，在制鞋业和服装业领域，新投资每新增 1 个就业就要损失 2—4 个就业；对于这个地区的航空工业来说，每新创造 1 个就业就要损失 3.6 个就业，在铸造机械产业，这个比例是 1.6：1.0。

在 20 世纪 70 年代美国损失了 23% 的世界市场份额，20 世纪 60 年代损失 16%。从国内市场来看，美国制成品的国内市场份额下降要大得多。仅在 70 年代，美国国际地位的下降就相当于损失了 1250 亿美元的生产和至少 200 万制造业就业岗位。美国的一些优势工业部门受到威胁。如航空工业，受到来自欧洲空中客车公司的挑战，其世界出口额从十年前的 66% 下降到 58%，而且空中客车公司正在打破美国对世界宽体客机市场的垄断。美国部分研究密集型工业也遭遇麻烦，尽管 1985 年美元贬值提高了这些产品的价格竞争力。而在消费电子领域，美国更是拱手让出国内市场。在 1960 年 95% 的收音机、电视机等由美国国内厂家提供，到 1979 年进口占据了美国消费电子市场半壁河山，美国不再生产收音机，黑白电视机几乎都是国外厂家生产的。

20 世纪 60 年代中期以来，国外进口在美国所占市场份额逐步上升。到 1981 年，美国所需要的汽车有 26%，钢材有 25%，电视、收音机、录音录像机有 60%，计算器有 43%，金属铸造机床有 27%，纺织机械有 35% 以及数控机床有 53% 从国外进口。在 20 年前，这些进口产品各自在美国所占市场份额不到 10%。在 1970—1980 年之间，来自发展中国家的进口几乎增长十倍，以不变美元计算，从 36 亿美元增加到 300 亿美元。美国国际市场份额下降的产业主要是资本密集和进行大规模生产的产业。从 1963 年到 1980 年，美国的世界汽车销售量下降近 1/3；工业机床销售也下降 1/3；农业机械下降 40%；交通机械下降 50%；金属铸造机械下降 55%。

钢铁工业曾经是美国的骄傲，1977 年开始关闭工厂，解雇工人。1983 年 12 月，美国钢铁公司宣布关闭三座大工厂和多个其他工厂，一下子解雇 1.5 万工人，其后更名为 USX。从 1979 年到 1985 年，美国钢铁工业雇员从 34.2 万人下降为 15.1 万人，其对股东的回报率从 5.8% 下降到 − 18.5%。类似的情况还出现在汽车、纺织和服装工业等产业。从 1979 年到 1989 年美国整个制造业部门净就业损失 140 万人，而同期整个就业增加 1800 万人。这个时期美国制造业就业份额从 23.4% 下降到 18.1%，20 多个制造业产业衰落，其中包括钢铁、轮胎、金属容器和运输设备等重要产业。从 1979 年到 1989 年，《财富》美国 500 强企业雇员减少 1/5，在十年时间里丢掉 370 万就业岗位。而在此以前 25 年，《财富》美国 500 强就业增长达到 100%。[1]

　　20 世纪 80 年代，由于遭受第二次石油危机的影响，美国陷于 1929 年大危机以来又一次严重的经济衰退之中。罗纳德·里根上台执政后，为了对付超过 10% 的通货膨胀，连续三次提高官方利率，实行进一步的货币紧缩政策。高利率吸引了大量的海外资金流入美国，导致美元飙升，从 1979 年底到 1984 年底，美元汇率上涨了近 60%，美元对主要工业国家的汇率超过了布雷顿森林体系瓦解前所达到的水平。美元大幅度升值导致美国的贸易逆差快速扩大，到 1984 年，美国的经常项目赤字达到创历史纪录的 1000 亿美元。一方面是国内经济紧缩，另一方面美元升值，制造业产出在 1982 年就下跌 7.5%，就业下降 225 万人，占总就业的约 10%。遭到打击最沉重的产业是重型机械和汽车工业。从 1979 年到 1982 年粗钢生产下降 40%，机械产出下降 6%，汽车及配件下降 30%，纺织业下降 8.5%。到 1982 年，制造业生产能力利用率下降到只有 70%。生产率低速增长，制造业投资锐减，1983 年投资比 1981 年低 9% 左右。[2]

　　可见，西方金融危机和债务危机的爆发有着很长的发展链条，环环相扣，逐层进阶。众所周知，美国实体经济在 1995—2001 年间出现了互联网泡沫，该泡沫的崩溃直接导致全球经济在 2001—2003 年间陷入一定程度的衰退。2000 年随着科技泡沫的破裂，美国实体经济结束了"新经济" 8 年的扩张期，2000 年第四季度以来，美国经济急剧降温，并于 2001 年 3 月进入经济衰退。美国新技术产业的失业率（计算机及相关技术产业的失业率）在 2002—2003 年率先达到高峰，分别为 9% 和 8.9%。因此，美国

---

　　[1]　Philip Mattera, Prosperity Lost, Addison - Wesley Publishing Company, Inc., 1990, p. 63.

　　[2]　Godfrey Hodgson (ed.), Handbook to The United Statees, Vol. 3, Facts on File Publications, 1992, p. 1271.

科技实体经济产业前景迷茫，美国经济增长的引擎从实体经济过度转向了虚拟经济，这是美国后来出现次贷危机并引发了更广泛的金融危机和债务危机的一个深层根源。

第 十 章

西方金融危机和债务危机的
政策应对方法

第一节 以金融创新服务于实体经济发展

虽然目前西方的金融危机和债务危机从实质上看，是由资本主义基本矛盾导致的经济危机，但其产生也有其流通领域的直接原因。马克思主义经济危机整体论是主张对经济危机实行标本兼治的理论，它既主张在基本经济制度方面，用社会主义制度取代资本主义制度，铲除经济危机产生的制度根源，也主张在经济政策方面，让各种金融创新和政策工具服务于实体经济发展。所以，以马克思主义经济危机整体论为指导，面对西方的金融危机和债务危机，我们既要在生产分配领域的基本经济制度方面应对其冲击，也要在流通领域的金融创新和政策工具方面应对其冲击。在本章，我们将先依据马克思主义经济危机整体论，探讨西方金融危机和债务危机的政策应对方法。

西方的金融危机和债务危机起源于美国在金融创新发展中出现的问题，特别是住房抵押贷款大量违约，发展到大型金融机构瓦解重组，信贷紧缩造成经济严重衰退，引发国际金融危机和全球经济负增长。金融危机和债务危机爆发以后，很多学者指出，金融创新所形成的金融衍生工具在其中起了很多作用，要是没有衍生工具的存在，单纯房地产市场的下跌不可能引起如此强烈的连锁反应。要应对西方的金融危机和债务危机，就要吸取其教训，限制金融创新和金融衍生工具的发展。

这种观点虽然有一定道理，但不够全面。金融创新和金融衍生工具本身所具有的分散风险、对冲风险等基本功能，只是次贷的衍生过度导致了它们脱离了实体经济的发展，又没有完整的信息披露和透明度，加上政府的监管空白和评级机构的"火上浇油",投资者已经无法识别衍生工具应有的风险,才引发了次贷危机以及以后的金融危机和债务危机。西方金融危机和债务危机的爆发以及影响不能归咎于金融创新和金融衍生产品,对于这一工具的不当使用,让它们没有很好地服务于实体经济发展才是引发金融危机和债务危机的直接原因之一。

实际上,金融创新是一把"双刃剑"。正如前面提到的,金融创新,泛指金融体系和金融市场上出现的一系列新事物,包括新的金融工具、新的融资方式、新的金融市场、新的支付清算手段以及新的金融组织形式与管理方法等内容。金融创新是商品经济发展的客观要求,创新给金融市场带来了活力,为金融机构创造流动性、拓展利润来源,同时也不断满足市场上不同类型的投资者、投机者对于保值、增值等目的的需要。住房抵押贷款相关衍生产品属于金融工具创新范畴。金融衍生工具具有风险对冲性、虚拟性、复杂性、杠杆性、连锁性等特性。

一方面,金融衍生工具可以有效地分散和对冲风险。例如住房抵押贷款,商业银行等放贷机构通过资产证券化将流动性较差的住房抵押贷款打包出售,换取现金资产同时收取管理手续费,从而分散和转移风险;投资银行则通过将证券化产品重新切割、打包,经过评级机构的信用增级后再出售给对冲基金、养老基金等机构投资者,从而也可以分散和转移风险,并且锁定收益。同时,在抵押贷款证券化产品的基础上设计和发行的各种衍生产品和基础产品一起为市场提供了更为多元化的投资工具,满足了不同风险偏好的投资者的收益需求。

但另一方面,金融创新和金融衍生工具的虚拟性和杠杆性放大了风险。金融衍生品具有"虚拟性",它附属于贷款、股票等基础资产,它的价格取决于投资者对于基础资产产生的未来收益的预期,这导致了金融衍生品的价格比基础资产更加的不确定,风险也具有更多的不确定性。金融衍生产品的交易一般都是保证金制度,具有高度杠杆性。少量的资金就能进行大规模的交易,这在对冲、管理风险、放大收益的同时,也进一步放大了风险。金融衍生工具的复杂性导致了信息不对称,风险变得更加复杂。金融衍生产品是通过对基础产品的各种组合处理而形成的,这种处理要求有高深的数学方法、数理模型并运用电脑信息技术。这就导致基础金融产品在经过层层切割包装后变得不透明,投资者和基础金融产品持有者之间出现严重的信息不对称,投资者已经无法得到足够的信息去评价衍生产品的风险性和收益性，从而导致风险更加复杂和难测。金融衍生工具的这种连锁复杂机制导致了它们极有可能脱离实体经济的发展，引发经济危机。

从经济政策方面应对西方的金融危机和债务危机，我们必须正确看待金融创新。一方面要看清金融创新的必要性。在现今国内、国际竞争愈发激烈的金融市场中，各金融机构为了分散和转移风险，满足客户多元化的投资需求，增强企业的竞争力，就必须不断推进金融创新。同时，我国资本市场的发展完善也有赖于衍生品市场的发展壮大。另一方面，我们要合理进行金融创新，并加强监管，防止金融创新脱离实体经济发展的基础。

实体经济是国民经济持续增长和金融稳定的基础。金融创新是促进实体经济发展的手段，当金融创新和实体经济匹配良好时，金融创新就可以为实体经济发展提供更为广泛的融资渠道，转移市场风险，优化资源配置，从而有效服务于实体经济的发展。如果没有强劲的实体经济发展作为支撑，金融经济只不过是虚拟的泡沫经济，最终必将破灭。

在开放的国际经济和国际资本市场环境下，新兴发展中国家的泡沫经济对外依存度很强，如果一个新兴发展中国家的大部分资产都是虚拟资产，这个国家的经济命脉就掌握在全球投资者的手中。一旦国际金融市场出现波动，就会迅速波及这个国家的经济内部。没有实体经济的发展做后盾，就没有足够的资金来救市，政府就完全失去了拯救国家金融业的能力。因此，中国的金融创新必须立足并服务于实体经济，保持虚拟经济与实体经济的平衡，促进产业资本和金融资本的进一步融合。

第一，金融衍生产品的创新应以实体经济的发展为根基，防止过度衍生化，提高风险的透明度。美国次贷危机原因之一就是次级抵押贷款在经过层层切割包装之后，风险被掩盖了，投资者无法识别衍生产品与实体经济发展的联系，更无法了解其风险和收益，这就会导致大量投资者作出错误的投资选择。如果人们能及时了解这些产品与实体经济发展的真正联系，知道其背后真正的风险，那么或许次级债在一开始就不会受到追捧，也不会在流通领域演变成一场危机的爆发。

第二，应避免金融创新技术的滥用。随着金融工程技术的发展和运用，新型的结构化金融产品层出不穷，其复杂的结构和晦涩的模型不仅让投资者难以理解，甚至连其设计者都无法真正解释清楚其中真实的风险收益结构。实践也证明了这些模型并不能很好地为金融衍生产品进行定价，尤其是许多金融衍生产品完全基于未来现金流，而未来现金流具有太多不确定性，并不是通过模型就可以准确计算得出的。过于依赖模型而脱离了实体经济的现实情况，则可能错误地认识风险、低估风险。

第三，金融机构要增强风险管理能力。由于金融衍生产品不同于实体经济产品的虚拟性、杠杆性、连锁性等特性，对金融机构的风险管理能力提出了更高的要求。当金融机构在进行金融创新时，要将金融创新活动与其他传统业务的风险进行统一管理，纳入到统一的风险管理体系中，构建全面风险管理体系。

对于我国来说，金融创新还处于刚刚起步的阶段。并且，西方那些经过实践证明的行之有效的金融创新产品的内在机制和运行规律可能并不完全适应于我国的实体经济的发展，还需要我们自己加以摸索、改进。因此，这意味着首先需要坚决打好创新基础，以优质实体经济资产作为衍生产品的标的推出新产品，而不良资产只能作为补充，从源头控制可能产生的风险。例如，商业银行可以将优质的个人住房抵押贷款进行资产证券化，这些贷款能产生稳定、可以预测的现金流，一方面可以推动资本市场投资工具的多元化发展，另一方面也可以改善银行的资产负债结构。对于那些不良的贷款可以进行小规模、控制范围内的尝试，按照未来现金流将其切割成不同信用等级若干部分，按照不同信用等级将其出售给风险承受能力不同的投资者，但是要向投资者充分披露相关风险。同时，也不能追求过于脱离实体经济的金融技术，而是应该首先着眼于推出那些可以直接服务于实体经济发展的各种金融产品和技术。

第二节　以金融监管体系建设保障国家经济安全

2007 年以来美国次贷危机引发的西方金融危机和债务危机，同马克思主义经济危机整体论的影响一度下降、新自由主义在流通领域的影响扩大有关。事实证明，新自由主义及其所伴生的自由市场至上主义，不过是披着经济哲学外衣的个人贪欲。正是新自由主义致使金融监管体系出现漏洞，华尔街的贪欲才享受到了不受约束的充分自由，结果导致了金融衍生品泡沫膨胀到足以危害全球经济的庞大规模。

西方金融危机和债务危机发生前，许多西方国家在新自由主义思潮影响下，以美国为风向标，纷纷放松金融监管。国际金融市场创新加快，金融产品范围日益广泛，结构日益复杂。但由于对复杂金融产品和金融机构的监管远远落后于金融创新，金融风险不断累积，并在金融危机中充分暴露出来。金融危机暴露出金融监管存在着监管理念落后、金融监管协调不力及监管资源不足等问题。

针对此次金融危机所暴露出来的问题，各国政府开始着手完善金融监管体制，提高监管能力。美国财政部就美国监管体制改革提出了短期、中期、长期的一系列建议，重点是加强美联储的监管权，整合和强化金融监管。英国议会提出改革现行存款保险和金融监管制度的建议，包括修改破产法，建立专门针对银行业的破产处置机制；中央银行成立金融稳定办公室，负责监管当局之间的联络和沟通，研究前瞻性的分析方法，跟踪金融体系潜在风险变化，有权对受保的大型金融机构进行检查等。

西方的金融危机和债务危机充分证明了新自由主义的危害性，就连曾竭力主张金融自由化和取消政府监管的美联储前主席格林斯潘，在国会议员责难下也被迫承认新自由主义市场理论"有缺陷"。他还称"我不知道漏洞有多大多深，但我对这个事实感到非常沮丧"。有些欧盟国家如法、德等国领导人开始反思当前的国际货币金融制度，提出建立新的布雷顿森林国际金融体系的主张，但是，现在的国际经济秩序和国际货币金融体系都是建立在新自由主义的"华盛顿共识"基础上的，必须彻底抛弃新自由主义才能革除旧的国际货币金融体系弊端。①

在国际金融危机和债务危机面临扩散和升级的形势下，我国银行存款面临着坏账增加和输入通货膨胀两方面的威胁，应趁通货膨胀压力暂时缓解的有利时机，尽力排除新自由主义的干扰，加强金融监管体系建设，确保国家经济安全。在充分借鉴各国金融监管经验教训的基础上，改革我国现有金融监管体制，构建一个精简、顺畅、有效的监管体系，为将来混业经营提供高效的监管服务，防止发生类似美国金融监管的失误，已是摆在我们面前的一项重大研究课题。我国金融监管体系建设目前特别需要做好以下工作。

第一，在发展金融创新的同时加强金融监管。金融创新是金融发展的动力之源，没有创新就没有效率。但在推动金融创新的同时，必须注意风险管理机制的建设。金融创新是一把双刃剑，在推进金融业务和金融市场

---

① 转引自杨斌《透析国际金融危机　维护中国经济安全》，《中国教育报》2009 年 3 月 9 日。

发展的过程中，也创造出许多新的风险，并凭借杠杆效应放大波动的程度。如果对金融创新业务缺乏监管，就有可能使风险不断积累，由局部风险演化为系统性风险，直至爆发金融危机。

特别是在金融业综合经营的环境下，金融机构不断创新出兼具银行、保险、证券和期货业务特性的金融产品，使资金和资产的流动和转换十分便利，同时也使金融风险在信贷市场、证券市场、保险市场和期货市场之间以及金融领域与实体经济之间传导扩散问题更加突出，这就需要不同监管部门统一监管标准，采取协调行动，加强跨业监管，防止金融风险过度交叉和相互传染。

在西方金融危机和债务危机中，通过金融创新分散和转移风险并没有错，错的是新自由主义思潮，是在金融创新过程中金融监管严重滞后，缺乏对那些复杂的金融衍生产品自身所隐藏的巨大风险进行强有力的外部约束。目前，为促进我国金融市场同国际金融市场接轨，我国正在鼓励部分国有控股银行进行产品创新和业务创新。西方金融危机和债务危机的冲击警示我们，在鼓励金融创新的同时必须建立和加强相应的监管，要把金融创新的风险置于可控范围内，这样才能在提高金融机构运行效率的同时，确保国家金融安全和经济安全。

第二，加速金融监管政策转型。目前我国的金融监管政策多是政府部门制定各项法律法规、规章制度，并强制要求被监管对象执行。随着金融创新不断深化，这种金融监管政策与金融创新之间存在着较大矛盾。一方面规则的描述永远赶不上金融市场的变化，另一方面金融创新又不断突破规则的限制，从而留下监管空白。

相比这种金融监管政策区分银行、保险、证券和期货的分业监管模式，新的金融监管政策应注重监管的目标，不再区分银行、保险、证券和期货几个行业，而是按照监管目标及风险类型的不同，将监管划分为三个层次：第一层次是着眼于解决整个金融市场稳定问题的市场稳定监管；第二层次是着眼于解决由政府担保所导致的市场纪律缺乏问题的审慎金融监管；第三层次是着眼于消费者保护，解决商业行为标准问题的监管。三个层次监管目标和监管框架紧密联系，使监管机构能够对相同的金融产品和风险采取统一的监管标准，将大大提高监管的有效性，并能够较好地处理金融监管与金融创新之间的平衡。

新的金融监管政策应当兼容分业或混业监管模式，将金融体系稳定、金融机构审慎经营和消费者保护作为三大目标加以整合，构建出高效统一的监管部门。它应当可以更好地适应金融市场的形势变化，更加清晰集中地执行特定的监管目标。根据不同目标来划分监管权限，维持更加严明的市场纪律，及时把威胁国家经济安全的苗头扼杀在萌芽状态。

第三，完善各金融监管部门间的协调配合。在引发西方金融危机和债务危机的美国次贷危机发生时，美国流通领域的各监管机构之间缺乏信息交流，监管权力分散，决策过程混乱，一定程度上延误了金融危机的处理。美国的经验教训警示中国在应对西方金融危机和债务危机中，必须在流通领域完善各金融监管部门间的协调配合，并建立适合本国国情的金融监管协调机制。

完善金融监管的协调机制，需要做好的工作是：首先，完善监管联席会议制度和经常联席机制，建设有效的监管协调工作程序以保障监管规则的执行和发展。其次，完善信息共享机制，建立中国人民银行与三大金融监管机构监管信息的定期送达制度。再次，研究探索建立更高层次的一体化金融监管部门。配合金融监管体制的深化改革，在建立起系统有效的监管协调工作机制后全面实行金融一体化监管，可以更加灵活、有效地适应市场要求，降低监管协调成本，提高监管效率、实现规模效应，尤其在跨国金融监管机构协调中可以更好地发挥作用，在各部门的有效配合中保证国家经济安全。

第四，建立健全金融机构的信息披露和多种约束机制。由于市场发育和监管理念等方面的原因，我国金融机构信息披露的质量和数量都远远不能适应应对金融危机和债务危机的要求，信息披露不真实、不充分相当普遍，目前的法规办法更多的是原则性规定，缺乏具体要求，金融业在信息披露上没有规范可遵循。因此，做好信息披露建设，不仅从原则上，更要从内容、标准、方式等具体层面上入手，逐步与国际金融业接轨，真正建立市场约束机制，有效预防与降低金融风险。

在经济全球化、金融全球化的形势下，金融业务不再局限于某一国家或地区的范围，以国家为单位的金融监管当局对其境内的金融机构和金融业务实行全方位的约束难度已越来越大。为了确保国家经济安全，我国还应主动适应金融监管的国际化趋势，加强监管的国际合作与协调，参照和依据《有效银行监管的核心原则》（1997 年）和《新巴塞尔资本协议》（2002 年），实现对跨国金融机构的有效约束。

同时，还要建立健全以金融机构内部控制为基础的内部自我约束机制，维护金融企业资产的安全性和流动性，防范经营风险；建立完善的内部风险预警控制机制，以风险为核心对金融机构管理质量进行评估，提高对金融机构的公司治理水准。加强金融业行业自律性组织的建设，建立健全银行业协会等行业性组织工作，制定更为严格的行为守则，并对本行业经营者的经营行为进行监督，赋予其行业保护、协调、合作与交流等职能，以维护行业的公平竞争和市场秩序。在政府监管范围之外，通过自律行业的道德规范加以补充，形成市场多元利益主体的相互衡约束机制，并在此基础上建立全国同业协会的联系约束机制。

第三节　以宏观调控促进经济平稳较快增长

西方金融危机和债务危机再次表明，市场不是万能的，受新自由主义思潮蒙蔽一味迷信市场力量，放任市场自由发展，必然会扭曲经济信号，扰乱市场秩序，最终带来难以预料的后果。在流通领域，市场机制和政府宏观调控就像一枚硬币的正反两面，是相辅相成、互相依存的关系。只有在应对西方金融危机和债务危机的过程中，以马克思主义经济危机整体论为指导，既发挥市场机制这只"看不见的手"的作用，又发挥政府宏观调控这只"看得见的手"的作用，才能化"危"为"机"，促进我国经济不断平稳较快增长。

一　调整宏观调控政策取向的重点

西方金融危机和债务危机，一方面形成了对我国经济发展中存在的深层次的挑战，另一方面也为中国提供了一个难得的发展机遇。在流通领域，中国目前并不存在流动性不足的问题，银行系统高额的存款尚未有效利用。中国正处在劳动力和资本双要素剩余的黄金时代，及时调整宏观调控政策取向的重点，着重解决好我国经济发展中深层次的问题，有效启动剩余要素的经济运行机制，将会减少金融危机对我国造成的不利影响，使我国步入经济起飞的后发展阶段，为我国经济可持续发展提供新的增长动力。

调整宏观调控政策取向的重点，需要首先改变粗放式贸易增长模式，调整贸易政策向竞争力导向转变。从全局出发，协调进口与出口的关系，优化进出口商品结构，提高出口产品的科技含量和附加值，并大力培养一批具有国际竞争力的品牌。其次，要调整外资政策，逐渐取消对外资企业的超国民待遇，着重提高引进技术的质量，使其为我国产业结构的优化服务。再次，要引导加工贸易的转型升级，淘汰部分落后企业，抓住国际产业转移机遇，制定促进加工贸易转型升级的中长期发展规划，延伸加工贸易产业链，调整产业结构，促进加工贸易转型升级。最后，要努力开拓新兴市场，以绿色技术创新为核心，实施绿色贸易增长战略。健全有关贸易和保护环境关系的法律体系，大力推广绿色产业，制定相应的鼓励、扶持政策，大力开拓环保市场，促使企业提高环保技术、不断开发绿色产品，并积极推行 ISO14000 环境管理体系，尽早推行进出口产品的环境标志制度，以避免或减少国外绿色壁垒对我国出口的不利影响。

事实上，西方金融危机和债务危机给我国经济发展带来巨大冲击的同时，也带来了推动经济结构调整、加快转变经济发展方式的重要契机。调整经济结构和转变发展方式是一个长期的战略性任务。在经济形势好的情况下，市场需求旺盛，任何一个企业、任何一种产品都有生存空间，小钢铁、小煤炭、小水泥、小矿山等都生意兴隆，各个行业和产业没有很大的调整压力，市场优胜劣汰的机制不明显。而在经济出现困难的情况下，市场需求减少，价格下降，一些技术含量低、成本高、效益差的企业就会率先受到冲击，难以再生存下去，这就形成一种市场优胜劣汰的倒逼机制，迫使行业、产业以及企业进行优化重组。

因此，如果我们抓住机遇，调整宏观调控政策取向的重点，将有利于我国经济在产业结构的升级中平稳较快增长。近年来，国务院已经制定了汽车、钢铁、船舶、石化、轻工、纺织、装备制造、电子信息、有色金属、物流业等重点产业的调整和振兴规划，这对于推进产业结构优化升级具有重要意义。调整宏观调控政策取向重点可以做的事情包括，推进企业兼并重组，支持优势企业并购落后企业和困难企业，鼓励强强联合和上下游一体化经营。加大企业技术改造的力度，推进企业升级换代和自主创新，创造更多的核心技术、自主知识产权和知名品牌，培育一大批具有国际竞争力的大企业和企业集团，推动经济增长由主要依靠物质资源消耗向主要依靠科技进步、劳动者素质提高和管理创新转变。

二　在坚持对外开放的同时更加注重扩大内需

随着改革开放的深入发展，我国的对外开放程度不断提高，2008 年我国进出口贸易总额达到 25616 亿美元，超过德国跃居世界第二位，其中出口额达到 14285 亿美元，超过德国跃居世界第一位；进口额达到 11331 亿美元，超过德国上升为世界第二位。我国进出口贸易总额占国内生产总值的比重达到 70%。2008 年实际利用外商直接投资 924 亿多美元，同比增长 23.6%。① 我国经济发展已经在很大程度上与世界经济融为一体，国外需求对拉动我国经济增长起到了重要作用。西方金融危机和债务危机造成的直接后果是国外需求减少，导致我国出口下降，与出口相关的企业和就业都受到严重影响。在外需大幅度减少的情况下，必须更多地扩大内需，增强投资和消费对经济增长的拉动作用。我国是一个经济大国，国内市场广阔，回旋余地大，加上我国正处在工业化、城镇化快速发展时期，社会需求旺盛，有很大空间来扩大内需。关键是要采取更有力、更有效的政策措施鼓励社会投资和居民消费，提升我国的投资和消费水平，推动我国经济发展到一个新的更高阶段。

西方金融危机和债务危机使我国外部环境恶化，从某种意义上说，这也正是将出口导向型增长转变为内需拉动型增长的大好时机。坚持扩大内需的方针，把我国经济长期发展的基点放在国内需求上，不仅会促进投资增长、消费扩大、继续拉动经济平稳较快增长，也会有效改善基础设施，提高人民生活水平，促进经济社会协调发展。内需的来源主要有两块，一块来自于消费拉动，一块来自于投资驱动，扩大内需短期依靠投资，长期依靠消费。

在扩大投资方面，一是要坚持宏观调控，出台更加有力的扩大国内需求措施，加快民生工程、基础设施、生态环境建设和灾后重建。二是要充分认识到目前我国的公共产品供应远远落后于经济增长的速度，并逐渐超过基础设施成为制约经济社会发展的主要因素，因此要加大对教育、医疗等公共产品的投资力度，将"民生领域"的投资作为今后投资的重点。三是在扩大内需的同时，把握好时机实现经济结构的调整和产业结构优化，并加强对企业技术改造项目的投资，循序渐进地改变经济增长模式。

在刺激消费方面，关键是提高城乡居民特别是低收入群体和农民的收入水平。我国最为广阔的市场在农村，但是农业仍然是国民经济最薄弱环

---

① 李成勋主编：《世界金融风暴的袭击和我们的对策》，知识产权出版社 2009 年版，第 12 页。

节，农民的收入同城镇居民相比仍有较大差距，并且存在着医疗、子女教育和养老等诸多不公平因素，其消费动力不足。因此，一方面政策要继续向第一产业倾斜，进一步加大对农业和粮食生产的支持力度，增加防汛抗旱资金和农业基础设施建设投入，提高粮食最低收购价，加强农村金融服务，并通过财政转移性支出直接补贴农民。另一方面要完善农村社会保障体系，深化农村医疗和养老体制改革，减轻农民子女的教育负担，从而解决其增加消费的后顾之忧。总之，我国人口众多，经济发展不平衡，正处在工业化、城市化进程中，国内市场广阔，需求潜力巨大，只要我们采取有效的宏观调控措施，更加注重扩大内需，我国经济增长的动力就能长期持续强劲。

更加注重扩大内需，不等于不需要继续扩大对外开放。应对西方金融危机和债务危机，也需要广泛的国际合作。在当前，尤其要警惕和防止贸易保护主义，贸易保护主义只能收一时之效，却会助长相互隔离，带来损害国际贸易发展的长远后果，到头来必然是损人而不利己。在扩大内需的同时，坚定不移地实行对外开放的基本国策，努力推动贸易自由化和便利化，反对贸易保护主义，才能推动中国与世界各国紧密联系，共同应对西方金融危机和债务危机的冲击和挑战，深化国际经贸合作，加快建立国际金融新秩序，加强国际金融监管合作，防范金融风险积聚和扩散，建立公正、合理、健康、稳定的世界经济新秩序。

在我国进出口贸易受到很大冲击的情况下，更要努力保持对外贸易稳定增长，巩固传统出口市场，积极开拓新兴市场，实施出口市场多元战略，同时积极扩大进口，特别是增加先进技术装备、关键零部件、重要能源资源和原材料进口，加快企业"走出去"步伐，支持各类有条件企业对外投资和开展跨国并购，积极推进境外经贸合作区建设，发展境外资源合作开发、工程承包和劳动合作。抓住机遇，进一步完善内外联动、互利共赢、安全高效的开放型经济体系，把我国对外开放提高到一个新水平。

第十一章
西方金融危机和债务危机的
制度应对方法

第一节　资本主义的制度应对方法

　　这里讲的资本主义的制度应对方法，是指资本主义国家用于维护资本主义制度的各种应对金融危机和债务危机的方法。这些方法中有的虽然因为有利于经济运行和发展，从而间接有利于工人阶级的利益，但都是直接服务于资产阶级利益的。那些有利于经济运行发展的方法，经过加工改造是可以被包容进社会主义的制度应对方法中去的。

　　现在有一种流行的说法，把资本主义与市场经济相等同，把资本主义说成是一种市场关系，在这种关系中，所有的人都以私人交易者的身份出现，交易双方都是平等的、自由的，都能自主选择、自主决策，而不是像在前资本主义之下，使用劳动力的人同劳动者本人之间存在依附关系，是不平等的，都不能自由选择，于是也就不存在市场关系和资本主义制度。

　　这种说法的错误在于，虽然资本主义存在于市场经济之中，但恰恰是资本主义的生产方式和政治制度，形成了劳动对资本的新的依附关系，用劳资之间交易关系的平等自由掩盖了他们之间生产关系的不平等不自由，阻碍了个人的自由选择和个人之间的交易平等关系的进一步发展。所以应该在资本主义和市场经济之间作出明确区分。

　　马克思主义经济危机整体论认为，资本主义制度的最基本特点表现在其生产方式中，即一个阶级独占地拥有作为社会劳动产品的生产资料。这种某一阶级独占的拥有，虽然在历史上采取了生产资料个人所有制的形式，但也可能采取公有的形式。当社会劳动所生产的生产资料不被社会整体所掌握而被社会的一部分人所掌握（然后这一部分变成了统治社会的"资产阶级"），他们在市场交易的掩盖下剥削、压迫无产阶级，那里就存在着资本主义。所以，把资本主义仅仅看成一种市场关系是不全面的，它是建立在一种特定生产方式上的社会经济制度，在这种社会经济制度下，资本家占有生产资料和国家政权，雇佣工人进行生产，独占剩余价值，并在此基础上构成一整套与此相适应的政治法律制度和社会意识形态。运用这种理论，才能科学说明资本主义的制度应对方法与社会主义的制度应对方法之间的共性和区别。

一　历史上资本主义的制度应对方法

西方金融危机和债务危机的实质是资本主义的经济危机，它不是新的经济现象，自从资本主义生产方式占统治地位以后就不断出现。在历史上，各资本主义国家已经采取过很多意在维护资本主义制度的应对方法。特别是1929—1933年间经济危机的严重破坏后果，迫使资本主义国家加强了对经济生活的干预和调节，在竭力维护资产阶级的统治地位的前提下，采取一些有利于经济运行和发展政策措施，甚至在有些方面对工人阶级作出一些让步，如增加工人的福利和允许集体谈判等。

这种制度应对方法，首先表现为扩大财政预算行政开支和社会福利开支，这就直接增大了社会消费需求，缓解了两大部类之间的积累失衡。减轻了消费资料生产过剩，从而削弱了资本主义经济危机的强度；其次，则表现为使固定资本的更新分散化，即在危机到来前的经济过热阶段采取紧缩措施，以抑制经济过度高涨。而在危机到来时，又设法增加社会消费，刺激私人投资，保护金融体系，以维持相当规模的固定资本投资，减少生产下降幅度。

资本主义国家所采取的这些应对方法，在一定时期内和一定程度上，减轻了经济危机的强度。例如，在1929—1933年的经济危机中，美国的生产幅度下降了46.2%，失业率为24.9%，德国的生产下降了40.6%，失业率为50%，日本的生产下降了32.9%；而在资本主义国家采取了上述应对方法之后，在1973—1975年、1979—1983年爆发的两次经济危机中，美国的生产下降幅度就降为15.2%和11.8%，失业率降为9.1%和10.8%，德国的生产下降幅度降为12.9%和12.2%，失业率降为5.1%和8.5%，日本的生产下降幅度降为20%和4.1%。[1]

---

① 此处和本节下面的数据和事实除特殊注明者外，均引自或参考刘明远《马克思主义经济危机和周期理论的结构与变迁》，中国人民大学出版社2009年版，第370、371页。

但是，由于这种资本主义的制度应对方法，没有从根本上改变资本主义的生产分配关系，只是使经济危机不能充分展开，不能充分发挥危机淘汰过剩生产能力和对生产的强制性调节作用，只是暂时缓解了生产和消费之间的矛盾，这就使生产能力的过剩经常化，加深了生产过剩的危机，使经济危机不是像有些人所想像的那样，或者消失了，或者转移了。而是爆发得更加频繁了，两次危机之间的间隔时间从 19 世纪中期的每十年一次，缩短为 20 世纪的每四年左右一次。

由于美国经济在世界经济中的特殊地位，本节下面专门对它的制度应对方法作些分析。在资本主义世界，把应对经济危机措施真正变成一种政府有针对性的、强制性的、自觉的行为，自然应当追溯到美国的罗斯福新政。20 世纪 30 年代经济大萧条以前，美国尽管已发生过多次经济危机，但政府从来没有采取过有针对性的措施。30 年代大萧条是美国政府采取有针对性措施反危机的开始。

1929 年 10 月爆发了美国历史上空前严重的经济危机，当时美国总统胡佛信奉传统的自由放任政策，只采取增加公共工程拨款、降低税率等少量措施来缓和危机的打击，其作用很小。当 1933 年罗斯福就任总统时，大危机已经历了四个年头，在危机的打击下，纽约股市总值损失了87.2%，已近于崩溃。工业生产总值下降了46.2%，退到了 1905—1906年的水平。其中，汽车工业产值下降了95%，生铁产值下降了79.4%，钢产值下降了76%。7000 家银行被挤兑风潮摧毁，货币流通几乎停止。

工商企业倒闭14000 家。失业率高达25%，而在业工人的工资下降了40%。到 1933 年初，农业总收入比 1929 年降低约60%，10119 万户农民破产。几百万人民丧失了积蓄和房产，几十万少年失学，到处游荡，几百万青年没有就业希望。这样广泛的失业、饥寒交迫使人猝不及防，政府对这一切又束手无策，绝望情绪弥漫全国，一切都让人觉得是这个社会制度出了问题。马克思所预言的资本主义的罪恶和总危机比以往任何时候都接近事实。

罗斯福一上台就不得不宣布：全国银行延缓支付期；同时禁止提取和转运黄金，并开始采取一系列立法行动，来"救济、改革和复兴"当时已陷入萧条的美国经济。这样就开始了所谓的罗斯福"新政"。所谓"新"就在于他放弃了"联邦政府奉行自由放任主义，尽量少介入经济事务"的教条。大胆地试图通过国家干预来解除经济危机，而不是依靠市场机制的运行自动克服经济危机。

"新政"分为两个阶段：第一阶段从 1933 年 3 月到 1934 年底，重点是立法，先后通过了"紧急银行法令"，放弃金本位制；实行"产业复兴法"、"农业信贷法"和"农业经济调整法"等法令，确立了政府在经济生活中所承担的责任。同时，还为经济活动制定了各种法规，管理各种经济集团的活动，借以促进工商企业和整个经济的发展，并由政府直接参与某些生产活动。罗斯福试图通过政府与私人企业的密切配合，促使下跌的物价上升以增加利润；缓和严重的失业问题，并提高工资收入，增加社会购买力，借以恢复经济。第二阶段从 1935 年到 1936 年，政府转向对经济实行长时期干预的立法改革，通过了《全国劳工关系法》，肯定了工会组织和集体谈判活动的合法性；通过了《社会保障法》，建立了老年保险制度以及联邦和各州联合举办的失业保险制度；此外，利用提高所得税率，征收超额利润税，作为收入再分配的手段。

这样，"罗斯福新政"给资本主义的应对方法带来了两个变化：第一，政府全面干预经济生活成为事实，政府职能出现重大转变。政府承担了许多前所未有的功能，如社会商品的订货者、供货商，资本的借贷者，直接和间接的投资者，大型企业的管理者，国民收入的分配者，国民经济的指导者。总之，政府作为"总资本家"对经济生活进行了调节和引导，并在工人阶级斗争和社会主义运动兴起的压力下将其法定为若干新体制，对改善生产的无政府状态发挥长期影响。"新政"试图通过扩大社会有效需求、促进消费来消除引起经济危机的生产过剩问题。第二，政府直接介入劳资矛盾，承认劳方权利，促进劳资协调，从只维护资产阶级利益到对工人阶级利益作出一些让步，试图对劳资关系作出缓和性的协调。"新政"的劳工立法既是工人斗争的结果，也是马克思主义经济危机整体论广泛传播、社会主义运动蓬勃兴起的结果，而绝不是仅仅因为资产阶级发了善心或听从了凯恩斯和其他西方经济学的理论。

在历史上，各国使用的资本主义制度应对金融危机和债务危机的方法有很多共性，如加强了政府的政策干预；不得不对工人阶级作出某些救济让步；扩大有效需求；设法把危机转嫁到国外等。不同点是干预的重点不同，以解决失业问题为例，美国、瑞典通过举办公共工程和社会保险；德国和日本则通过大规模的公共工程和扩军备战。干预的道路不同，美、英、法、北欧国家的干预，是在维护资本主义制度的前提下不得不吸收了一些社会主义因素，这是一种迫于工人阶级斗争和社会主义运动压力，在某种程度上偏离了资本主义方向的干预道路；而德、日、意的干预，更加远离了社会主义方向，走上了法西斯统治经济的轨道，这是一种对工人阶级和广大劳动人民造成更大灾难的资本主义干预道路。

二 当代资本主义的制度应对方法

在当代，资本主义的制度应对方法承袭发展了历史上资本主义的应对方法，不再对自由放任抱有幻想，更迅速、大量地采取了在维护资产阶级统治地位前提下的政府干预措施，采取的方法包括以下各项。

第一，实施财政扩张计划。例如，在 2007 年美国次贷危机引发金融危机和债务危机以来，西方各国政府纷纷推出一揽子财政刺激计划。各国经济刺激方案均包括减税、增加公共投资等内容。

继布什政府出台 1680 亿美元减税方案之后，2009 年 2 月奥巴马政府又通过了总额为 7870 亿美元的美国复苏与再投资法案。[1] 美国的刺激方案主要包括减税和扩大公共支出。在最新的刺激方案当中，减税约占 35%，方案中的支出主要集中在基础设施、教育、医疗和新能源技术方面。

欧洲的财政刺激方案包括欧盟层面上的刺激措施和成员国的刺激措施。欧盟委员会于 2008 年 11 月 26 日批准了一项涵盖欧盟 27 个成员国、总额达 2000 亿欧元（约占欧盟 GDP 的 1.5%）的经济激励计划。欧洲的财政刺激措施主要包括增加政府投资、减税、对弱势群体的补贴三个方面。英国的方案主要以减税为主，其他国家的方案则基本上为综合方案。

日本从 2008 年 8 月到 2009 年 4 月共出台了四项经济刺激计划，计划支出规模达 102.4 万亿日元。其中扩张性财政政策的金额占总额的比重不足 40%。这些支出主要由增加对民生方面的财政补贴和增大重点领域的财政投资构成。如增加家计、就业保险、医疗与健康保健费用等财政补贴，加大对教育和节能领域等先端技术研发、再就业促进事业以及发挥地方潜力的各项事业的重点投入。

第二，出资挽救金融市场和机构。为缓解金融市场流动性紧张问题，西方各国的央行纷纷向金融市场注入流动性。自美国次贷危机爆发以来，

---

① 此处及本节以下事实和数据除特别注明者外，均引自或参考张海鱼等《全球金融危机对中国经济的影响》，光明日报出版社 2010 年版，第 52—56 页。

欧美日等各国央行一直都在不断地向金融市场注资。自 2008 年 9 月以来，这种注资的规模和范围更加扩大，反应更为迅速。仅以雷曼申请破产一事为例，美国、欧洲央行、英国、日本、俄罗斯、澳大利亚、印度和中国香港等国家和地区的货币当局共计向流动性紧张的金融市场紧急注入 4960 多亿美元。

为了防止危机进一步扩散，对已经陷入或面临破产境地的金融机构，西方各国政府还出面接管实行国有化。自 2008 年 9 月以来，美国已先后接管了陷入困境的全美最大的两家住房抵押贷款融资机构"房利美"和"房地美"。美联储还通过向陷入困境的 AIG 提供 850 亿美元紧急贷款，持有了 AIG 79.9% 的股份。

在 2008 年 10 月初美国国会批准的 7000 亿美元的金融救援计划项计划中，专门设立了一个不良资产解救计划（TARP），这项计划给予美国政府在未来两年购买金融机构不良资产的广泛权力，同时还把美国国债最高法定限额从现有的 10.6 万亿美元提高到 11.3 万亿美元，以便为实施救援计划留下资金空间。

此外，给予美国财政部特别授权以购买、持有、出售住宅和商业抵押贷款以及相关贷款支持证券，从而帮助金融机构剥离不良资产。特别授权期限为两年，但政府可以在两年后继续持有所购买的资产，直至财政部认为没有必要继续持有为止。但是随着局势的恶化，美国财政部正在考虑将资金从购买银行的不良资产，转向对银行注资和用于援救与消费信贷有关的方面。

在欧洲，荷兰、比利时和卢森堡三国政府为挽救陷入困境的富通集团达成协议，分别出资 40 亿欧元、47 亿欧元和 25 亿欧元，购买富通集团在各自国家分支机构 49% 的股份。英国政府接管了陷入困境的最大住房抵押贷款机构——布拉德福德宾利银行。德国政府对濒临破产的德国第二大商业地产借贷机构——德国地产融资抵押银行提供贷款保证。冰岛政府为保持金融市场的稳定，将该国前三大银行全部收归国有。乌克兰央行接管乌工业投资银行。此外，各国还纷纷推出了各自的金融机构国有化计划。例如，英国政府宣布了一项核心为国有化的银行救援案。英国政府将动用总额 500 亿英镑的"银行资本调整基金"，向英国各大商业银行注资。法国、意大利和俄罗斯也都有相似的国有化计划。

第三，实施有助于保住金融机构的特殊政策。为了降低借贷成本，缓解金融危机对经济的冲击，西方各国央行纷纷降息。2008年9月份澳大利亚央行七年来首次降息25个基点。10月7日，澳大利亚央行进一步大幅度减息100个基点，是其继1992年经济萧条以来的最大降幅。全球央行降息序幕由此拉开。10月8日，全球包括美国、欧洲、英国、加拿大、瑞典和瑞士央行在内的七大央行同时宣布降息，降息幅度高达50个基点。这些央行减息均为"非常规"减息，因为减息均未在央行例行会议期间宣布。此前，美国已经首次为商业银行的银行准备金支付了利息，这实质上等同于变相降息，相当于将联邦基金利率降低75个基点。

为稳定金融市场，防止银行挤兑导致金融机构崩溃，西方各国还由政府出面对银行的存款进行担保。欧洲各国政府在金融危机升级之后，相继出台了对银行个人存款的保护措施。爱尔兰率先通过一项紧急法案，向国内六大银行提供为期两年总额达4000亿欧元的个人存款担保。紧随其后，希腊、法国和德国也分别宣布对银行存款实行全额担保。德国计划使用总金额超过1万亿欧元的担保额度，这在金融史上甚为罕见，其主要目的还在于安定人心，预防金融风暴可能引爆的挤兑。

丹麦政府与丹麦各商业银行决定设立一种风险基金，保证储户的存款在银行倒闭时不会遭受损失。瑞典政府和奥地利也宣布，将提供个人银行存款担保，增加对银行个人存款的担保额度，以保证存款者利益。英国也采取类似行动将银行存款保险数额提高到5万英镑。而欧盟27国财长同意，暂定在至少一年时间里，把各国最低储蓄担保额度提高到5万欧元，希望可以稳定储户情绪，避免因发生挤兑导致金融危机进一步扩大。

为防止由于股票市场的投机活动而造成金融机构破产，很多西方国家纷纷禁止对金融公司股票进行"裸卖空"。美国证券交易委员会于2008年9月首先颁布了旨在限制"裸卖空"行为的三项新规定，其中包括做空交易者必须在交易结束时向证券机构呈送交易数据，为期不得超过三天，否则将面临罚款。9月19日美国证券交易委员会关于暂时禁止卖空799只金融股（其中包括商业银行、保险公司及高盛和摩根士丹利等）的规定开始生效；纽约证券交易所和纳斯达克市场9月22日宣布，又有96家公司进入股票被禁止卖空名单，其中包括了通用电气和通用汽车等非金融股票。继美国之后，英、澳、法、德、希腊、荷兰、意大利、巴基斯坦、中国台湾、瑞士和爱尔兰等多个国家和地区都加入了股票禁止卖空的行列。

第四，扩大在国际上针对实体企业的融资协作。为加强对市场的影响程度，西方各国央行联手出击，协同动作稳定金融市场。为改善全球金融市场的流动性状况，美联储于 2008 年 9 月 18 日与欧洲中央银行以及日本、英国、瑞士和加拿大的中央银行达成货币互换协议，将提供高达 1800 亿美元的资金，用于缓解金融市场流动性短缺。此外，美联储还分别为日本、英国和加拿大的央行提供 600 亿美元、400 亿美元和 100 亿美元资金。美联储 24 日宣布，将通过建立临时货币互换协议的方式，向澳大利亚、丹麦、挪威和瑞典央行提供总额 300 亿美元的资金，以缓解全球美元短期拆借市场的压力。

为解决企业因信贷危机而无法融资的困境，有些西方国家的央行实行了购买商业票据直接向实体企业融资。例如，由于金融危机的发生，投资者担心不能收回投资而不愿购买商业票据，美国的短期无担保商业票据市场几乎陷入停顿，美联储 2008 年 10 月 7 日宣布成立商业票据融资工具（SPV），大量购入三个月无担保和资产抵押的商业票据，这是美联储在大萧条以来首次援引特别法案向非金融企业直接放贷。一反美联储以往向银行和其他金融机构借出资金时须提供抵押品的传统做法。

美联储明知这项直接为企业融资的行动，将使其承担极大的信用风险，但为了力抗这轮金融危机，感受到问题急迫性的美联储已将手头资源运用至极限，成为真正的"最后贷款人"。此前，美联储已经出手支持了一种名为资产担保商业票据的短债；这种票据由抵押贷款担保证券、汽车及信用卡贷款担保债券等资产为抵押品。相类似的是，英国更成立专门机构为银行向企业发放贷款提供担保。英国拟扩大"银行资产换贷款计划"，同时央行将向银行提供 20000 亿英镑的短期融资贷款，以增加银行资金的流动性。

无论在历史上还是在当代，资本主义的制度应对方法都最多只能起一时之效，使危机经常化和把危机推向以后的更严重爆发。在历史上，当年的罗斯福新政并没有立即将美国经济拖出大危机的泥沼，整个 20 世纪 30 年代，美国国民生产总值都未能超过大萧条之前的 1929 年。而且，那一次经济复苏也主要不是靠资本主义的制度应对方法，而是靠了马克思主义经济危机整体论所引发的社会主义力量成长，如进行社会主义建设的苏联大量进口英美等国生产的机器设备和工业消费品；参加第二次世界大战的人民力量对美国商品的需求大增；大范围的技术进步带动了产业需求并提高了利润；美国迫于社会主义制度优越性的现实竞争压力，不得不改善工人阶级的待遇，从而缓解了严重两极分化和有效需求不足，等等。

在当代，马克思主义经济危机整体论的影响和世界社会主义运动正处于低潮，世界上很难找到有着旺盛消费和投资需求、可以吸纳过剩商品和过剩资本的大市场；核武器时代的世界大战可能性甚微，而局部战争对于西方的经济复苏帮助不大；计算机及互联网等新技术革命的成果已经广泛应用，新的大规模和大范围的技术进步尚未出现，从而也不可能使其在数年内的运用来带动世界经济的复苏。可见，只能在资本主义的制度应对方法中打转的西方国家政府很难拿出克服经济危机的灵丹妙药。奥巴马上台之后，开足马力推出了巨额经济刺激计划，提出了向富裕群体增税以便政府提供更多医疗保险和教育机会、发展新能源产业的构想。但是，且不说这些雄心勃勃的计划能否突破重重阻碍最终实现，即便是可以实现，也无非是暂时地缓和矛盾；即便是大幅度提高社会福利、提高政府开支占 GDP 的比例，充其量也只是达到欧盟国家的水平，根本不足以克服目前收入分配上的两极分化，更谈不上永远逃离经济危机的深渊。

第二节　社会主义的制度应对方法

正如前面提到的，对于金融危机和债务危机，无论在历史上还是在当代，马克思主义经济危机整体论倡导的社会主义的制度应对方法，都可以起到资本主义的制度应对方法起不到的标本兼治作用。但是，20 世纪 80 年代末苏东剧变以来，社会主义制度在世界范围内受到了严重挑战。国内外都有一些学者试图把苏东的事变说成是社会主义的破产和资本主义的胜利。已经出现了这样的观点和理论，它们断言，西方资本主义的经济和政治体制解决了或者能够解决包括金融危机和债务危机在内的所有问题。据说，这就是历史的终结。

许多具有各种各样信念的人，被这些可以同过去的最大规模革命震荡相比拟的急风暴雨般进程弄得惊慌失措。国内经济学界不少人也因此而迷失了前进的方向，对于采取社会主义的制度方法应对西方金融危机和债务危机失去了信心。我们在当今的世界历史阶段该不该走社会主义制度的道路？等待着人类的未来是什么样子？社会主义与资本主义是什么关系？为有效应对西方金融危机和债务危机，这些问题都需要给出正确的回应。

"社会主义"这一概念在大约一百多年前的法国就已经出现，但社会主义制度的建立则要晚得多了。一直以来，它反映着人类生活的这样一个方面，这个方面与人们的普遍利益而不是局部利益相联系，与人们多少世纪以来所追求的社会平等和正义的艰苦努力相联系。马克思主义经济危机整体论使社会主义成为一种科学的理论。马克思明确地划分了社会主义与各种平均主义的界线，他对各种以社会公平为名阻碍经济科学发展的"社会主义"进行了毁灭性批判，认为新社会的建立是与高度发达的生产力、个性自由和民主联系在一起的。马克思主义经济危机整体论倡导的科学社会主义，把经济的科学发展作为应对经济危机的根本，主张要使广大劳动者摆脱各种形式的剥削和压迫，并以创造保证使尽可能多的人自由发展的社会条件为目标，由此便产生了一个著名的公式："每个人的自由发展是一切人自由发展的条件。"

从世界总体情况来看，由于社会经济发展客观规律的作用，各个国家在应对经济危机的制度应对方法方向上，历史地形成了两种基本道路。一种是在资本主义的薄弱地区和薄弱环节，无产阶级和劳动人民通过暴力革命夺取政权，并在此基础上建立社会主义制度适应社会化的生产方式，以代替拒不采取改进措施的僵化腐朽软弱的资本主义制度，从而有效地遏制了经济危机。另一种是在资本主义发达地区和发达环节，资产阶级在社会化生产力发展和广大无产阶级和劳动人民的推动下，把社会主义价值观纳入现存资本主义制度进行社会改良，不断扩大它对生产力社会化发展的包容性，使资本主义制度中的社会主义因素逐步增多，从而也使经济危机在一定时期、一定程度上暂时得到了缓解。

在20世纪，从世纪之初到四五十年代，首先在俄国，接着在欧亚两洲一些国家的无产阶级和劳动人民争得了革命的胜利，掌握了国家政权，其中也包括我们伟大的中华人民共和国，建立起了社会主义制度，走上了上述第一种对于经济危机的社会主义的制度应对方法的道路。它们改变了世界上社会和政治力量对比，改变了世界的总面貌，为社会主义制度的推广——反对剥削和压迫、反对垄断和强权、反对殖民主义、反对帝国主义、克服经济危机，提供了强有力的推动力。这些国家社会主义制度的建立，不仅在当时的历史环境下推动了这些国家的经济发展和人民富裕，有效应对了经济危机，也为资本主义国家劳动人民为争取自身权益、为民主地改造资产阶级社会、提高资本主义社会中人们的福利水平及其社会保障的质量，在资本主义制度中扩大社会主义因素，缓解经济危机，创造了必要的国际环境。

正像有些人把资本主义制度等同于市场经济一样，我国理论界有些人也对社会主义制度作了简单化的理解。其中最常见的一种是，把社会主义与生产资料公有制相等同。其实，只以生产资料所有制区分社会主义和资本主义也是一种过于简单化的做法。前苏联的政治经济学教科书认为，生产资料所有制单独就能决定一切，纯而又纯的生产资料公有制肯定是社会主义的，其他所有制都不可能有社会主义因素，结果堵塞了社会主义公有制实现形式的多样化发展道路。或者不论绩效好坏盲目发展公有制经济，或者把绩效良好的非公有制经济都说成是资本主义的。败坏了社会主义的声誉，美化了资本主义的实质。

事实上，公有制经济如果被少数人的利益支配，也可能有非社会主义性质的因素；非公有制经济如果被大多数人的利益主导，也可能有社会主义性质的因素。简单地以所有制划分社会主义和非社会主义，是不符合实际的，也不利于我们对于多种公有制实现形式的探索。特别是，改革开放以来，我们通过大力发展非公有制经济，才取得了今天的巨大发展成就。这种提法，将误导人们以为，我们改革以来的成就，都是发展资本主义或非社会主义经济取得的。一些别有用心的人，则可以利用这种提法为推翻社会主义制度、建立资本主义制度服务，用我们的成就为他人做嫁衣裳。

正如邓小平所指出"社会主义的本质，是解放生产力，发展生产力，消灭剥削，消除两极分化，最终达到共同富裕"[①]。社会主义要有利于生产力的发展和人民走向共同富裕，贫穷不是社会主义，发展速度太慢也不是社会主义。社会主义是公有制经济和非公有制经济中存在的那些有利于生产力发展和人民共同富裕的因素。实行生产资料公有制并不是建立社会主义制度的充分条件，在一定环境下，在生产资料公有制的基础上甚至会出现对生产力发展和人民走向共同富裕的非社会主义阻碍因素。我国的改革开放，正是为消除这些非社会主义阻碍因素才展开的。

所以，我们所说的社会主义的制度应对方法，并不是仅仅指实行单一的生产资料公有制，而是指要建立与现代社会化生产方式相适应的一系列政治经济制度和意识形态，把最广大劳动者的积极性和创造性调动起来，让他们能够享受到自己的劳动成果，破除资本主义私有制对生产力发展和

---

① 《邓小平文选》第 3 卷，人民出版社 1993 年版，第 373 页。

人民富裕的阻碍，使社会财富的各种源泉充分涌流，造福于全体人民。这种制度应对方法可以有以下一些特征。

第一，适应生产力已经社会化的新情况，改变资本主义单一的纯粹的生产资料私人占有制模式，推行以公有制经济为主体，多种经济成分并存和共同发展的所有制关系格局，使国有经济、合作经济、职工股份所有制经济、利害攸关者经济、私人经济等都可以有充分的发展空间。

其中，公有制经济的实现形式可以是多样化的，公私经济也可以彼此兼容和互相渗透。一方面，国家可以对许多私有制企业投入大量的公有资金，尽管不一定能达到控股的目的；另一方面，公有制企业的股份部分出售给私人，虽然私人的股份不一定能达到居支配地位的程度。这两种情况都使得公有制企业的含义变得比较复杂。基于这种复杂情况，不应再把公有制经济组织看作是必须纯而又纯全部资本都归公有的，而是把它们看作政府当局公共团体可以凭借对其组织的所有权、控股权或管理条例，对其施加直接或间接支配性影响的经济组织。我们可以把比较典型的公有制经济组织分为以下三类：

（1）非独立型公有制企业。它们不具备独立的经济地位，没有独立的资金运动，是政府管理部门的一部分，如政府的印刷厂等。这类公有制企业数量是比较少的。

（2）特殊形态的公有制企业。它在组织形态上是独立的，但不自负盈亏，由政府预算拨款，并由政府统收（利润全部上交）、统支（亏损政府弥补）。按其管理特点，这类企业又可分为以下两种：

一种是由政府部门或类似的政府机构直接管理的企业。这类企业一般存在于以社会服务为基本目标的公用事业行业。如铁路、邮政、电信、煤气、自来水等。有的学者把这类企业称之为国营企业。

另一种是具有特定法律地位、受某一政府管辖但拥有一定的经营自主权的企业。例如，英国的一些被国有企业化的企业，其管理机构是一些国营公司。有的学者把这种类型的公有制企业称为国家主办企业。

上述两种形式的公有制企业，都是以国家某项法规为依据而成立的，因此必然要以国家某个方面的具体目标为企业活动的宗旨。

（3）以营利为目标的公有制企业。它们是具有法律地位的独立法人，除了股份全部或部分归国家或归公所有，即股东全部或部分是政府或某种公共团体以外，具有与私有制企业相同的法律地位，即依《公司法》设立和运营，享有完全独立经营管理自主权，它与私有制企业的管理方式基本相同，一般都实行股份制，生产和分配都要受到众多股东和除股东以外的各种利益相关者的制约。

以上是按照公有制经济组织的经济独立性程度不同来分类的。除此之外，还可以按照公有制经济组织所在的不同领域，将其划分为以下五类：

（1）基础设施领域的公有制经济组织。如主要公路桥梁、码头、水坝、电力设施等，在很多国家几乎全都是由公有制经济组织筹资、建造、经营和管理的。

（2）公用事业领域的公有制经济组织。如交通、运输、电力、供水、灌溉等领域，各国多数情况下也是由公有制经济组织经营和管理。

（3）社会福利和非营利目的的事业领域的公有制经济组织。如低租金住房、医疗卫生等，各国有相当大部分是由公有制经济组织举办的。

（4）金融业领域的公有制经济组织。这个领域各国情况不同，通常是公有制经济组织和私有制经济组织同时并存。

（5）一般工商领域的公有制经济组织。这个领域可以有较多私有制经济组织，但公有制经济组织也应占相当比重。

第二，在企业生产规模已扩大到相当程度的情况下，要改变资本主义整个社会生产的无协调性，强化政府对经济的宏观调控，通过征税、补贴和政府支出等措施，使各个企业生产的剩余价值都部分地由社会所有和支配。

这是因为在一个企业生产规模越大，它就越需要社会其他部门与它的配合，如果没有这种配合，整个社会生产将无法进行，其后果不堪设想。由于生产分工越来越细，生产规模越来越大，在当代社会化大生产的过程中，企业之间、行业之间的联系举足轻重，利害攸关。大型客机、航天飞机的研制和生产，需要上百个专业的协作；核电站的安全与否，关系到整个社会的方方面面。尤其是大型化的生产力对资金的需求量大，对金融、保险、通信等行业依赖程度高，从而使整个社会生产对金融、证券、电力、通信等行业的依赖程度也在增大。

为此，政府要在生产力高度发展的情况下，维护社会稳定，推动经济发展，必须利用从各类企业和个人集中起来的剩余价值承担起调控经济、管理经济的责任，确保经济运行的有序性。政府尤其要小心翼翼地加强对金融、证券、电力、通信等行业的调控管理，防止因某一个环节出问题导致整个经济的混乱。在现代生产力条件下，一旦一个重要股票交易所的股票暴跌，就可能导致整个国家、甚至引发全世界的金融危机和债务危机；一旦一座重要城市全城停电哪怕只 24 小时，整个国家的经济就可能陷入瘫痪。所以，在这种情况下再固执地坚持资本主义制度奉行的资产阶级对剩余价值"单方所有、单方独占、单方支配"的无协调状态，已经不能适应应对金融危机和债务危机的需要了。

第三，适应研制、开发新技术、新产品的创造性劳动已成为主要劳动方式的新情况，改变劳动者在剩余价值生产和分配中的地位以及劳动者同资产者的关系。恩格斯曾经这样描绘资本主义制度的生产关系："无产者在法律上和事实上都是资产阶级的奴隶，资产阶级掌握着他们的生死大权。"① 在这样的关系中，资产阶级独占剩余价值是不容置疑的事实。但是，在科学技术革命导致的智能型和创造型经济占主导地位的今天，恩格斯当年描绘的那种资本主义制度中的生产关系必须加以改变。

这是因为科学技术和生产力以其不可抗拒的力量改变着劳动者的地位，提高着劳动者在生产过程中的作用。新的科技革命使自然资源优势以及资本优势的重要性不断下降，而技术资源的主导地位急剧上升，技术更新的速度越来越快，从而决定了一大批从事创造性劳动的"金领工人"成为企业生存、发展以及提高竞争实力的关键。

在这样的条件下，企业必须保证劳动者拥有优裕的生活条件和工作条件，必须确保劳动者既是新技术、新产品的研制者和开发者，又是新技术、新产品的拥有者；必须维护劳动者在劳动中的自主性和参与管理和剩余价值分享的权利。唯有如此，众多的高素质工人才能充分施展其才智，最大限度地调动其灵感，做好创造性的劳动，生产创造出更多的剩余价值。

可见，在科学技术革命连续发生的新生产力条件下，用社会主义制度提高劳动者的政治经济地位是应对金融危机和债务危机所要求的。资本主义那种把劳动者当成雇佣奴隶的做法，已经越来越无法继续维持了。因为它不仅会激化劳资矛盾，更会扼杀劳动者的主动性和创造性，使企业及国家的技术创新能力和科技竞争实力下降，使生产过程难以为继，企业和国家逐步陷于经济停滞状态。这在当今时代是十分可怕的。

---

① 《马克思恩格斯全集》第 2 卷，人民出版社 1957 年版，第 360 页。

有上述特征的社会主义的制度应对方法之所以必然要出现，主要是因为在生产力社会化发展的推动下，固守单一的资本主义生产资料私有制模式，经济很难平稳发展，生产社会化同生产资料私人占有的矛盾难以缓和。在金融、核电、民航、航天、电力、通信等领域，离开了国有经济，国家便失去了对整个国民经济进行有效调控的经济基础，整个社会经济也失去了稳定的基础；在一些高技术领域，离开了职工股份所有制和利益相关者经济，将无法充分发挥众多科技人才的技术优势，也无法保证这些企业持续稳定的发展。由于社会主义制度改变了资产阶级独占生产资料的所有制基础，工人阶级和其他劳动人民的生产积极性和创造性可以得到更好发挥，并可以有机会享受到自己的劳动成果，所以可以起到对于金融危机和债务危机的标本兼治作用。

第三节　中国应采取的制度应对方法

社会主义是个一般概念，它可以表现为十分不同的模式，或者说，正如资本主义具有不同模式一样，社会主义也是有多种模式的。由于各国历史和国情的不同，各国社会主义必然带有自己的"特色"，并且要随着历史的前进而发展变化。因此，对于西方金融危机和债务危机，采取社会主义的制度应对方法，不等于采取某种模式的社会主义制度应对方法；抛弃某种模式的社会主义制度应对方法，不等于抛弃一切社会主义模式的制度应对方法；某种社会主义模式的制度应对方法在当代不再适用，不等于所有社会主义模式的制度应对方法在当代都不再适用。

对于现代中国来说，制度应对方法需要适合中国在西方金融危机和债务危机的环境下坚持经济社会科学发展的需要。中国的经济社会发展绝不是一种胚胎式发育。这种发展首先面对的是历史遗留下来的既有生产力水平、社会结构和文化背景。这就决定了我们必须根据中国现阶段经济社会发展的内在要求来建设社会主义制度，改革产生于计划经济时代的社会主义模式，放弃苏联僵化的甚至扭曲的社会主义模式，继承资本主义曾采用过的制度应对金融危机和债务危机方法中的一切有益的因素。

在中国，国家的稳定、社会的和谐，历来是社会发展的一个重要目标，也是人们普遍追求的一种社会理想。中国古代社会有"文景之治"、"贞观之治"、"开元盛世"、"康乾盛世"等说法，就因为那几个历史时期是中国最强盛，也是"政通人和"、"亲仁善邻"、"内和外睦"的和谐时期。但是在封建社会人们所追求的那种社会和谐，只是一种建立在农业文明基础上的、极度封闭状态下的、皇权统治秩序奴役下抑制发展的"和谐"，虽然由于没有使资本主义得到充分发展而不可能有生产过剩的经济危机，但经济社会发展也受到了很大的局限。

近代以来的中国社会，资本主义制度有了一定发展，但在国内外各种因素的共同作用下，这种制度在不断引发经济危机的同时连西方国家采取过的应对方法也没有很好实施，使中国陷入了长期的战乱和动荡之中。中国共产党领导中国人民建立了社会主义制度，才实现了空前的经济社会发展，遏制了经济危机。不过，以历史的眼光来看，新中国成立后相当一个历史时期内的经济发展和对经济危机的遏制，在相当程度上又是同否定市场经济体制相联系的，是同话语情境、生存状态乃至衣着服饰的极度单一化相联系的。到了"文化大革命"期间，则出现了长期的经济停滞和遍及全社会的动乱局面。

经过30年的改革开放，目前中国的经济社会发展正处于一个关键的历史时期。在从温饱向小康跨越的历史过程中，既有可能进入"黄金发展期"，也有可能陷入"矛盾凸显期"。许多国家和地区的发展历程显示，面对西方金融危机和债务危机的冲击，中国现在实际上存在两种选择：一种以马克思主义经济危机整体论为指导，坚持社会主义的制度应对方法，兼收并蓄资本主义应对方法中的合理因素，引导经济社会协调发展，化"危"为"机"，顺利实现工业化和现代化；另一种是以新自由主义理论为指导，全盘接受资本主义的制度应对方法，用"激进改革"推翻社会主义制度，建立资本主义制度，致使经济社会发展脱节，社会矛盾加剧，经济社会在西方金融危机和债务危机的冲击下停滞倒退。所以，当此中国社会发展的"临界点"，必须以马克思主义经济危机整体论"科学发展观"的理念，排除有些人试图进行资本主义激进改革的干扰，坚持社会主义的制度应对方法，才能有效应对西方金融危机和债务危机，保持经济社会又好又快发展。

以人为本是马克思主义经济危机整体论倡导的社会主义的制度应对方法的核心和本质，是标本兼治应对金融危机和债务危机的前提和条件。人组成了社会，社会是人的各种社会关系的总和。以人为本，就要求社会尊重人的权利，提高人的素质，改善人的生活质量，优化人的发展环境，妥善处理人与人之间的、各类群体之间的社会关系。一句话，以人为本就是坚持社会主义的制度应对方法，把社会经济发展的目标确立为实现人的全面发展。目前，中国运用这种方法应对金融危机和债务危机，可以特别突出地表现在两个方面。

一 坚持和完善社会主义的基本经济制度促进共同富裕

20 世纪 90 年代苏东剧变以后，把资本主义制度说成是永恒最佳制度的"普世价值观"，不仅在西方发达国家促成了新自由主义思潮，削弱了工人阶级地位和实体经济发展，深化了导致西方金融危机和债务危机的资本主义基本矛盾，而且也对中国特色社会主义基本经济制度形成了巨大冲击，打着"普世价值论"和"补课论"的旗号否定中国特色社会主义基本经济制度的新自由主义思潮甚嚣尘上。眼下这场金融危机和债务危机，实质上是资本主义基本制度和核心价值观的大危机。它打碎了"跟美国走补资本主义课就能发展"的神话，也暴露了新自由主义思潮和所谓"普世价值论"、"补课论"的虚伪性和荒谬性。应对金融危机和债务危机，我们必须依据马克思主义经济危机整体论，看清"普世价值论"和"补课论"的真面目，坚持和完善中国特色社会主义基本经济制度。

中国共产党诞生之前，由于没有先进的基本经济制度，自 19 世纪 40 年代开始此起彼伏的各种试图振兴中国经济的运动，阻挡不了军阀割据、弱肉强食，整个经济社会在半殖民地半封建泥潭越陷越深的悲惨命运。"十月革命一声炮响，给我们送来了马克思列宁主义"，在中国共产党的领导下，中国人民几经周折，终于创建了中国特色社会主义基本经济制度。改革开放以来，党领导全国人民，针对原有计划经济体制的弊端，在坚持社会主义基本经济制度的前提下，改革了生产关系和上层建筑中不适应生产力发展的一系列相互联系的环节和方面，建立了社会主义市场经济体制，进一步解放和发展了生产力。

但是，受促成美债危机的新自由主义"普世价值论"和"补课论"的影响，现在一些人总把发展社会主义市场经济体制等同于补资本主义的课，认为中国要应对美债危机，必须放弃中国特色社会主义基本经济制度，秉承西方的所谓"普世价值"建立资本主义制度。他们在这样做的时候，常常把一切好的东西、切合中国实际的东西、有利于生产力发展和人民富裕的东西，都说成是资本主义的；把一切坏的东西、不切合中国实际的东西、不利于生产力发展和人民富裕的东西，都说成是社会主义的，用以论证资本主义制度的现代性、永恒性和普适性。

正如前面提到的，其中一种流行的说法是把资本主义与市场经济相等同，把资本主义说成是一种市场关系。与这种观点不同，马克思主义经济危机整体论认为，资本主义制度的最基本特点表现在其生产方式中，即一个阶级独占地拥有作为社会劳动产品的生产资料。正是这种独占导致了不断引发金融危机和债务危机的资本主义基本矛盾和贫富两极分化，要从根本上应对金融危机和债务危机，必须不断消灭贫穷和贫富两极分化，促进共同富裕。这一点正是中国特色社会主义基本经济制度所要求的。

中国共产党诞生之前，自19世纪40年代开始此起彼伏的各种试图振兴中国经济的运动，阻挡不了军阀割据、弱肉强食，整个经济在贫富两极分化造成的经济危机里越陷越深的悲惨命运。"十月革命一声炮响，给我们送来了马克思列宁主义"，中国人民在中国共产党的领导下，推翻了帝国主义、封建主义、官僚资本主义的反动统治，变更了剥削压迫劳动者的生产关系，解放了劳动、劳动者，促进了共同富裕，建立了社会主义的基本经济制度。新中国成立以后，共同富裕的理想使广大劳动者焕发出了巨大劳动热情，经济危机得到了前所未有的克服。自1949年至1978年的30年，虽然我国经历了曲折道路，但在社会主义建设中取得了巨大成就，我们在旧中国遗留下来"一穷二白"的基础上，建立了独立的比较完整的工业体系和国民经济体系。

新中国成立初期30年中取得经济建设的成就是伟大的，看不到这个伟大成就是完全错误的。但是，我们走过的道路并不平坦，既有过比较顺利的发展，也有过严重的挫折。这也就使得这些成就同全国人民作出的艰苦努力相比，同社会主义制度应当发挥的优越性相比，离实现共同富裕的要求还有明显不足。特别是30年中相当长的一段时间内，由于"左"的指导思想的错误，凡事还未举动先问姓"社"还是姓"资"，到处"割资本主义尾巴"。否定社会主义与市场经济的可结合性，把我国社会主义搞成了半产品、半自然经济。"文化大革命"十年内乱中经济停滞，人民生活水平长期没有大的改善，我国的经济实力、科技实力与国际先进水平的差距明显拉大，城乡之间、工农之间的收入差距不仅没有减小，在有些地区反而增大了。

改革开放以来，党领导全国人民，针对原有计划经济体制的弊端，在坚持社会主义基本经济制度的前提下，改革了生产关系和上层建筑中不适应生产力发展的一系列相互联系的环节和方面。依靠社会主义制度本身的力量，依靠亿万人民群众的实践，有计划、有步骤、有秩序地进行使生产关系适应生产力发展的变革，进行了社会主义基本经济制度的自我完善和发展。30 多年来，从中国的国情出发，对旧的经济体制进行了一系列改革，坚持了社会主义的物质利益原则，从多方面多领域调动劳动者的积极性。在坚持社会主义公有制为主体的前提下，在生产和流通领域，国家、集体、个体、私营企业、三资企业一起上，充分调动了中央、地方、企业、全国人民建设社会主义的积极性、主动性和创造性，从而极大地促进了经济社会科学发展。

中国特色社会主义基本经济制度充分调动国家、集体、个体投资生产的积极性，依靠各方力量，共同努力，进一步解放了劳动和劳动者，加速了生产力的发展，为克服两极分化、促进共同富裕提供了更好的条件。以前传统的看法是"大河满了，小河才有水"。改革开放的实践证实这种观点有片面性，国家、集体、个人之间的关系，是大河小河相互依靠的关系，大河可以帮助小河，但大河的水是从小河汇集而成的，要想让大河水满，必须有尽可能多的小河水满，这样在个别小河无水时大河才能更好地去帮助小河。全方位解放生产力，民富国强，利国利民。没有中国特色社会主义基本经济制度所促成的经济社会科学发展，就没有实现共同富裕的物质基础，就不可能避免两极分化，就难以抵御西方的金融危机和债务危机。

共同富裕突出体现了中国特色社会主义基本经济制度的两个基本要求：一是调动每个人的经济行为的积极性，使伦理信念转化为共同创造财富的巨大动因；二是调动每个人的精神活动的积极性，使伦理信念转化为自我完善、自我实现的内在动因，使人与人之间主要依据劳动贡献形成和谐的而不是对立的财富差异关系。我们可以从建设中国特色社会主义基本经济制度的实践中，总结概括出共同富裕的基本内容，这就是：鼓励每个人创造财富争取富裕的行为，鼓励一部分人先富起来，以带动整个社会的人走向共同富裕。

为什么中国特色社会主义基本经济制度要求提出具有这样内涵的共同富裕？这是因为，要调动人们在中国特色社会主义基本经济制度从事财富创造劳动的主动性、积极性，必须先从财富伦理观上改变我国古代对待财富的消极观念，摆脱其禁锢。中国传统伦理怎样对待财富，现在人们的看法歧义颇大。本书认为，对中国传统财富伦理观必须进行辩证分析，它既有压制经济发展的因素，也有促进经济发展的因素。就我国解放以来几十年的实践而言，儒家的重义轻利、重农轻商、耻于讲钱等传统财富伦理在社会生活中的影响甚深，它深层次、潜意识地存在于人们的思想方式、行为模式中，而墨家关于义利可以兼顾等思想则影响较小。

在新中国成立以后的实际工作中，尤其在历次政治运动中，思想政治工作是经济工作生命线的思想，在经济工作中转化为只讲政治账不要讲经济账的思想行为模式，致使讲致富、讲钱成为不突出政治、"白专"的代名词。在计划经济体制下，儒家财富伦理中消极的东西与"政治挂帅"这种现代口号无形中结合起来，个人创造财富争取富裕的行为受到压抑，集体甚至整个社会的经济活动的精神动力大为削弱，或者把群众经济活动的积极性引向极大浪费的无效劳动，例如1958年的"大跃进"。这种传统伦理中的消极因素不予根本破除，经济是难以迅猛发展的。

30多年来市场经济大潮逐渐席卷中国大地，尤其是中国特色社会主义基本经济制度的社会主义市场经济体制确立之后，我国进入了一个从计划经济向市场经济转型的历史转变时期，除了经济政策、法律等需要跟上外，很重要的方面是财富伦理观的转变。经济政策、法律规范人们的经济行为，使市场经济制度化、法制化，这是必需的，而财富伦理观内在地给予人们的经济活动以精神动力，这是无形的然而是巨大的力量。所以必须克服中国古代财富伦理观和计划经济下财富伦理观中的消极因素，形成一种能够适应我国社会主义市场经济的财富伦理观。这种财富伦理观要吸收我国传统财富观中的积极因素，应当能在现实经济生活中，给人们以无穷的主动性和积极性，使生产力得到空前未有的发展，达到高于资本主义的经济发展速度。

从这个角度看，共同富裕的财富伦理观所具有的"鼓励每个人创造财富争取富裕的行为，鼓励一部分人先富起来，以带动整个社会的人走向共同富裕"的内容，是有理论和实践根据的。这一财富伦理观根植于物质生活方式之中，是中国特色社会主义基本经济制度经济运行机制的体现。中国特色社会主义基本经济制度下的社会主义市场经济体制，和其他市场经济体制一样具有竞争机制。竞争机制使市场经济的主体——企业处于平等竞争的地位，优胜劣汰，一些企业破产被淘汰，一些企业日益发展壮大，企业处于不断流动之中。

于是，必然使一些企业的人获利富裕起来，一部分地区的人由于多数企业获利发达而富裕起来。这就是说，市场经济运行机制必然会使一部分经济主体——企业及地区的人先富起来。但是，中国特色社会主义基本经济制度及社会主义市场经济的本质，要求企业在不断破产或发展过程中，最终要使全社会的人达到共同富裕，而不是使贫富差别越来越悬殊，这使中国特色社会主义基本经济制度的社会主义市场经济与其他市场经济有了一个重要区别。

中国特色社会主义基本经济制度所要求的共同富裕中的"鼓励一部分人先富起来"的观点，并不意味着这部分人可以用自己的先富，压抑其他人和整个社会走向共同富裕，而是要求先富的人要有利于和带动他人和社会逐步走向共同富裕。这里讲的先富起来，已经包含道德的限制，即要求人们按照合乎中国特色社会主义基本经济制度的共同富裕规则去致富，排除那些不利于共同富裕的致富方式。由于先富起来的人要受到共同富裕的制度规则制约，国家也可以按照社会主义基本经济制度的共同富裕要求进行收入分配调节，最终会使社会全体成员也富裕起来，从而可以为标本兼治地抵御西方金融危机和债务危机创造最根本条件。

二 转变经济发展方式提高最广大人民从事创新劳动的积极性

2008 年的国际金融危机已经对中国经济产生了很大冲击，出口大幅度回落，并造成国内工业生产速度下降和就业减少，经济增速下滑。那次危机爆发后，由于中国在坚持完善社会主义制度的前提下，借鉴资本主义的制度应对方法中的合理因素，成功实施了一揽子经济刺激计划，在全球率先实现了经济回升和向好。但近来连续发生的欧债危机和美债危机表明，西方主要国家政府债台高筑，工人阶级地位提高和实体经济恢复都需要有一个过程，增长潜力很可能明显下降，全球复苏进程将面临更多不稳定、不确定因素，复苏过程将是一个缓慢曲折复杂的过程，世界经济很可能进入一个相对低速增长期。这就使中国面临的风险和挑战增大，如果要在长期从根本上应对西方金融危机和债务危机，就不能只靠短期的经济刺激政策，而且更重要的是以马克思主义经济危机整体论为指导，更多地采取社会主义的制度应对方法，加快转变经济发展方式，提高最广大劳动人民从事创新劳动的积极性。

转变经济发展方式的根本动力，集中表现在社会成员劳动的主动性、积极性、创造性的充分发挥和切实保证上。劳动者具有物所不具备的主动适应人类需要改造自然，创造人类财富，推进转变经济发展方式的主体力量。应对西方金融危机和债务危机，加快转变经济发展方式，必须破除把劳动等同于物的西方经济学理论观念，在全社会贯彻落实"尊重劳动、尊重知识、尊重人才、尊重创造"的方针，搞清与创新劳动相关的理论问题，以促成能够适应加快转变经济发展方式需要的创新劳动越来越多地产生，并发挥出越来越大的作用。

在西方经济学界，较早研究创新问题的是美籍奥地利经济学家熊彼特（Joseph A. Schumpeter）。熊彼特在 1912 年出版的成名作《经济发展理论》一书中，明确地将经济发展与企业家的创新视为同一物，将创新定义为企业家对生产要素执行新组合的经营创新。熊彼特的这种论述表明了企业家的经营创新对于转变经济发展方式的重要性，是很值得借鉴的。但他的论述里也有不合理的因素，就是把创新只定义为企业家对生产要素的新组合，为了否定社会其他阶层的作用，又将劳动区分为领导劳动和被领导劳动、独立劳动和工资劳动，借此论证只有企业家的领导劳动和单干者的独立劳动才是具有创新性，工资劳动的作用和物的作用是一样的。[①]

与熊彼特的观点不同，马克思主义经济危机整体论认为，不仅企业家和单干者而且社会其他阶层的人民都具有创新能力，经济发展方式的转变是最广大劳动者的劳动共同创造的。科学技术的产生和经济发展方式的转变，是以物质财富的存在和增长为基础的。从事物质生产的广大劳动者必然构成一个社会人民群众的主体，他们的劳动是"积极的、创造性的活动"[②]，在直接创造了价值和剩余价值的同时，也为一切创新劳动得以进行创造了条件。

应当承认，领导劳动是可以有创新的，但领导劳动不一定都是创新劳动。一般来说，企业家创业初期的领导劳动是有较多自主创新因素的，不然他们将很难成功创业。创业以后，他们就不一定是每天都在进行创新劳动了，很多时候他们都是在按照规章制度进行常规管理。特别是，他们中的那些较大程度上是为单纯追求金钱享受而创业的人，更是可能连常规管

---

① ［美］熊彼特：《经济发展理论》，何畏等译，商务印书馆 1990 年版，第 24—25 页。
② 《马克思恩格斯全集》第 46 卷下册，人民出版社 1979 年版，第 116 页。

理劳动都懒得去做。因为感到自己赚到的钱已经够自己花一辈子了，就把企业交给经理人，自己坐拿红利；或把企业卖了，把钱存到银行自己坐吃利息。即便是仍有创新精神的企业家，也不可能每天都做创新劳动，在创新想法不成熟和创新条件不具备时，要用守成劳动和常规劳动去积累知识和等待时机。

被领导的工资劳动不一定都是没有创新的劳动。在劳动成果和自己劳动贡献联系不紧密、自己不愿意做此项劳动、但为生活所迫又不得不做时，被领导劳动或工资劳动者才会只做常规劳动。但是，当劳动成果和自己的劳动贡献联系紧密或热爱自己所从事的劳动时，工资劳动就同时可以成为创新劳动。一个明显的例子是，在我国计划经济时期，大部分售货员的被领导或工资劳动确实没有太大主动性，广大顾客对他们是请不动、惹不起、离不开，买东西大都要遇到"脸难看，事难办"的尴尬。可是改革开放以后，售货员的劳动大都与他们的个人利益有了紧密联系，他们的劳动就普遍变成了主动劳动和有创新的劳动。顾客一进商店的门，不论老板在不在，他们大都能想方设法把货物销售出去。销售领域是如此，生产和研发等其他领域也是如此，被领导劳动者在权责利明确、业绩和本人利益联系紧密的情况下，都是可以作出创新劳动的。

其实，即便权责利不明确，只要被领导劳动者真正热爱自己的工作，把这项工作当成了自己的事业，他也是可以作出创新劳动的。例如，新中国建成以后，我国各个领域都涌现出了大批劳动模范，他们之中有很多人并不处于领导岗位，只是普通的工资劳动者，却作出了突出的创新劳动。著名的北京百货大楼售货员张秉贵就是其中一个代表。20世纪50年代初，新中国百废待兴，即将开业的北京百货大楼招聘营业员，尽管规定只招25岁以下的年轻人，但已经36岁的张秉贵因有"多年的经商经验"而被破格录取。他做梦也没想到能当上"新中国第一店"的售货员，在宽敞明亮的柜台前体面地为顾客服务，他感到无比光荣，焕发出了对这项工作极大的热爱。

北京百货大楼当时是全国最大的商业中心，客流量大，加之物资相对匮乏，顾客通常要排长队。张秉贵便下决心苦练售货技术和心算法，练就了令人称奇的"一抓准"、"一口清"技艺。所谓"一抓准"，就是指张秉贵一把就能抓准分量，顾客要半斤，他一手便能抓出5两；"一口清"则是非常神奇的算账速度。遇到顾客分斤分两买几种甚至一二十种糖果，他也能一边称糖一边用心算计算，经常是顾客要买多少的话音刚落，他就同时报出了应付的钱数。除了创造了"一抓准"、"一口清"技术以外，张秉贵还有被誉为"一团火"的工作精神。他通过眼神、语言、动作、表情、步伐、姿态等调动各个器官的功能，商业服务业的简单操作，被他升华为艺术境界，被称为"燕京第九景"。在百货大楼的30多年，张秉贵不断创新，将自己的柜台服务经验，编写成《张秉贵柜台服务艺术》，并到各单位表演、讲课，听众达十多万人次。

可见，就转变经济发展方式来说，光有处于企业经营领导地位的企业家的创新劳动是很不够的，处于其他社会地位，包括在企业经营方面暂时处于被领导地位的各阶层人民的创新劳动也很重要。所以，可以把创新劳动定义为，一切能够创造出满足人们新需要的新型使用价值的劳动。这种劳动是一种涉及面广、影响很大，而且又十分复杂的活动，可以从不同的角度来描述，把国内外现有的这方面的研究成果归结起来，可以形成以下几个要点：（1）它是新产品和新工艺的创始、演进和开发；（2）它是科技成果首次商业化应用；（3）它包括发明构思、产品设计、试制生产和商业应用等所有环节；（4）它泛指自新思路的形成，到向市场推出适销产品的整个过程；（5）它以新的技术创造出尽可能多的经济效益，并获得最大的企业利润；（6）它是对生产要素的重新组合，或者是对企业、产业的生产函数作出某种改变。笔者认为，它的基本含义是其中的第一点，其他几点作为这一定义的外延，为区分不同创新劳动的类型提供了重要根据。

为了依据马克思主义经济危机整体论正确说明转变经济发展方式中科技进步与创新劳动的关系，我们可以提出高科技含量劳动和低科技含量劳动的概念。高科技含量劳动是指，要运用比现行社会一般水平为高的科学知识和技术才能从事的劳动，它基本上相当于《资本论》讲的复杂劳动，但更加明确和强调了这种劳动所包含的科学技术内容。低科技含量劳动是指，运用比现行社会一般水平为低的科学知识和技术就能从事的劳动，它基本上相当于《资本论》讲的简单劳动，但更加明确指出了这种劳动的低科技含量特征。创新劳动可以在创造科学技术、推进科技进步的同时增加劳动的科技含量，导致高科技劳动产生，高科技含量劳动产生以后又可以产生良性循环，促进产生更多的创新劳动和科技进步。高科技含量劳动和创新劳动虽然是两个概念，但它们是可以共存于一个人的劳动之中的，即很多高科技含量劳动同时就是创新劳动，很多创新劳动同时就是高科技含量劳动。

目前,很多经济学家之所以在肯定科技进步对转变经济发展方式的重大作用的同时,否定劳动对转变经济发展方式的决定性意义,主要就是由于他们受西方经济学把劳动等同于物的惯性思维影响,把西方经济学有关经济增长的索洛模型,当成了分析不同生产要素在经济增长中贡献的唯一依据。索洛模型产生于 20 世纪 50 年代末,[①] 它所运用的方法对于分析各生产要素对经济增长和转变经济发展方式的贡献有很大的局限性:它没有考虑到高科技创新劳动的存在,没有对劳动与物、存量与流量、高科技含量劳动与低科技含量劳动加以区别。根据这个模型计算出的劳动贡献必然很低,但根本不能反映一个国家劳动者的实际劳动贡献,更无法反映一个国家高科技含量创新劳动的实际贡献。

现在基于索洛经济增长模型对各生产要素产出贡献的计算,通常被称为全要素生产率分析法。全要素生产率是指各有形要素(如资本和劳动)投入之外的科技进步对经济增长的贡献。在估计总量生产函数后,可以采用产出增长率扣除各要素投入增长率的产出效益后的余值来测算全要素生产率。

测算全要素生产率通常采用规模不变的生产函数,其一般形式为:

$$Y = F (X, t)$$

其中,$X \equiv (X_1, X_2, \cdots, X_n)^T$,是要素投入量,t 为时间变量,由此得出增长方程:

$$\frac{dY}{Y} = \frac{1}{Y} \frac{\partial F}{\partial t} dt + \sum_{i=1}^{n} a_i \frac{dXi}{Xi}$$

其中 $\sum_{i=1}^{n} a_i = 1$,a_i 是第 i 种要素在产出中所占的份额,$\frac{1}{Y} \frac{\partial F}{\partial t} dt$ 即为全要素生产率。

我国很多统计学家,根据这个方程的方法计算了我国不同要素对经济增长的贡献,结果都是劳动贡献份额很小。例如,张塞等的计算结果是,中国经济增长中的劳动投入的贡献率除 1990 年外,均低于 20%,而进入 20 世纪 90 年代以来,均低于 10%。资本投入的贡献率明显分为两个阶

---

① 参阅 Robert M. Solow, "Technical Change and the Aggregate Production Function", The Review of Economics and Statistics, Volume 39, Issue 3 (Aug., 1957), pp. 312 – 320。

段：1991 年以前，资本投入的贡献率是劳动、资本和科技进步（即全要素生产率）三者中最高的，1979—1981 年连续高于 100%，随后有所下降，但始终高于 50%；20 世纪 90 年代以来，资本投入的贡献率迅速下降，除 1996—1997 年又有所回升以外，贡献率均低于 50%。与资本投入的贡献率相反，科技进步的贡献率在 20 世纪 90 年代以前较低，1979—1982 年和 1989—1990 年间为负值，但 90 年代以后则明显提高，1992—1994 年间科技进步贡献率高于 50%，1994 年以来科技进步贡献率持续下滑，经济增长又转为主要依靠资本投入实现。在 1978—1997 年间，我国经济增长以资本投入推动为主，其贡献率平均为 64.04%，其次是科技进步，贡献率为 18.29%，劳动投入贡献最低，为 17.65%。①

但是，这样的计算结果，不可能全面反映出劳动在经济发展中的实际贡献。因为这种计算所使用的表示劳动投入的数据，只是代表劳动者生活资料价值的工资费用，没有包含劳动者创造剩余价值的剩余劳动的贡献；它所用以计算劳动贡献份额的回归系数，是在不考虑科技进步的假定下，引入全部国民收入都是劳动和资本两种要素贡献的结果的约束以后，用过去劳动者生活费用投入和过去国民收入的关系推算出来的。

用这样的方法计算出的劳动贡献份额，只是在排除技术进步因素以后，按照过去代表劳动者生活资料的那些物质资料，和在资本费用上投入的那些物质资料之间，对国民收入的旧的贡献关系，计算出的所计算年份的这两种物质资料之间对国民收入的新的贡献关系。但是，这种物质资料之间的关系，并没有完全反映出劳动者的劳动和资本之间的关系。实际的情况是，劳动者在生产过程中创造了相当于他们的生活资料的价值，同时把资本的原有价值转移到了新产品上，并且用超过他们生活资料价值的劳动创造了企业的利润和整个国民收入的更大部分。

资本等物是生产得以进行的重要条件，但它们除了巧合，不会自动按照人的愿望增加自己的财富，它们的旧价值也只有靠劳动者的活劳动才能被转移到新产品中去，所以它们的贡献就是使生产得以进行并可以被转移旧价值的贡献。它们的利用状况和旧价值转移状况，都取决于劳动者的劳动。如果利用它们的是高科技含量创新劳动，它们就可以被利用得好，它

---

① 参阅张塞主编《中国国民经济管理理论与应用》，中国统计出版社 2000 年版，第 84—86 页。

们的旧价值就可以被全部转移到新产品中去，劳动者就可以在这个过程中创造较大的价值和财富。相反，如果利用它们的是低科技含量劳动，就会发生相反的结果。真正反映劳动在经济发展中贡献的指标，是可以用于把人与人相比的劳动生产率这类指标。

由于人和物是不同性质的事物，它们之间的贡献，是不能用同一尺度比较的。比如，如果我在没有与别人合作的情况下写了一篇文章，我就可以说，这篇文章是我写的，它的价值是我对经济发展的贡献。而用不着说，这篇文章是我和我的衣服、裤子、鞋、电脑、笔、纸、房子，乃至宇宙和地球一起写的。从使用价值方面看，宇宙和地球当然比我有用、比我作用大，但它们不属于人类，不管写文章这回事，我的文章写得好，就说明我对它们利用得好，我对人类的贡献就大。如果那些物有原有价值，这些价值就能被我转移到新产品上，转移得了转移不了，全看我的劳动如何，对它们利用如何也全看我的劳动如何。它们就是它们，除了巧合不会自动改变自己适应人类。

全要素生产率分析法把科技进步增长率，看作是经济增长率扣除了劳动和资本等要素增长率以后的余值的做法，把科技进步说成了无源之水，无本之木，根本无法说明科技进步的来源。离开了人、离开了物，科技进步难道是从天上掉下来的馅饼吗？产生于 20 世纪 80 年代末的西方新增长理论，把科技进步归因于人力资本，但仍然没有说明科技产生的真正来源。这可以从三个方面来看。

第一，科技进步和教育培训费用等人力资本的物质投资，虽然一般有正相关的关系，如果把"干中学"等也算作人力资本投资的话，科技进步和人力资本投资之间也可以有交叉，但它们毕竟还是两个过程而不是一个过程。谁能知道在一个人身上花费多少人力资本物质投入可以生产出一部《史记》呢？这显然不是可以确定的一一对应关系。如果不去研究司马迁，不去研究司马迁那种"究天人之际，通古今之变，成一家之言"的追求，不去研究他的那些经历，不去研究他的那些高科技含量创新劳动，怎么能只用物质投入来说明《史记》的产生呢？

第二，具有人力资本的人只有从事高科技含量创新劳动才能创造科技成果，只具有人力资本却不去从事高科技含量创新劳动的人，仍然不可能创造任何科技成果。例如，同样是一个徐庶，在刘备手下出谋划策，起了很大作用，但到了曹操手下，因为不愿意给曹操干事，于是"徐庶进曹营一言不发"，他明明知道庞统要使用连环计给曹操来个致命的一击也不说，那他的人力资本还是没有创造任何科技成果。

第三，人力资本无法离开高科技创新劳动而发挥作用，人们却可以在高科技含量创新劳动中学习和积累人力资本，增加创造科技成果的能力。这种高科技含量创新劳动可以分为两类，一是在接受教育和培训中所花费的高科技含量创新劳动。现在人们都承认，教育是人力资本增加的最重要途径之一，学生是最辛苦的劳动人群之一，就是承认高科技含量创新劳动是人力资本即笔者定义的人力财富①的来源。二是"干中学"所花费的高科技含量创新劳动。有的人并没有很高的学历，但很善于在实践中刻苦自学，最终具有了很大的人力资本，创造了大量社会财富。例如，我国的大数学家华罗庚，就主要是依靠"干中学"所花费的高科技含量创新劳动，积累了大量人力资本，发挥出了推进经济发展方式转变的巨大作用。可见，有人力资本不一定能发挥出高科技含量创新劳动，高科技含量创新劳动却一定可以积累包括人力资本在内的人类财富，推进经济发展方式转变。

现在随着时代的发展，高科技含量创新劳动对推进科技进步和经济发展方式转变的作用越来越大了。任何物质财富的形成，首先要有能量来促进物质的转化、分解和重新组合。在原始社会，人类主要依靠低科技含量的简单劳动来提供物质运动所需要的能量，也就是主要靠消耗体力。但人类低科技含量劳动的体能是十分有限的，所以在当时人们所能得到的劳动成果是极其微小的，甚至难以维持温饱，根本谈不上经济的发展和经济发展方式的转变。因此，人类在社会发展的过程中就不断地寻求借助人体外的能量来代替人们自身的能量。这个用自然能量来代替人们自身能量的过程，实质上就是用高科技含量创新劳动替代低科技含量常规劳动的过程，同时也就是创新劳动促成科技进步和经济发展方式转变的过程。

高科技含量创新劳动要能创造更多财富，人们必须消耗更多的脑力。因为要使物质按人们的高要求来运动、分解并生产预定的产品（财富），必须有更好的劳动技能，包括对产品和劳动过程的更好设想（设计），对自然能量的更好控制和加工工具的更好制造与操纵，等等。而劳动技能和

---

① 参阅裴小革《建设的经济学——马克思主义经济学中国化研究》，中国社会科学出版社2011年版，第61—62页。

劳动工具的制造与操纵等，都是要求劳动者花费更多的高科技含量脑力创新劳动。

在人类进入农业社会之后，依靠单纯的人类低科技含量体力常规劳动创造财富的情况已经大幅度减少，至少要采用简单的工具和依靠畜力来进行生产。在工业社会里，单纯的低科技含量体力常规劳动更是日益减少，更多的是运用高科技含量创新劳动来操作各种机器。创新劳动的科技含量越高，采用的工具和自然动力就越多，创新劳动的效果就越大，经济发展方式的转变就越快。也就是说，经济的发展和经济发展方式的转变越来越依靠高科技含量创新劳动来支撑。

在当代，高科技含量创新劳动积累已经成为经济发展的主要源泉。高科技含量创新劳动积累，是指劳动者通过对客观世界的认识的扩大与深化来改造自然，使之更好地满足人们以及社会的物质和精神需要，在转变经济发展方式中所取得的累积性进展。高科技含量创新劳动积累包含科学发明及其在生产、流通各个领域创造财富中应用的累积性进展。高科技含量创新劳动积累所形成的科学水平的发展提高，是技术进步的理论基础，而高科技含量创新劳动积累所形成的技术进步则是科学发明的扩展与应用，它们密切相关互相促进，但对转变经济发展方式直接产生影响的是技术进步。正如邓小平所说，"科学技术是第一生产力"①，而科学技术正是由劳动者的高科技含量创新劳动发明和运用的。劳动者的高科技含量创新劳动积累可以创造科学技术，并利用科学技术不断解放和发展生产力，促进经济发展方式快速转变。

在应对西方金融危机和美债危机、加快转变经济发展方式的新时期，各个企业和各项事业对知识、信息、教育的依赖性更加增强。在这种情况下，中国的发展必须把人才的造就、培养和引进上升到国家发展战略的高度加以考量。如果按照熊彼特的理论只把企业家当作可以从事创新劳动的人，让他们独占企业的一切剩余价值，工人阶级就只能得到维持最低生活水平的生存工资，没有足够的条件去接受教育获取知识，我国的人才强国战略就会受阻。以马克思主义经济理论为指导，承认最广大劳动者都可以作出创新劳动，保护好最广大劳动者的权益和收入，形成人才辈出、人尽其才、才尽其用的生动局面，构筑起人才优势，让各类人才都拥有广阔的

---

① 《邓小平文选》第 3 卷，人民出版社 1993 年版，第 274—275 页。

创业平台、发展空间，使每个人都成为对祖国、对人民、对民族的有用之才，发挥出创新劳动，才能把加快转变经济发展方式的战略落到实处，从根本上抵御住西方金融危机和债务危机对我国经济的冲击。

参 考 文 献

Andrew Gamble et al. (eds.) (1999), *Marxism and Social Science*, Macmillan press ltd.

编写组:《国际共产主义运动史》,辽宁人民出版社1980年版。

编写组:《空想社会主义学说史》,浙江人民出版社1981年版。

[英]本·法因、劳伦斯·哈里斯:《重读〈资本论〉》,魏埙等译,山东人民出版社1993年版。

成思危主编:《虚拟经济理论与实践》,南开大学出版社2003年版。

陈佳贵、刘树成主编:《国际金融危机与经济学理论反思》,中国社会科学出版社2010年版。

程恩富主编:《马克思主义经济思想史》,东方出版中心2006年版。

曹天予主编:《现代化、全球化与中国道路》,社会科学文献出版社2003年版。

陈刚编译:《世界经济危机挑战拉美新左翼政府的改良主义》,《国外理论动态》2009年第2期。

次贷危机研究课题组:《次贷危机正在改变世界》,中国金融出版社2009年版。

Clarke, Simon. (1994), *Marx's Theory of Crisis*, St. Martin's Press.

Carver, T. and Thomas, P. (eds.) (1995), *Rational Choice Marxism*. Macmillan Press Ltd..

Callari, A. and Ruccio, D. (eds.) (1996), *Postmodern Materialism and the Future of Marxist Theory*. Wesleyan University Press of New England, .

《邓小平文选》第1、2、3卷,人民出版社1989年版、1983年版、1993年版。

David M. Walker (2001), *Marx, Methodology and science*, Ashigate Publishing Limited.

David Brady and Michael Wallace（2001），"Deindustrialization and Poverty：Manufacturing Decline and AFDC Recipiency in Lake County，Indiana 1964 – 93"，Sociological Forum，Vol. 16，No. 2.

［德］恩格斯：《反杜林论》，《马克思恩格斯全集》第 20 卷，人民出版社 1971 年版。

［德］恩格斯：《政治经济学批判大纲》，《马克思恩格斯全集》第 1 卷，人民出版社 1956 年版。

［德］恩格斯：《社会主义从空想到科学的发展》，《马克思恩格斯全集》第 19 卷，人民出版社 1963 年版。

［德］恩格斯：《致奥·倍倍尔（1883 年 5 月 10—11 日）》，《马克思恩格斯全集》第 36 卷，人民出版社 1975 年版。

［德］恩格斯：《恩格斯致爱·伯恩斯坦（1882 年 1 月 25、31 日）》，《马克思恩格斯全集》第 35 卷，人民出版社 1971 年版。

［德］恩格斯：《资本论》第 3 卷脚注，《马克思恩格斯全集》第 25 卷，人民出版社 1975 年版。

［德］恩格斯：《致奥·倍倍尔（1886 年 2 月 15 日）》，《马克思恩格斯全集》第 36 卷，人民出版社 1975 年版。

樊纲：《现代三大经济理论体系的比较与综合》，上海三联书店 1990 年版。

樊亢主编：《资本主义兴衰史》，北京出版社 1984 年版。

顾海良：《马克思经济思想的当代视界》，经济科学出版社 2005 年版。

顾海良主编：《马克思主义发展史》，中国人民大学出版社 2009 年版。

高峰：《发达资本主义国家经济增长方式的演变》，经济科学出版社 2006 年版。

顾钰民：《用马克思主义理论科学阐释金融危机》，《马克思主义研究》2009 年第 1 期。

［日］冈本博之等主编：《马克思〈资本论〉研究》，刘焱译，山东人民出版社 1983 年版。

Godfrey Hodgson（ed.）（1992），Handbook to The United Statees，Vol. 3，Facts on File Publications.

胡锦涛：《在庆祝中国共产党成立 90 周年大会上的讲话》，《人民日报》2011 年 7 月 2 日。

何秉孟主编：《国际金融垄断资本与经济危机跟踪研究》，社会科学文献出版社 2010 年版。

何秉孟主编：《金融改革与经济安全》，社会科学文献出版社 2007 年版。

胡钧、范建新主编：《深化认识劳动价值论过程的一些问题》，经济科学出版社 2002 年版。

洪银兴、林岗、逄锦聚、刘伟、黄泰岩：《政治经济学理论创新与实践价值》，经济科学出版社 2004 年版。

洪远朋主编：《新编〈资本论〉教程》，复旦大学出版社 1989 年版。

黄志亮、洪灏、夏子贵主编：《马克思主义经济学研究——〈资本论〉的学与用》，人民日报出版社 2006 年版。

胡家勇主笔：《转型经济学》，安徽人民出版社 2003 年版。

胡连生、杨玲：《当代资本主义的新变化与社会主义的新课题》，人民出版社 2000 年版。

Henry S. Farber,（1997）"The Changing Face of Job Loss in the U. S., 1981—1995", Brookings Papers: Microeconomics.

江泽民：《社会主义市场经济》，中央文献出版社 2006 年版。

靳辉明、罗文东主编：《当代资本主义新论》，四川出版集团·四川人民出版社 2005 年版。

简新华：《中国经济改革探索》，武汉大学出版社 2007 年版。

嵇飞编译：《赫德森对美国政府应对金融危机政策的批评》，《国外理论动态》2008 年第 11 期。

［日］见田石介：《〈资本论〉的方法》，沈佩林译，山东人民出版社 1992 年版。

James Frare（1988），"Displaced Workers: Okies of the 80s", Personnel Administrator, January.

Jim Dougherty and Mike Stout（1988），"Reindustrialization from the Bottom up", Social Policy, Winter.

［英］凯恩斯：《就业利息和货币通论》，徐毓枬译，商务印书馆 1963 年版。

［英］克拉克：《经济危机理论：马克思的视角》，杨健生译，北京师

范大学出版社 2011 年版。

Kaminsky, Graciela L., and Carmen M. Reinhart. (1999), "The Twin Crises: The Causes of Banking and Balance – of – Payments Problems." *American Economic Review*, 89 (3): 473 – 500.

《列宁选集》第 1—4 卷, 人民出版社 1972 年版。

李铁映:《改革开放探索》, 中国人民大学出版社 2008 年版。

冷溶主编:《中国社会科学院马克思主义研究论丛 (经济编)》, 社会科学文献出版社 2007 年版。

李慎明主编:《美元霸权与经济危机》(上下册), 社会科学文献出版社 2009 年版。

李建平、李建建、黄茂兴主编:《马克思主义经济学的创新与发展》, 社会科学文献出版社 2008 年版。

李成勋主编:《世界金融风暴的袭击和我们的对策》, 知识产权出版社 2009 年版。

刘国光等:《综论改革开放 30 年》, 河南人民出版社 2008 年版。

刘树成:《中国经济周期波动的新阶段》, 上海远东出版社 1996 年版。

李扬:《投资刺激方案需要落实科学发展观》,《中国金融》2009 年第 6 期。

李琮主编:《当代资本主义论》, 社会科学文献出版社 2007 年版。

林兆木:《经济周期与宏观调控》, 中国计划出版社 2008 年版。

刘崇仪等:《经济周期论》, 人民出版社 2006 年版。

林岗:《马克思主义与经济学》, 经济科学出版社 2007 年版。

刘元琪主编:《资本主义经济金融化与国际金融危机》, 经济科学出版社 2009 年版。

刘明远、陈丰、王桂梅编著:《走进金融危机的深处》, 金盾出版社 2009 年版。

陆南泉主编:《独联体国家向市场经济过渡研究》, 中共中央党校出版社 1995 年版。

李翀、焦志文:《外国学者关于美国次级抵押贷款危机的讨论》,《经济学动态》2009 年第 1 期。

[日] 林直道:《危机与萧条的经济理论》, 朱绍文译, 中国人民大学出版社 2005 年版。

〔美〕廖子光：《金融战争：中国如何突破美元霸权》，林小芳译，中央编译局出版社 2008 年版。

刘春元编写：《葡萄牙共产党关于当前资本主义国际性危机及其应对措施的分析》，《国外理论动态》2009 年第 2 期。

刘笑元摘译：《英国共产党关于金融危机应对措施的分析》，《国外理论动态》2009 年第 2 期。

柳达编译：《俄共中央主席团〈纪念卡尔·马克思诞辰 190 周年〉的决议》，《国外理论动态》2008 年第 7 期。

〔苏〕卢森贝：《〈资本论〉注释》第 1、2、3 卷，赵木斋译，生活·读书·新知三联书店 1963 年版。

〔德〕罗斯多尔斯基：《马克思〈资本论〉的形成》，魏埙等译，山东人民出版社 1992 年版。

Lichtenstein, P. (1983), *An Introduction to Post – Keynesian and Marxian Theories of Value and Price.* Armonk, N. Y. : M. E. Sharpe.

《毛泽东著作选编》，中共中央党校出版社 2002 年版。

〔德〕马克思：《剩余价值理论》第 1、2、3 册，人民出版社 1975 年版。

〔德〕马克思：《资本论》第 1、2、3 卷，人民出版社 1975 年版。

〔德〕马克思：《哥达纲领批判》，人民出版社 1965 年版。

〔德〕《马克思恩格斯选集》第 1 卷，吴艾美等译，人民出版社 1972 年版。

〔法〕米歇尔·博德：《资本主义史：1500—1980》，吴艾美等译，东方出版社 1986 年版。

〔比利时〕孟德尔：《〈资本论〉新英译本导言》，仇君华、杜章智译，中共中央党校出版社 1991 年版。

〔英〕马歇尔：《经济学原理》上下卷，朱志泰、陈良璧译，商务印书馆 1964 年、1965 年版。

Michael E. Poter (1990), *The Competitive Advantage of Nations*, The Macmillan Press Ltd. , London.

〔澳〕尼克·比姆斯：《资本主义的世界危机和社会主义的前景展望》，《国外理论动态》2008 年第 11 期。

Nicoll, Alexander (2009), "The Importance of the Financial Crisis",

Survival: *Global Political and Strategy*，Vol. 50，No. 6 December 2008 – January 2009.

彭森、张小冲、金春田等：《中国经济体制改革的国际比较与借鉴》，中国人民大学出版社 2008 年版。

裴小革：《马克思主义经济理论与当前的国际金融危机研究》，《广西经济管理干部学院学报》2010 年第 4 期。

裴小革：《〈资本论〉是研究和应对国际金融危机的强大理论武器》，《学习与探索》2010 年第 2 期。

裴小革执笔：《国际金融危机与马克思主义》，《经济研究》2009 年第 11 期（与陈佳贵、刘树成等 14 人合著）。

裴小革：《建设的经济学——马克思主义经济学中国化研究》，中国社会科学出版社 2011 年版。

裴小革：《财富的道路——科学发展观的财富基础理论研究》，社会科学文献出版社 2009 年版。

裴小革：《财富与发展——〈资本论〉与现代经济学理论研究》，江苏人民出版社 2005 年版。

裴小革：《外国经济思想史》，中国财政经济出版社 2000 年版。

裴小革：《改革开放是中国化马克思主义经济学的伟大成果——兼论〈资本论〉在改革开放中的作用》，《长白学刊》2008 年第 5 期。

裴小革：《国外学者如何看待〈资本论〉》，《求是学刊》2002 年第 6 期。

裴小革：《论收入分配理论的历史演变和劳动价值论的实践价值》，《哲学研究》2003 年第 1 期。

裴小革：《当代国外经济学家剩余价值理论评述》，《经济研究》2001 年第 9 期。

裴小革：《论马克思主义政治经济学基本理论的创新发展》，《广西经济管理干部学院学报》2004 年第 1 期。

裴小革：《论〈资本论〉经济理论体系的现代性和包容性》，《当代经济研究》2004 年第 3 期。

裴小革：《论〈资本论〉在政治经济学基本理论创新中的基础作用》，《河北师范大学学报》2005 年第 1 期。

裴小革：《马克思主义经济学中国化与改革开放》，《中共宁波市委党校学报》2008 年第 5 期。

裴小革：《马克思主义经济学中国化的意义》，《学术月刊》2008 年第 3 期。

裴小革：《转变经济发展方式的路径探讨》，《红旗文稿》2008 年第 2 期。

裴小革：《运用〈资本论〉研究当代经济现实的几个理论问题》，《上海行政学院学报》2007 年第 6 期。

裴小革：《〈资本论〉是科学发展观的理论基石》，《当代经济研究》2006 年第 1 期。

裴小革：《论中国理论经济学的三大基础》，《中州学刊》2005 年第 2 期。

裴小革：《中国理论经济学框架探索——兼评西方经济学理论体系的局限性》，《政治经济学评论》2005 年卷第 2 辑，总第 9 辑。

裴小革：《创新发展马克思主义现代经济学》，《中国井冈山干部学院学报》2006 年第 2 期。

Paul Wetherly（2005），*Marxism and the State*：*An Analytical Approach*，Palgrave Macmilan.

Persson and Tabellini（2000），*Political Economics-Explaining Economic Policy*，The MIT Press.

Preworski, A.（1986），"Material Interests, Class Compromise, and the Transition to Socialism", in Roemer, *Analytical Marxism*, Cambridge：Cambridge University Press.

Peter Dreierand Richard Applebaum（1991）， "American Nightmare：Homelessness", Challenge, March/April.

Philip Mattera（1990），Prosperity Lost，Addison-Wesley Publishing Company，Inc.

邱海平：《中小企业的政治经济学》，经济科学出版社 2002 年版。

钱津：《直面现实：中国重大经济问题分析》，社会科学文献出版社 2011 年版。

［日］日本民主主义科学协会编：《〈资本论〉解说讲座》，何仲珉、卫锷苍、罗任一译，生活·读书·新知三联书店 1957 年版。

［法］热拉尔·杜梅尼尔、多米尼克·莱维：《美国金融道路必须终

结》,《国外理论动态》2009 年第 3 期。

Reinhart, Carmen, and Rogoff, Kenneth (2008), "Is the 2007 US Sub-Prime Financial Crisis So Different? An International Historical Comparison." *American Economic Review*, Vol. 98, No. 2, May: 339 – 4.

Riccardo Bellofiore (ed.), (1998) *Marxian Economics: A Reappraisal*, Macmillan Press Ltd. .

Robert M. Solow, (1957) "Technical Change and the Aggregate Production Function", The Review of Economics and Statistics, Volume 39, Issue 3 (Aug.).

宋鸿兵编著:《货币战争》,中信出版社 2007 年版。

《斯大林选集》(上下卷),人民出版社 1979 年版。

孙力等:《资本主义:在批判中演进的文明》,学林出版社 2005 年版。

[美] 萨缪尔森:《经济学》,高鸿业译,商务印书馆 1981 年版。

[日] 松本厚治:《企业主义——日本经济发展力量的源泉》,程玲珠、王新政等译,企业出版社 1997 年版。

Sanders, Anthony (2008), "The Subprime Crisis and Its Role in the Financial Crisis." *Journal of Housing Economics*, Vol. 17. Nob. 4. December .

田光:《〈资本论〉的逻辑》(上下册),山东人民出版社 1993 年版。

[英] 特里·伊格尔顿:《马克思为什么是对的》,李杨、任文科、郑义译,新星出版社 2011 年版。

Uchida, Hiroshi (ed) (2006), *Marx for the 21ˢᵗ Century*, Routledge Taylor & Francis Group, London and New York.

U. S Bureau of the Census (1998), Current Population Report, pp. 60 – 203, "Measuring 50 Years of Economic Change, Using March Current Populahon Survey", U. S. Government Printing Office, Washington, DC, TableC – 14.

王伟光:《世界金融危机和马克思主义与社会主义的历史命运》,《中国领导科学》2011 年 12 月 14 日。

吴易风主编:《马克思主义经济学和西方经济学比较研究》,中国人民大学出版社 2009 年版。

王亚南:《〈资本论〉研究》,上海人民出版社 1973 年版。

吴大琨主编:《当代资本主义:结构·特征·走向》,上海人民出版社 1991 年版。

王建礼：《第十届共产党和工人党国际会议论当前世界资本主义金融和经济危机》，《国外理论动态》2009年第2期。

王建礼：《爱尔兰共产党对当前金融危机的看法》，《国外理论动态》2009年第3期。

〔苏〕瓦尔加：《现代资本主义和经济危机》，孙中林等译，生活·读书·新知三联书店1964年版。

巫宝三：《经济问题与经济思想史论文集》，山西经济出版社1995年版。

王振中主编：《转型经济理论研究》，中国市场出版社2006年版。

王佳菲：《揭开经济危机的底牌——透过〈资本论〉看新危机时代》，新华出版社2010年版。

辛乔利、许秀江：《大乱局——金融危机五大悬案》，中国经济出版社2008年版。

辛乔利、孙兆东：《次贷危机》，中国经济出版社2008年版。

薛敬孝主编：《资本主义经济周期——理论与预测》，人民出版社1992年版。

徐洋、范大祺：《"金融危机与〈资本论〉的当代价值"座谈会纪要》，《国外理论动态》2009年第3期。

徐明主编：《透视危机》，经济科学出版社2009年版。

杨圣明主编：《社会主义市场经济基本理论问题研究》，经济科学出版社2008年版。

于祖尧主编兼主笔：《中国经济转型时期个人收入分配研究》，经济科学出版社1997年版。

杨承训主编：《中国特色社会主义经济学》，人民出版社2009年版。

杨仕文：《美国非工业化研究》，江西人民出版社2009年版。

杨斌：《透析国际金融危机 维护中国经济安全》，《中国教育报》2009年3月9日。

于光远、董辅礽主编：《中国经济学向何处去》，经济科学出版社1997年版。

俞可平、黄平、谢曙光、高健主编：《中国模式与"北京共识"——超越"华盛顿共识"》，社会科学文献出版社2006年版。

杨占生：《经济学：跨世纪批判——全息经济学大纲卷》，香港新闻出版社 1997 年版。

杨成果编写：《美国共产党论美国金融危机的根源与出路》，《国外理论动态》2009 年第 2 期。

中国社会科学院中国特色社会主义理论体系研究中心（裴小革执笔）：《论美债危机的实质及其应对方法》，《学习与探索》2012 年第 1 期。

中共中央宣传部理论局编：《从怎么看到怎么办？（理论热点面对面2011）》，学习出版社、人民出版社 2011 年版。

中共中央宣传部理论局编：《当代中国马克思主义研究巡礼》（上、中、下），人民出版社 1995 年版。

张宇主编：《中国模式：改革开放三十年以来的中国经济》，中国经济出版社 2008 年版。

张平、刘霞辉、王宏淼主笔：《中国经济增长前沿 II——转向结构均衡增长的理论和政策研究》，中国社会科学出版社 2011 年版。

赵剑英、吴波、郑祥福主编：《中国马克思主义研究前沿》2008 年卷，中国社会科学出版社 2009 年版。

张彤玉、邱海平主编：《当代资本主义经济的新发展》，经济科学出版社 2005 年版。

左大培、裴小革：《世界市场经济概论》，中国社会科学出版社 2009 年版。

周骏、张中华、刘惠好主编：《资本市场与实体经济》，中国金融出版社 2003 年版。

赵光锐摘译：《哈贝马斯谈新自由主义破产后的世界秩序》，《国外理论动态》2009 年第 3 期。

郑彪：《中国国际政治经济学》，中央编译出版社 2008 年版。

［日］佐藤金三郎等编：《〈资本论〉百题论争》（共三册），刘焱、赵洪、陈家英译，山东人民出版社 1992 年版。

后　　记

　　本书是我承担的中国社会科学院马克思主义理论学科建设与理论研究工程资助课题成果，最初就是在中国社会科学院马克思主义理论学科建设与理论研究领导小组办公室的提议下开始写作的。在本书的研究写作期间，我从中国社会科学院马克思主义理论学科建设与理论研究领导小组办公室得到了很多富有启发性的理论成果，多次参加了由中国社会科学院马克思主义理论学科建设与理论研究领导小组办公室组织的研讨会，并在本书研究成果结项和出版的过程中，得到了中国社会科学院马克思主义理论学科建设与理论研究领导小组办公室的大力帮助和鼓励。在此，我谨向中国社会科学院马克思主义理论学科建设与理论研究领导小组的各位院领导，也向该办公室直接负责和我联系、指导我工作的秦益成同志和潘西华同志表示衷心的感谢。

　　本书的完成还得益于武汉大学颜鹏飞教授吸收我参加了他主持的教育部哲学社会科学研究重大课题攻关项目"《资本论》及其手稿再研究"（项目批准号：11JZD004），承担了该项目的子课题"《资本论》及其手稿的经济危机理论和社会总资本再生产理论再研究"，并多次参加了这个项目组织的讨论交流。这些讨论和交流对本书很多观点的形成起了重要作用，可以说，这本书实际上也是这个项目的阶段性成果之一。在此，我向该项目负责人颜鹏飞教授、总顾问顾海良教授以及其他各位课题组成员表示衷心的感谢。特别感谢中央编译局李其庆编审、严海波博士、徐洋博士和周思成博士，他们也大力支持这项研究，提供了很多对本书研究非常有用的宝贵材料。

　　在写作本书之前，我曾于2009年参加了中国社会科学院承担的中央交办课题"国际金融危机与经济学理论反思"，并承担了该课题的子课题"国际金融危机与马克思主义"，多次参加该课题组的讨论和交流，这些讨论和交流以及完成这一课题的研究成果，使我很受教益，为本书的研究打下了重要基础。在此，我同样衷心感谢该课题主持人陈佳贵研究员和刘树成研究员，以及该课题组的其他成员。

本书的出版得到了中国社会科学院科研局和中国社会科学出版社的全力支持，正是因为有了这种支持，本书才能以这样精美的形式、这样快的时间和读者见面。为此，我还要衷心感谢中国社会科学院科研局和中国社会科学出版社有关诸位对本书出版所给予的帮助和支持，特别是田文和金泓同志为编辑加工此书付出了大量的辛勤劳动。

尽管本书得到了上述提到和没有提到的很多同志的支持和鼓励，但书中的一切可能的缺点和错误只能由我本人负责。因时间、学力所限，疏失之处，祈请读者随时赐正。

裴小革

2012 年 11 月 1 日于北京